21世纪信息传播与新媒体丛书

丛 书 主 编　石长顺
丛书副主编　何志武

视听新媒体导论

Introduction to New Audio-Visual Media

郭小平　著

北京大学出版社
PEKING UNIVERSITY PRESS

图书在版编目 (CIP) 数据

视听新媒体导论 / 郭小平著 .—北京：北京大学出版社，2014.8
（21 世纪信息传播与新媒体丛书）
ISBN 978-7-301-24311-4

Ⅰ.①视… Ⅱ.①郭… Ⅲ.①传播媒介—高等学校—教材　Ⅳ.① G206.2

中国版本图书馆 CIP 数据核字 (2014) 第 118248 号

书　　　名	视听新媒体导论 SHITING XINMEITI DAOLUN
著作责任者	郭小平　著
责任编辑	于　娜
标准书号	ISBN 978-7-301-24311-4
出版发行	北京大学出版社
地　　　址	北京市海淀区成府路 205 号　100871
网　　　址	http://www.pup.cn　　新浪微博：@ 北京大学出版社
电子信箱	zyl@pup.pku.edu.cn
电　　　话	邮购部 62752015　发行部 62750672　编辑部 62767857
印　刷　者	北京虎彩文化传播有限公司
经　销　者	新华书店 730 毫米 ×980 毫米　16 开本　19.5 印张　300 千字 2014 年 8 月第 1 版　2023 年 5 月第 5 次印刷
定　　　价	39.00 元

未经许可，不得以任何方式复制或抄袭本书之部分或全部内容。
版权所有，侵权必究
举报电话：010-62752024　电子信箱：fd@pup.pku.edu.cn
图书如有印装质量问题，请与出版部联系，电话：010-62756370

总　　序

教育部在 2012 年公布的本科专业目录中，首次在新闻传播学学科中列入特设专业"网络与新媒体"，这是自 1998 年以来为适应社会发展需要，该学科新增的两个专业之一（另一个为数字出版专业）。实际上，早在 1998 年，华中科技大学就面对互联网新媒体的迅速崛起和新闻传播业界对网络新媒体人才的急迫需求，率先在全国开办了网络新闻专业（方向）。当时，该校新闻与信息传播学院在新闻学本科专业中采取"2+2"方式，开办了一个网络新闻专业（方向）班，面向华中科技大学理工科招考二年级学生，然后在新闻与信息传播学院继续学习两年专业课程。首届毕业学生受到了业界的青睐。

在教育部新颁布《普通高等学校本科专业目录（2012）》之后，全国首次有 28 所高校申办了网络与新媒体专业并获得教育部批准，继而开始正式招生。招生学校涵盖"985"高校、"211"高校和省属高校、独立学院四个层次。这 28 所高校的网络与新媒体专业，不包括同期批准的 45 个相关专业——数字媒体艺术和此前全国高校业已存在的 31 个基本偏向网络新闻方向的传播学专业。2014 年、2015 年、2016 年、2017 年又先后批准了 20、29、47 和 36 所高校网络与新媒体专业招生，加上 2011 年和 2012 年批准的 9 所高校新媒体与信息网络专业招生，到 2018 年全国已有 169 所高校开设了网络与新媒体专业。

媒体已成为当代人们生活的一部分，并逐渐走向 21 世纪的商业和文化中心。数字化媒体不但改变了世界，改变了人们的通信手段和习惯，也改变了媒介传播生态，推动着基于网络与新媒体的新闻传播学教育改革与发展，成为当代社会与高等教育研究的重要领域。尼葛洛庞帝于《数字化生存》一书中提出的"数字化将决定我们的生存"的著名预言（1995 年），在网络与新媒体的快速发展中得到应验。

据中国互联网络信息中心(CNNIC)2019年8月发布的《第44次中国互联网络发展状况统计报告》显示,截至2019年6月,我国网民规模已达8.54亿,较2018年年底增长2598万,互联网普及率达61.2%,较2018年底提升1.6个百分点。互联网用户规模的迅速发展,标志着网络与新媒体技术正处在一个不断变化的流动状态,且其低门槛的进入使人与人之间的交往变得更为便捷,世界已从"地球村"走向了"小木屋",时空概念的消解正在打破国家与跨地域之间的界限。加上我国手机网民数量持续增长,手机网民规模已达8.47亿,较2018年年底增长2984万,网民使用手机上网的比例达99.1%,较2018年年底提升0.5个百分点。这是否更加证明移动互联网时代已到来,"人人都是记者"已成为现实?

网络与新媒体的发展重新定义了新媒体形态。新媒体作为一个相对的概念,已从早期的广播与电视转向互联网。随着数字技术的发展,新媒体更新的速度与形态的变化时间越来越短(见图1)。当代新媒体的内涵与外延已从单一的互联网发展到网络广播电视、手机电视、微博、微信、互联网电视等。在网络环境下,一种新的媒体格局正在出现。

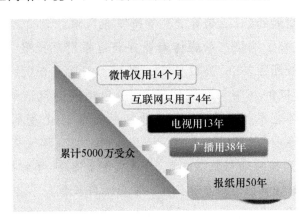

图1 各类媒体形成"规模"的标志时间

基于网络与新媒体的全媒体转型也正在迅速推行,并在四个方面改变着新闻业,即改变着新闻内容、改变着记者的工作方式、改变着新闻编辑室和新闻业的结构、改变着新闻机构与公众和政府之间的关系。相应地也改变着新闻和大众传播教育,包括新闻和大众传播教育的结构、教育者的工作方式和新闻传播学专业讲授的内容。

为使新设的"网络与新媒体"专业从一开始就走向规范化、科学化的发展建设之路,加强和完善课程体系建设,探索新专业人才培养模式,促进学界之间的教学交流,共同推进网络与新媒体专业教育,由华中科技大学广播电视与新媒体研究院及华中科技大学武昌分校(现更名为"武昌首义学院")主办,北京大学出版社承办的"全国高校网络与新媒体专业学科建设"研讨会,于2013年5月25—26日在武汉举行。参加会议的70多名高校代表就议题网络与新媒体专业培养模式、网络与新媒体专业主干课程体系等展开了研讨,通过全国高校之间的学习对话,在网络与新媒体专业主干课和专业选修课的设置方面初步达成一致意见,形成了网络与新媒体专业新建课程体系。

网络与新媒体主干课程共14门:网络与新媒体(传播)概论、网络与新媒体发展史、网络与新媒体研究方法、网络与新媒体技术、网页设计与制作、网络与新媒体编辑、全媒体新闻采写、视听新媒体节目制作教程、融合新闻学、网络与新媒体运营与管理、网络与新媒体用户分析、网络与新媒体广告策划、网络法规与伦理、新媒体与社会等。

选修课程初定8门:西方网络与新媒体理论、网络与新媒体舆情监测、网络与新媒体经典案例、网络与新媒体文学、动画设计、数字出版、数据新闻挖掘与报道、网络媒介数据分析与应用等。

这些课程的设计是基于当时全国28所高校网络与新媒体专业申报目录、网络与新媒体专业的社会调查,以及长期相关教学研究的经验讨论而形成的,也算是首届会议的一大收获。新专业建设应教材先行,因此,在这次会议上应各高校的要求,组建了全国高校网络与新媒体专业"十二五"规划教材编写委员会,全国参会的26所高校中有50多位学者申报参编教材。在北京大学出版社领导和李淑方编辑的大力支持下,经过个人申报、会议集体审议,初步确立了30余种教材编写计划。这套网络与新媒体专业"十二五"规划系列教材包括:

《网络与新媒体概论》《西方网络与新媒体理论》《新媒体研究方法》《融合新闻学》《网页设计与制作》《全媒体新闻采写》《网络与新媒体编辑》《网络与新媒体评论》《新媒体视听节目制作》《视听评论》《视听新媒体导论》《出镜记

者案例分析》《网络与新媒体技术应用》《网络与新媒体经营》《网络与新媒体广告》《网络与新媒体用户分析》《网络法规与伦理》《新媒体与社会》《数字媒体导论》《数字出版导论》《网络与新媒体游戏导论》《网络媒体实务》《网络舆情监测与分析》《网络与新媒体经典案例评析》《网络媒介数据分析与应用》《网络播音主持》《网络与新媒体文学》《网络与新媒体营销传播》《网络与新媒体实验教学》《网络文化教程》《全媒体动画设计赏析》《突发新闻教程》《文化产业概论》等。

这套教材是我国高校新闻教育工作者探索"网络与新媒体"专业建设规范化的初步尝试，它将在网络与新媒体的高等教育中不断创新和实践，不断修订完善。希望广大师生、业界人士不吝赐教，以便这套教材更加符合网络与新媒体的发展规律和教学改革理念。

石长顺

2014 年 7 月

2019 年 9 月修改

（作者系华中科技大学广播电视与新媒体研究院院长、教授；

武昌首义学院副校长，兼任新闻与文法学院院长）

目 录

绪 论 1
第一章 视听新媒体概述 5
　第一节 媒介融合下的视听传播变革 6
　　一、拓展广播电视受众的角色:从观众到内容生产者 6
　　二、突破线性传播的局限:从"时移"到"位移"的跨越 8
　　三、客厅文化与电视的位置:从仪式化收看到碎片化填充 10
　　四、广播电视网络的融合:从广播电视网到三网融合 11
　　五、广播电视接收终端的变化:从电视荧屏到"三屏合一" 11
　　六、传统电视功能的拓展:从看电视到用电视、玩电视 12
　　七、视听媒介生态的演变:从电视时代到视频时代 13
　第二节 视听新媒体的界定及其形态 14
　　一、新媒体界定的相对性 14
　　二、视听新媒体的界定及其主要形态 15
　第三节 视听新媒体的特征 19
　　一、数字化 20
　　二、互动性 20
　　三、非线性 22
　　四、视听化 22
　第四节 视听新媒体的发展趋势 23
　　一、视听媒体的移动化、互动化与社交化 23
　　二、媒介融合发展 27
　　三、多屏分发与多屏合一 29
　　四、内容提供商与内容制作的社会化 31

第二章 视听新媒体传播理论 ………………………………………… 33
第一节 媒介融合、"创新—扩散"及"数字鸿沟" …………………… 33
一、媒介融合理论 ………………………………………………… 33
二、新媒体的"创新—扩散"论 …………………………………… 35
三、数字鸿沟 ……………………………………………………… 37
第二节 新媒体政治：公共传播、公民社会与公民新闻学 ………… 39
一、公共传播与新媒体政治 ……………………………………… 39
二、公民社会与新媒体政治 ……………………………………… 41
三、公民新闻学与新媒体政治 …………………………………… 43
第三节 "补偿性媒介""使用与满足"与新媒体权衡需求理论 …… 45
一、"补偿性媒介"理论 …………………………………………… 45
二、"使用与满足"理论 …………………………………………… 47
三、新媒体权衡需求理论 ………………………………………… 48
四、媒介环境学派与新媒体研究 ………………………………… 50
第四节 "后喻文化"与视觉传播 …………………………………… 53
一、"后喻文化"与"后喻时代" …………………………………… 53
二、视觉传播与新媒体 …………………………………………… 55
第五节 "长尾理论"与"微内容"生产 ……………………………… 57
一、"长尾理论"和新媒体经济 …………………………………… 57
二、"微内容"的用户自主生产 …………………………………… 61

第三章 IPTV：传统电视的全面超越 ……………………………… 64
第一节 IPTV 的基本认知 …………………………………………… 64
一、IPTV 的界定 ………………………………………………… 65
二、IPTV 的特征 ………………………………………………… 67
三、IPTV 与数字电视、网络视频 ………………………………… 68
四、IPTV 的业务组成 …………………………………………… 71
五、IPTV 的电子节目指南（EPG） ……………………………… 73

第二节　国际 IPTV 的发展历程与运营模式 …………………… 75
　　　　一、美国 IPTV 的发展环境 ……………………………… 75
　　　　二、国际 IPTV 发展状况 ………………………………… 76
　　第三节　中国 IPTV 的发展状况 ………………………………… 79
　　　　一、我国 IPTV 的发展历程 ……………………………… 79
　　　　二、我国 IPTV 的几种主要运营模式 …………………… 81
　　第四节　我国 IPTV 面临的问题与发展趋势 …………………… 88
　　　　一、现阶段我国 IPTV 发展所面临的问题 ……………… 88
　　　　二、IPTV 的发展趋势 …………………………………… 90

第四章　**手机电视：通信与电视的融合** ………………………… 94
　　第一节　手机电视的界定及传播特征 …………………………… 95
　　　　一、手机电视：移动通信与媒体融合的主要形式 ……… 96
　　　　二、手机电视的界定 ……………………………………… 96
　　　　三、手机电视的模式 ……………………………………… 99
　　　　四、"媒·信"产业驱动手机电视的发展 ……………… 104
　　　　五、手机电视的传播特征 ………………………………… 106
　　第二节　手机电视业务 …………………………………………… 109
　　　　一、国内外手机电视业务发展概况 ……………………… 109
　　　　二、业务模式 ……………………………………………… 110
　　第三节　手机电视的内容生产 …………………………………… 113
　　　　一、手机电视的内容生产主体 …………………………… 113
　　　　二、手机电视的内容特征 ………………………………… 117
　　　　三、影响手机电视内容的因素 …………………………… 122
　　第四节　手机电视的用户分析 …………………………………… 126
　　　　一、手机电视的用户特征 ………………………………… 126
　　　　二、手机电视用户对内容的需求 ………………………… 128
　　　　三、手机电视的用户行为 ………………………………… 130
　　第五节　手机电视发展面临的问题 ……………………………… 131
　　　　一、手机电视发展的技术问题 …………………………… 131

二、手机电视发展的内容问题 …………………………………… 132
　　三、手机电视发展的终端问题 …………………………………… 133
　　四、手机电视发展的资费问题 …………………………………… 133
　　五、手机电视发展的经营问题 …………………………………… 134
　　六、手机电视发展的政策问题 …………………………………… 134
第六节　手机电视的运营与管理 ……………………………………… 135
　　一、手机电视的运营 ……………………………………………… 135
　　二、手机电视的规制 ……………………………………………… 136

第五章　公交移动电视：流动社会的视听传播 ……………………… 142
　第一节　移动电视的界定与传播特性 ……………………………… 143
　　一、移动电视的界定 ……………………………………………… 143
　　二、移动电视的优势与劣势 ……………………………………… 146
　　三、移动电视的受众特征 ………………………………………… 149
　第二节　移动视频与空间的流动化 ………………………………… 153
　　一、空间与流动空间 ……………………………………………… 153
　　二、移动电视与流动空间 ………………………………………… 153
　第三节　移动电视的传播效果分析及影响因素 …………………… 157
　　一、移动电视节目形式影响传播效果 …………………………… 157
　　二、移动电视的收视环境影响传播效果 ………………………… 158
　　三、受众特征影响传播效果 ……………………………………… 159
　第四节　"使用与满足"视域下移动电视的发展前景 …………… 159
　　一、移动电视的经营市场 ………………………………………… 159
　　二、移动电视传播应契合受众需求 ……………………………… 160
　　三、移动电视的发展前景 ………………………………………… 162

第六章　户外电视：视听媒介的产业延伸与现代都市空间建构 …… 166
　第一节　楼宇电视 …………………………………………………… 167
　　一、楼宇电视的界定及其发展历史 ……………………………… 167
　　二、楼宇电视的分类：楼宇数字电视与楼宇广告电视 ………… 169

三、楼宇电视的传播特征 …………………………………… 170
　第二节　户外LED屏 ………………………………………………… 174
　　　一、户外LED屏的发展历程及现状 …………………………… 174
　　　二、户外LED大屏的传播特征 ………………………………… 176
　第三节　户外视听新媒体与现代都市空间建构 …………………… 179
　　　一、楼宇电视：无聊经济学与私人空间 ……………………… 179
　　　二、户外LED屏：屏幕文化与现代都市 ……………………… 183

第七章　数字化广播：多元化的音频传播 ……………………………… 188
　第一节　音频广播新媒体化 ………………………………………… 188
　　　一、播客 ………………………………………………………… 188
　　　二、网播 ………………………………………………………… 190
　第二节　广播电台新媒体化 ………………………………………… 198
　　　一、广播电台的新媒体平台 …………………………………… 198
　　　二、媒介融合下广播的电视化趋势 …………………………… 202

第八章　媒介融合下的视听新媒体发展战略 …………………………… 207
　第一节　视听新媒体内容生产的创新 ……………………………… 207
　　　一、视听新媒体内容创新 ……………………………………… 207
　　　二、视听新媒体内容生产的流程再造 ………………………… 212
　　　三、提高视听新媒体内容生产能力的路径 …………………… 217
　第二节　媒介融合下传统媒体的视听新媒体战略 ………………… 222
　　　一、传统广播电视的视听新媒体战略 ………………………… 222
　　　二、国家通讯社的视听新媒体战略 …………………………… 233
　　　三、报业集团的视听新媒体战略 ……………………………… 240

第九章　视听新媒体的变革前沿：新形态与新业态 …………………… 245
　第一节　视听新媒体的新形态 ……………………………………… 245
　　　一、互联网电视 ………………………………………………… 245
　　　二、社交电视 …………………………………………………… 256

第二节 "大数据":电视收视调查革命与内容生产模式创新 …… 259
　　一、何谓"大数据" …… 259
　　二、大数据改变电视的收视调查 …… 260
　　三、大数据改变电视的内容生产 …… 262
第三节 电视报道中的数据新闻:可视化与"众包新闻" …… 266
　　一、数据新闻的界定 …… 266
　　二、数据新闻创新电视新闻表达:可视化与"众包新闻" …… 267
　　三、数据新闻的功能 …… 271
第四节 新媒体电视剧 …… 272
　　一、互动:电视剧的创新思维 …… 272
　　二、网络互动改变电视剧产业规则 …… 273
　　三、新媒体电视剧的视听语言与互文性 …… 274

第十章 "三网融合"与视听新媒体规制 …… 277

第一节 视听新媒体规制的必要性 …… 277
　　一、视听新媒体规制的界定 …… 277
　　二、视听新媒体规制的必要性 …… 280
第二节 三网融合下视听新媒体的规制 …… 282
　　一、三网融合下西方规制的经验 …… 282
　　二、我国视听新媒体规制的回顾与现状 …… 288
第三节 大数据、隐私与视听新媒体的伦理困境 …… 291
　　一、大数据时代的视听新媒体与隐私监控 …… 291
　　二、监视器新闻的传播伦理 …… 294

结语 科学 VS 人文,私密 VS 公共 …… 297
后　记 …… 299

绪　论

　　阿尔伯特·伯格曼(Albert Borgmann)指出,技术装置层出不穷的出现,形成特定的新"装置范式"(paradigm of device)。这种新"装置范式"体现为崭新的传媒文化形式,对应新的传媒实践活动,"一方面为人们提供有效便捷的新的商品消费,另一方面,它们又深刻地改变了我们生活方式和意识形态"①。戴维·莫利(David Morley)说,广播电视在家庭和国家结合成一个"民族家庭"(national family)的过程中扮演着重要角色。②

　　在广播诞生之前,电话作为一种电子介质的声音媒介,发挥了重要的交流作用。美国作家卡尔·桑德伯格(Carl Sandburg)早在1916年就在他的诗歌《在电话的磁极下》中写道：

　　　　我是一根悬在空中的铜线,
　　　　微弱地反射着阳光,甚至无法投下一条清晰的线影。
　　　　夜以继日,我不停歌唱——嗡嗡叫和低沉单调地诉说,
　　　　爱情、战争和金钱,争论和眼泪,工作和希望,
　　　　男人和女人们的死亡和笑声穿过,
　　　　传递着你的声音。③

　　在电话之后,广播媒体以其独特的声音介质入耳、入心,成为当时的新媒体。德国戏剧家布莱希特在诗中展现了20世纪30年代西方人对收音

---

① Albert Borgmann. Technology and the Characters of Contemporary Life：A Philosophical Inquiry[M]. Chicago：University of Chicago Press,1984：40-48.
② 〔英〕戴维·莫利,〔英〕凯文·罗宾斯,等.认同的空间：全球媒介、电子世界景观与文化边界[M].司艳,译.南京：南京大学出版社,2001：2.
③ 〔美〕约翰·布鲁克斯.电话文学第一个和唯一的一个百年[M]//〔美〕伊锡尔·德·索拉·普尔.电话的社会影响.邓天颖,译.北京：中国人民大学出版社,2008：226.

机的迷恋：

> 小匣子,我抱着你逃难,
> 就是不想,让你的真空管砸烂。
> 逃上轮船,逃上火车,
> 也要能听见,敌人的叫喊。
> 床头上,刺痛我心的是
> 敌人的叫喊。
> 临睡前,一醒来,都听到
> 敌人的胜利,令人忧伤的事。
> 小匣子,你答应,
> 千万别！突然不声不响。①

布莱希特展现了战争年代广播传递信息的潜力及其对受众的征服。《张爱玲的上海舞台》一书则描绘了20世纪三四十年代收音机对寂寞女人的心理慰藉功能：

> 一般弄堂人家,丈夫去上班的时候,在家里陪伴太太的常常有一只无线电……
>
> 一个外表光滑细致,内部复杂紊乱的机器匣子,小小的旋钮一路顺畅地旋下去,就是一路的各式各样的声音,喧闹的,平板的,尖利的,袅娜的,快乐的,悲戚的,西洋交响乐的浩荡,京戏锣鼓的闹猛,流行歌曲的娇娆妩媚,新闻社论的一本正经。汝良的母亲闲下来用它来听绍兴戏;翠远的家里人专门就听贝多芬、瓦格涅,听不懂也听;寂寞的烟鹂整天开着它听新闻报告,不过是想在空屋子里听见人的声音;而川嫦的唯一理想是有一天能开着无线电睡觉……②

第二次世界大战时,美军称东京广播电台的女播音员为"东京玫瑰"。

---

① 〔加拿大〕马歇尔·麦克卢汉.理解媒介——论人的延伸[M].何道宽,译.北京:商务印书馆,2000:367.

② 李岩炜.张爱玲的上海舞台[M].上海:文汇出版社,2003:111.

当时日军以广播进行心理战,利用女播音员对太平洋上的美军发送广播,企图勾起美军的乡愁和引起他们对上司的怨恨。

这些女播音员通过电波告诉美军士兵,他们已经战败,而娇妻则在家里红杏出墙。当时的日本当局企图通过这种宣传攻势,瓦解美军士气。这类广播节目因播出美国流行音乐而颇受欢迎。"二战"结束时,美国的调查发现,当时负责广播的女性播音员可能有4至20位,其中最出名的是日裔美国人户栗郁子。

美国英年早逝的歌手卡伦·卡朋特(Karen Carpenter)在《昨日重现》中唱道:"当我年少时,爱听收音机,期待我喜欢的歌曲轻轻响起。我独自为它伴唱,让我感到欢喜。这样的幸福时光早已远去,我多想知道它们到了哪里?像失散朋友再次回来,所有的歌曲,我还是那样喜欢。"

其后,电视突破了广播的单质声音媒介的局限性,以其声画合一的优势赢得第一媒体的称号。

从入耳入心的广播媒介到视觉奇观的电视媒介,从如日中天的电视到如火如荼的手机与互联网,传统视听媒体的繁盛时代逐渐沉淀为社会的一种集体记忆。在新媒体的演进中,视觉感官在人类的媒介使用中被强化和放大。

自20世纪以来,电影、电视等视听媒体的发展促使人类文化进行"图像转向"①,从以文字为中心到以图像为中心。贝拉·巴拉兹(Béla Balázs)曾预言,电影诞生后,一种新的"视觉文化"将取代传统的印刷文化。20世纪30年代,海德格尔提出"世界图像时代",指出了世界正在作为图像被把握和理解。20世纪60年代,法国思想家、导演居伊·德波更是作惊人之语,宣判一个充斥着图像的"景观社会"的到来。视听信息成为当代社会、生活文化建构的核心要素,也构成公众日常文化消费的重要内容。在媒介化的视频时代,图像已经成为社会生活中的一种物质性力量,视觉信息不只反映和沟通我们所生活的世界,它也在创造这个世界。② 新媒体强化了

---

① 〔美〕米歇尔.图像理论[M].陈永国,胡文征,译.北京:北京大学出版社,2006:3.
② 周勇,黄雅兰.从"受众"到"使用者":网络环境下视听信息接收者的变迁[J].国际新闻界,2013(2):31.

视听信息的产业价值与文化意义。

随着数字技术、网络技术的不断成熟和广泛应用,新兴媒体已成为传媒体系中不可或缺的组成部分,同时也为我国文化发展注入了新的活力。在各类新兴媒体中,视听新媒体的发展尤为引人注目,特别是IP电视、网络电视、网络广播、手机电视及移动多媒体广播等几种新媒体业务形态一直是业界关注的焦点。2001年4月28日,苏州有线数字电视的试播拉开了中国电视全面数字化的序幕;2002年10月,上海开展公交车载电视试验;2003年10月,中国在博鳌亚洲论坛上首次推出了基于DMB技术的手机电视业务。自2004年以来,车载电视业务、手机电视、IP电视等视听新媒体在全国普遍展开。2008年,互联网、手机电视等新媒体第一次作为独立转播机构与传统媒体一起被列入北京奥运会转播体系。这是奥运会有史以来第一次通过电子与数字方式进行电视转播。国际奥委会在全球77个国家和地区推出了网上视频,手机电视在全球范围内可以接收。北京奥运会被称为历史上首届"Web 2.0版奥运会"。

通信网、互联网、广播电视网依托各自的优势分别向视听新媒体业务靠拢。这种融合必将改变传播格局,并深刻地影响政治、经济、文化、教育、日常生活等各个层面。新媒介不仅仅是新媒介技术,还是一种新媒介文化形态,即特定形式的媒介造就不同的社会文化,而特定历史条件下的社会文化,也会选择特定的媒介传播方式。一种新媒介文化的诞生,是两种基本力量促成的结果:媒介自身的技术革新与这种革新造就的特定文化情境。梅罗维茨(Joshua Meyrowitz)提醒我们,不应该只是关注新媒体带来的新内容,还应该探究新表达形式造成的社会及文化改变。[①] 新媒体为音视频用户的内容生产、视听文化消费提供了新媒介平台,成为重要的信息集散地与舆论场,推动视听信息服务产业发展,展示了视频时代的新媒介景观。

---

① David Taras. The Mass Media and Political Crisis: Reporting Canada's Constitutional Struggles[J]. Canadian Journal of Communication,1993;18(2):131-148.

第一章 视听新媒体概述

1996年美国电信法修正案出台,标志着以美国为代表的西方国家拉开网络融合的序幕;从1934年到1996年,美国政府用62年时间完成电信经营从垄断到竞争的过渡;解决了电信和广电的市场相互进入问题;经过十余年的发展,美国已经实现电信与广电业务层的融合,例如,美国主要的综合系统运营商(Multi System Operator,简称 MSO)向市场提供融合语音通话、电视和互联网络接入三种业务的产品,即 Triple Play。[①] 三网融合是在数字化、信息化与网络化的信息技术的影响下,电信网、广播电视网、互联网分别向宽带通信网、数字电视网、下一代互联网演进的过程中,其技术功能趋于一致,业务范围趋于相同,网络互联互通、资源共享,能为用户提供语音、数据和广播电视等多种服务的过程。在国际上,"信息高速公路"与"物联网"对国家三网融合战略影响较大。其中,物联网系统主要由多样化的数据采集终端、无处不在的传输网络与智能化的后台数据处理系统构成。

英国伦敦政治经济学院传媒系主任罗宾·曼塞尔(Robin Mansell)认为:"新兴媒体促进了媒体传播领域的扩展,推动了社会舆论的多元化。"[②] 这是由其特有的用户主导的分众传播方式决定的。用户主导意味着选择不同;分众传播意味着主题不同。在舆论空间中,不同用户对不同主题的选择决定了社会舆论的多元化。因此,新兴媒体不仅是人们获取信息的重要渠道,还成为思想文化信息的集散地和社会舆论的放大器。

广播电视网作为国家信息基础设施的重要组成部分,是最普及的信息工具和最便捷的大众信息载体。为了适应新媒体技术发展趋势,中国建设下一代广播电视网(Next Generation Broadcasting Network),以数字化的

---

① 赵子忠.三网融合的关键视角——用宽带战略解读三网融合[J].现代传播,2010(6):6.
② 孟威,等.新兴媒体的社会影响力[N].人民日报,2008-08-29(6).

媒体形态创新广播电视的业务模式,以网络化的服务形态提升广播电视的传播能力,创新广播电视的传播内容、传播形式、传播渠道和体验方式,为受众提供更多喜闻乐见的视听节目和更加丰富的信息服务,满足用户视听文化消费需求,从而实现从"被动接收"向"主动选择",从"看电视"向"用电视",从单一渠道、单一终端向多渠道、多终端的转变。

第一节 媒介融合下的视听传播变革

一、拓展广播电视受众的角色:从观众到内容生产者

麦克卢汉曾指出:"媒介的交叉和混合,如同分裂或融合一样,能释放出新的巨大能量","媒介的融合,使我们从迷醒和知觉麻木中解放出来"[①]。随着三网融合与融合新闻的发展,视听内容生产出现新的媒介景观:内容呈现的多终端化;内容产品的社区化;内容生产主体的多元化。与电视内容生产相适应,新近的受众研究表明,观众(audiences)或参与者(participants)不仅仅是被动地接收视听信息,他们还借助DV、手机与互联网等媒介发布、分享与评论音视频内容。新媒体技术赋予广播电视双向传播模式,不仅挑战传统广播电视媒体的内容生产模式,也对国家、社会与公众的互动产生深刻的影响。

传统的媒介内容生产被称为专业生产内容(Professional Generated Content,简称PGC),它依赖于传统的媒介组织与专业的媒体从业人员。在受众向内容生产者融合(audiences as producers)转变的过程中,开始出现用户自主生产内容(User Generated Content),也被称作"消费者自创内容",简称UGC。[②] 世界经济合作与发展组织(Organization for Economic Co-operation and Development)在2007年的报告中描述了UGC的三个特征:以网络出版为前提;内容具有一定程度的创新性;非专业人员或权威组

---

① 〔加拿大〕马歇尔·麦克卢汉.理解媒介——论人的延伸[M].何道宽.译.北京:商务印书馆,2000:89.

② Grant, A. & Meadows, J. Communication Technology Update[M]. Amsterdam:Elsevier, 2006.

织创作。早在 2003 年伊拉克战争开始前,BBC 就呼吁人们上传用数码相机或手机拍摄的反战新闻图片与视频,并将择优发布在网上(Stoeck,Rohrmeier & Hess,2007)。2005 年 7 月 7 日,伦敦地铁、巴士连环爆炸案当天,BBC 收到公众传来的 22000 份电邮和文本信息、300 张图片以及一系列视频素材。2006 年 8 月,CNN 在其网站上开辟了由作为目击者的观众提供文字、图片或音视频第一手新闻报道的 CNN iReports 主题板块。事实证明,iReports 在突发新闻报道中发挥了重要作用。2007 年 4 月,CNN 对弗吉尼亚理工大学校园枪击案的报道中,很多重要的素材就源于 420 份观众提供的视频资料。CNN iReports 的成功实践在美国电视新闻业产生了示范效应。美国全国广播公司(NBC)随即开辟了"i-caught"板块,福克斯新闻网(FOX)也开通了"U-Report"板块,微软全国广播公司(MSNBC)则开辟了"第一人"板块。今天,UGC 内容成为 YouTube、Tudou、Youku、CNTV"爱西柚"等视频分享网站的重要内容。

德国学者施特克尔(Stoeckl)运用"使用—满足"理论对视频制作者与不生产内容的"纯用户"进行比较后发现,视频内容生产者的创作动机主要源于记录生活、娱乐、自我表露与表达的需要;相反,那些专业"潜水员"不生产内容是源于不愿付出机会成本和时间成本、担心隐私可能被侵犯。布伦斯(Bruns)用自造词"生产性使用"(produsage,即 produce 与 usage 的结合)来概括同时生产和使用的混合形态。① "生产性使用"为理解新媒体环境下音视频的"协同内容创新"(collaborative content creation)提供了新的研究路径。同时,UGC 也应该被置于"参与式新闻"或"参与式传播"的理论框架下进行理解,才会彰显"用户自主生产内容"所蕴涵的"媒体解放性使用"的重要意义。

在三网融合的背景下,媒体的内容生产从"专业内容生产"(Professional Produced Content,简称 PPC)向"用户创造内容"(User Generated Content,简称 UGC)和"消费者产生的媒体"(Consumer Generated Media,简称

---

① Axel Bruns. Produsage: Towards a Broader Framework for User-Led Content Creation [C]//Gerhard Fischer, Elisa Giaccardi, Mike Eisenberg & Linda Candy (Eds.) Seeding Creativity: Tools, Media, and Environments (Washington, DC, 13-15 June 2007). New York: Association for Computing Machinery,2007:99-106.

CGM)转变;受众也从单一的"使用内容"转向兼顾"使用内容"与"贡献内容"。

世界经济合作与发展组织在《参与式网络:用户创造内容》中指出,UGC具有独特的品质,主要包括:发布的内容能够针对公众开放(publication requirement);体现出用户的创造性(creative effort);彰显个性而不是严谨的专业性创造(creation outside of professional routines and practices)。

二、突破线性传播的局限:从"时移"到"位移"的跨越

电视本身的传播特性包括视听兼容的共时性传播、深入家庭的传真性传播、高度综合的连续性传播等。[1] 视听新媒体技术,在延续视听传统的基础上,也颠覆了传统视听媒体的固定收视、线性传播的方式。传统的电视接收终端,常常将观众固定在客厅、卧室等空间中,形塑了观众相对固定的收视环境,限制了新媒体环境下电视观众的收视需求。数字技术带来广播电视接收终端的升级换代,使移动收视成为广播电视接收的新特点。手机电视、车载移动电视不断突破了视听接收的空间限制与固定接收的局限性,极大地拓展了受众收看电视节目的空间范围,空前地提高了受众收视的空间自由度。不仅如此,数字技术还颠覆了传统视听媒体的线性传播方式。传统的广播电视受众是在固定的时间收看或收听节目,电视也因此形塑了观众的收视习惯。传统电视将特定的节目安排在特定的时间播出,电视的"黄金时段"与传统电视的这一特征相对应。随着IPTV、网络电视与手机电视等视听新媒体的出现,观众开始摆脱传统电视节目单与固定收视时间的限制,可以根据自己的时间来安排广播电视节目的收视或收听,观众的时间就是"黄金时间"。过去所谓的黄金时间与非黄金时间的界限逐渐模糊,电视媒体将更加关注节目内容的吸引力。如果说传统电视节目是按时间顺序进行编排、呈线性播出、转瞬即逝、保存性差和不易重新获取,那么,数字视听新媒体则具有强大的实时性和交互性,"彻底打破传统媒体对于电视节目的时间限制,最大限度地实现'时移'和'位移'"[2]。例如,中

---

[1] 戴元光,金冠军.传播学通论[M].上海:上海交通大学出版社,2000:195.
[2] 石长顺,童文杰.数字视听新媒体:从概念到商用[J].河南社会科学,2007(2):97.

国网络电视台(CNTV)既通过电视直播来满足观众长期形成的固定收视习惯,还提供用户自主生产的视频内容、"电视节目点播"与"电视节目回放"等服务,最大限度地实现"时移"和"位移"。

"时移"(Timeshifting)与"位移"(Placeshifting)的有效结合,突破了电视节目严格的时间与空间限制,使观众可以随时、随地收看自己感兴趣的节目。

(一)时移电视

2000年以后,基于Time Shifting的个人影像录影机(Personal Video Recorder)已被家庭广泛接受和使用,观众可按自己的计划来观看各种电视节目。时移电视(Time-shifted TV)是在提供电视直播服务的同时,可以选择性地将电视直播频道内容通过网络保存在视频服务后台系统供用户点播,实现在任意时间收看原本在固定时间播放的电视节目的一项新型业务。观众在观看数字电视节目时,可以随时按暂停或后退/快进键,也可以选择几天前的电视节目。以IPTV为例,"时移"服务是对一个预先保存的内容,用户可以任意地前进、后退、暂停内容的播放,主要可分为基于用户侧的实现和基于网络侧的实现两大类。时移电视彻底颠覆了原有看电视(在规定的时间收看规定的节目)的方式,给观众带来全新的收视体验;也使得数字电视成为真正的"我的电视",摆脱了时间的束缚,顺应现代人越来越快的生活节奏。例如,东方有线互动电视的"时移电视"就有延播、录播和回看功能。"延播"是指用户可对正在播放的电视节目进行暂停、延时播放;"录播"分为即时录制和预约录制两种,前者是指在看电视的同时录制下喜欢的节目内容,后者是指预先设定好需要录制的节目,由机顶盒自动录制;"回看"则有别于即时录制、预约录制的主动录制行为,是网络运营商提供的自动录制功能,用户只需通过"点播"窗口进入"电视回看"界面,就可以选择相应的节目进行观看。"时移电视"将用户从传统节目时刻表中解放出来,给传统电视消费习惯和消费理念带来了革命性的变化,改变了电视的使用习惯(从被动接收向主动选择节目转变),丰富了电视的形态(广播式电视、直播式电视、互动电视与个性化电视等)。

(二)位移电视

位移电视(Place-shifted TV)就是用户可以使用手机或者其他娱乐系

统,在其他地方调用存储在家里的电视或电脑里的视听内容。Slingbox 是一种电视流媒体播放设备,可以使受众使用电脑 ipad 或手机通过互联网远程观看他们申请的有线电视、卫星电视或 PVR 录制的节目。以 IPTV 为例,"位移"服务是指用户可不受地理空间的限制,任意使用各种移动终端观看电视内容,主要向有位置迁移改变需求的用户提供,如手机等移动终端用户。

"电视回看"实现了从"时移"到"位移"的跨越。数字视听技术使人们不再局限于传统的线性传播;新媒介技术与多元化的接收终端(PC、移动笔记本或 3G 手机)使观众不满足于只能在装有机顶盒的电视机上看电视的现状,实现有网络就能随时随地享受视听娱乐。

三、客厅文化与电视的位置:从仪式化收看到碎片化填充

在中国,传统的客厅铺排非常考究。上方为北,摆放"香敬"的横案,上方挂"中堂",祖先画像居中,两旁配挂对联,以表对天、地、君、亲、师的尊敬。如今,虽然客厅作为会见宾朋、把酒言欢的场所,并未改变寒夜围炉、共享天伦之乐的功效,但其供奉神位祖先之位却让给了科技时代的产品——电视,而堂上颇具仪式感的配备也被方桌、组合柜、电视墙等实用与装饰兼具的物件所代替。

电视改变了家庭、社会的空间结构功能。电视在中国家庭空间上的后来居上引人注目。客厅曾经用来摆放祖宗牌位、尊者塑像、纪念物、特殊的图画等的位置,后来用来摆放收音机、录音机与电视机,电视占据家庭空间中的"神龛"位置。早在 10 年前,中央电视台副总编辑孙玉胜就指出,电视属于"家用媒体",具有家用属性。[①] 家庭结构、情感交流、人际关系、行为习惯与媒体密切相关。电视机与空调、音响等"家用电器"一起摆放在客厅,"看电视"也成为日常生活的一部分。"看电视"成为一种生活背景,伴随聊天、接电话、做家务等家庭活动。

在电视机前观看电视,已经成为一种具有仪式感的视觉消费行为。在 20 世纪八九十年代,这种仪式化的收视行为构成了中国电视文化的一部

---

① 孙玉胜.十年:从改变电视的语态开始[M].上海:三联书店,2003:335.

分。从媒介人类学或电视社会学的视角来看,中国人习惯于将电视视为客厅布置的中心,其他客厅家具的位置则是依据电视的位置依次摆放。"在这些仪式性空间里,日常生活的文化得到强化。"①电视已经深度嵌入家庭与日常生活之中。

进入一个媒介化的新媒体社会,手机与互联网不断地改造电视的收视方式。"电视家具化"只是维系了传统电视的表面繁荣。电视只有从"家具化"向"互联网化"演进,才能适应用户时间碎片化和接收终端移动化的发展趋势。史蒂文森发现,"媒介'越小众化',就越能被用来传递具有颠覆性和选择性的信息"②。在这个过程中,民族主体的自我想象与小众化媒介乃至"私媒"叙事紧密联系在一起。移动化与社交化的视听消费行为渐趋主流化,其明显标志就是移动终端的便携特性与多屏合一。

四、广播电视网络的融合:从广播电视网到三网融合

"语音和数据业务涵盖家庭与社会两个层面,而视频业务的重心还是家庭。"③三网融合、云计算、物联网等三大因素,在未来将对电子信息制造业产生根本性变革,辅以数字家庭、宽带开放、移动互联网的共同作用,未来的终端市场竞争将更加激烈。电视是以家庭消费为特征,家庭信息化也是三网融合的主战场。在"三屏融合"的媒介发展趋势下,电视屏幕是电视的传统领地与生存空间,家庭的客厅也是今后数字电视、IPTV以及其他增值服务的主要受众群体之所在。④

五、广播电视接收终端的变化:从电视荧屏到"三屏合一"

"三屏融合"是指电脑屏、电视屏和手机屏三屏合一,充分利用现有的平台和资源,以用户为核心,在三屏之间形成良好的视频资讯传递互补和统一服务,从而推动彼此的价值提升。"三屏融合"打通用户的空间距离,

---

① 〔英〕罗杰·西尔费斯通.电视与日常生活[M].陶庆梅,译.南京:江苏人民出版社,2004:250.
② 〔英〕尼克·史蒂文森.媒介的转型——全球化、道德和伦理[M].顾宜凡,等译.北京:北京大学出版社,2006:197.
③ 李新民.以我为主推进三网融合——关于广播电视参加三网融合的思考[J].中国广播电视学刊,2010(6):25.
④ 郭小平,石寒.论三网融合下广播电视的主导优势[J].现代视听,2010(9):8.

将典型使用环境与被割裂的时间贯通串联,使用户可以随时随地享受到视频服务。随着"三网融合"与"三屏融合"的发展,传统电视的节目恒量转变为手机、互联网、IPTV 的三重增量,从通过电视机回看、PC 上网回看到手机回看,用户浏览价值得到了成倍放大。

"三屏融合"从满足用户需求的角度来看,通过打通用户的空间距离,将使用环境与被割裂的时间贯通起来,使用户在书房、客厅、路上等不同场所都能随时享受数字时代的视听服务,从而激发用户的消费需求,达到产业的价值提升。2010 年,上海世博会首次采用"电视、电脑、手机三屏融合"的方式进行相关内容的视频传播。今天,拥有 3 个以上屏幕的视频网民已占大多数。图 1-1 为看电视的网民屏幕接触情况。

看电视的网民屏幕接触情况	
只看电视	9%
电视+手机	24%
电视+电脑	6%
电视+平板	1%
电视+电脑+手机	38%
电视+平板+手机	6%
电视+电脑+平板	2%
电视+电脑+平板+手机	14%

图 1-1　看电视的网民屏幕接触情况[①]

在我国,上海文广新闻传媒集团较早涉足互动电视、IPTV、网络电视和手机电视等新媒体领域。"上海网络电视台"(BBTV)借助 4G 业务实现三屏融合,通过网络连接形成视听内容的传递和互补,构建虚拟社区互动平台。用户可以通过手机、电脑或电视机三种终端中任意一种向好友推荐分享内容,而对方也可以通过任意一种终端在第一时间看到或听到推荐的内容。

六、传统电视功能的拓展:从看电视到用电视、玩电视

传统电视主要为受众提供新闻信息与娱乐消遣,而视听新媒体在传统

---

① 数据来源:央视市场研究股份有限公司. iCTR 网络调研[EB/OL]. (2013-06-05)[2014-03-30]. http://www.ctrchina.cn/attached/file/20130605/20130605011859875987.pdf.

广播电视服务的基础上,提供视频点播、数字录像、电视节目回看、付费频道、数据信息服务等多种高品质的电视系列服务。例如,东方有线为用户提供有线电视、互动电视(高清业务、点播回看、付费频道、录制时移、电视卡拉OK、电视证券、电视彩票、便民付费、东方俱乐部、电视游戏、优化学习、电视短信、电视邮件)、数字广播、互动家庭、个人宽带、企业数据等电视服务。CNTV的"爱西柚"(播客台)为用户提供视频发布平台,"爱布谷"(搜视台)为用户提供便捷的视频搜索服务。双向互动电视系统平台将使市民实现从"看电视"到"用电视"的转变,借助"电视支付"的功能,市民可以利用电视机交纳水电费、煤气费、电话费等。对于观众而言,电视不仅可以看,还可以"用"和"玩"。

七、视听媒介生态的演变:从电视时代到视频时代

媒介存在三种形式与功能:一是保存内容;二是通过媒介传播媒体内容;三是将媒体内容展示给受众。在整合媒体时代,传统电视面临困境。"当人们觉得电视节目不再有吸引力时,观众不再切换频道,而是切换到另一个媒体去了。"[①]越来越多的年轻观众,习惯于在看电视的时候,同时使用电脑与手机媒体,这不仅是媒体切换,更主要在于电脑或手机屏幕上并列出现多个同时运行的窗口:播放节目与浏览网页、通讯聊天。新媒介揭示了旧媒介的弱点,同时也发掘了旧媒介的独特优势。正如莱文森所言,媒介的发展遵循了"人性化"发展趋势并呈现"补偿性"特征。"新媒体时代可能带来的不是电视媒体自身的终结,而是传统电视传播模式的终结。"[②]未来电视的传播将不再是基于频道和栏目(节目)的单向线性传播,而是基于碎片化信息的、多终端的、由电视媒体及其观众两大主体共同完成的多级传播。传统电视屏幕的切换与延伸,衍生出手机电视、IPTV、车载移动电视、网络电视、户外LED屏,传统的"电视时代"逐渐被整合型的"视频时代"所代替。

---

① 〔德〕Gundolf s. Freyermuth.媒体的演化及变革[M]//方方.传媒研究前沿报告.上海:文汇出版社,2010:11.
② 周勇.电视会终结吗?——新媒体时代电视传播模式的颠覆与重构[J].国际新闻界,2011(2).

第二节 视听新媒体的界定及其形态

一、新媒体界定的相对性

新媒体"是一个相对的且容易受到批评的概念,但是它点出了聚焦技术、媒体、社会生活相互影响所带来的变革的重要性"[①]。国外的定义大致分为两类:一类定义聚焦于新媒体的媒体形态和技术特性;[②]另一类定义则具有技术"社会形成观"的影响,聚焦媒体技术与人类行为及社会结构的交互影响。[③] 社会学、文化研究与传播政治经济学的研究,就偏向后一种定义方式。在某一特定的历史时期,新媒体又是一个时间的概念。[④] 新媒体的"新"是相对于"旧"而言的,而新旧是在不断地变化的,正如报纸之于图书、广播之于报纸、电视之于广播、网络之于电视是新媒体。新媒体是一个相对的概念、时间的概念与发展的概念。[⑤]

新媒体不断沿着科技化与人性化方向发展,不会停止或者终结于任何一个媒体形态或平台,具有发展性。"新媒介并不是旧媒介的增加,它也不会让旧媒介得到安宁。它永远不会停止对旧媒介的压迫,直到它为旧媒介找到了新的形态和地位。"[⑥]"尽管新媒介在技术手段、传播特性方面迥异于旧媒介,但在开始发展的一个时期内,它的传播内容、传播形式都直接借鉴原有的旧媒介,旧媒介的传播逻辑或多或少地要渗入新媒介。要经过一个时期的纠缠交替之后,新媒介才慢慢积淀出完全适合自己的传播形式和传播内容。而一旦新媒介独立之后,它就会以一种独立的力量对旧媒介产生

---

① Caroline Bassett. Editorial[J]. New Media & Society,2000(2):5.
② 〔美〕斯蒂夫·琼斯.新媒体百科全书[M].熊澄宇,范红,译.北京:清华大学出版社,2007.
③ Leah A. Lievrouw, Sonia Livingstone. The Social Shaping and Consequences of ICTs [M]// Leah A. Lievrouw, Sonia Livingstone (eds). The Handbook of New Media, London: Sage, 2004:1-16.
④ 毕晓梅.国外新媒体研究溯源[J].国外社会科学,2011(3):115.
⑤ 〔美〕斯蒂夫·琼斯.新媒体百科全书[M].熊澄宇,范红,译.北京:清华大学出版社,2007.
⑥ 〔加拿大〕埃里克·麦克卢汉,〔加拿大〕弗兰克·秦格龙.麦克卢汉精粹[M].何道宽,译.南京:南京大学出版社,2000:418.

强有力的冲击,重新解构媒介格局。"①媒介的发展呈现的是一种叠加而非消灭的趋势。尽管新媒体是一个不具有稳定性的概念,但在一定的时间段之内,新媒体应该有一个相对稳定的内涵。

二、视听新媒体的界定及其主要形态

近年来,以网络广播影视、IP电视、手机电视、互联网电视、公共视听载体、移动多媒体广播电视为代表的视听新媒体行业迅猛发展。视听媒体就是通过单独呈现视觉、听觉信息或同时呈现视听信息来实现传者和受者之间信息传递和共享的媒体。从技术变革的角度来看,视听新媒体是指通过对人的视、听觉感官综合作用以传、受双向互动为特征的新媒体形态,如网络视频、IPTV、互联网电视、手机电视等。

国家广电总局发展研究中心、视听新媒体研究所所长董年初指出:"目前有七类媒体形态通常被归入新媒体之列:①移动数字电视,包括无线的、车载的、公共交通上的;②有线数字电视;③IPTV,狭义上指基于TV终端的;④网络广播;⑤网络电视,这是新媒体中发展最快的一块;⑥手机电视;⑦楼宇电视。它们有些是传统媒体的数字化形态,比如楼宇电视,在传播方式与服务方式上并没有本质变化,也是以'广播+广告'的营利模式来支撑运营;有些则是不同于传统媒体的数字电视形态,如网络电视、手机电视等。"②

(一)视听新媒体的三种界定方式

目前,对于视听新媒体概念的界定主要存在三种标准和方法。

第一,按技术的突破性变化来界定,即把与互联网技术(IP网络协议)有关的一些视听业务形态叫新媒体。这种划分方式强调传播方式发生根本性改变,注重新媒体传播的交互。因此,广播方式的媒体形态都不属于新媒体,只包括IP电视、手机电视(基于移动通信网)、网络广播影视、互联网电视等。

第二,按时间与空间的变化来界定,将近十年中出现的、在传播空间上发生重大变化的视听业务形态叫做视听新媒体,主要包括近十年内基于技术变革出现的一些新的传播形态,或一直存在但长期未被社会发现传播价

---

① 祁林.论大众传播媒介发展的叠加与干涉[J].江苏社会科学,2000(1):181.
② 周燕群,陈芳.新媒体阵营与布局[J].中国记者,2006(6).

值的渠道、载体。前者包括手机电视、IP电视、网络广播、网络电视、移动多媒体广播电视(CMMB)、移动电视(车载移动与手持移动)等,后者包括楼宇电视和巴士联播等公共视听载体。①

第三,按数字技术界定,即把传统媒体数字化后的业务形态都叫做新媒体,也被称作数字新媒体。这种划分时间跨度更长,包涵内容更广泛。除上述所涉及的媒体形态外,有线数字电视、直播卫星电视、地面数字电视都属于新媒体。

其中,第一种解释是从媒介技术学的视角界定视听新媒体,侧重于互联网的媒体新形态;第二种解释是从社会学的视角界定视听新媒体,不单纯强求媒介技术的变化,而是注重时间与空间的更新;第三种解释是从传统媒体的数字化升级来界定视听新媒体,其外延较前两种更广。借鉴国家广电总局的划分标准,本书采用第二种概念界定方式并将目前中国市场上的视听新媒体形态分为两大类、六种业务:一类是侧重发展互动功能的视听媒体,主要是基于互联网及移动通信网,包括网络广播影视、IP电视、手机电视、互联网电视等;另一类仍为单向传播方式,但加速了传播渠道的分化和传播空间(终端)的延伸,主要是指移动多媒体广播电视(CMMB)和各种公共视听载体。②

事实上,新媒体包括新型媒体和新兴媒体。新型媒体指应用数字技术、在传统媒体基础上改造、更新换代的媒介或媒体,如数字广播电视、车载电视、楼宇电视等。新兴媒体指在媒介形态、传播理念、传播技术、传播方式和消费方式等方面发生质的飞跃的媒介或媒体,如网络媒体、手机媒体等。楼宇电视、巴士联播等民营媒体,虽然并不是严格意义上的新媒体,但它与媒体业务形成竞争,因而成为一种新媒体产业。当然,随着社会化媒体的发展,未来还可能出现更丰富的新媒体业务形态。

(二)视听新媒体形态

1. 网络广播影视

网络广播影视,指采用 IP 协议、通过互联网传输数据、以个人电脑为

---

① 董年初,熊艳红.视听新媒体概述[J].中国广播电视学刊,2007(3).
② 庞井君.视听新媒体的基本格局与未来走向[M]//庞井君.中国视听新媒体发展报告(2011).北京:社会科学文献出版社,2011:2.

终端的音视频传播业务,主要包括狭义的网络广播、网络电视、网络电影,以及音视频分享网站、音视频搜索、P2P 视频服务等。目前,中国的网络广播还未成熟,而网络视频则在近年来保持良好发展态势。网络广播是指采用 IP 协议、通过互联网、以计算机为终端的音频传播业务,提供网络广播业务的站点被习惯叫做网络电台。网络电视即 WebTV,是指采用 IP 协议、通过互联网、以计算机为终端的视频传播业务。网络电视与 IP 电视的最大区别是传播其内容的网络是开放性的。网络电视与 IP 电视是两个完全不同的概念。

2. IP 电视

IP 电视(Internet Protocol TV),也称交互式网络电视,主要是指通过可管可控、安全传送并具有 QoS 保证的有线 IP 网络,提供基于电视终端的多媒体业务,传输可交互式的视频。IP 电视除了拥有传统电视的直播服务功能外,还有视频点播、视频时移、双向互动、分众传播等多种功能,扩展了"看电视"的概念。

对 IP 电视的概念,目前比较权威的说法是国际电信联盟给出的官方定义:"IP 电视是指通过可控、可管理、安全传送并具有 QoS 保证的无线或有线 IP 网络,提供包含视频、音频(包括语音)、文本、图形和数据等业务在内的多媒体业务。其中,接收终端包括电视机、掌上电脑(PDA)、手机、移动电视及其他类似终端。"英国电信(BT)也基本认同这一概念。意大利电信给出的定义类似,但不包含手机、PDA 等移动终端。这些定义的共同特点是强调在可控制、可管理的 IP 网上运营,区别在于终端的限定上。本书讨论的 IP 电视是指通过可控制、可管理的有线 IP 网,提供基于电视终端的多媒体业务。

3. 手机电视

手机电视是指利用移动通信网传送、通过手机观看流媒体视频业务的电视服务。广义的手机电视还包括基于广播网、通过手机观看的手持视频业务。随着手机电视质量的改善,特别是 3G 的规模应用,手机电视用户规模近年来增长较快。按国际电联的定义,手机电视也是 IP 电视的一种,是运行在可管理的无线 IP 网上、以手机为接收终端的多媒体业务。但具体应用中,手机电视的概念却比这一定义复杂。一方面,移动通信网虽然是可控、可管理的网络，可一旦实现与互联网的对接，互联网上的一切问题都会体现在无线通信网络上，很难说运行手机电视的网络是可控、可管理的。另一方面，业界经常把以手机为接收终端的卫星及地面移动多媒体广播业务称作手机电视，谈到手机电视时不得不做特别说明。鉴于手机电视是由电信部门率先提出的概念，本书将手机电视限定在移动通信网提供的视频业务上，广播方式的手持移动多媒体业务可称为手持移动电视。本书提到的手机电视特指前者。

4．互联网电视

OTT TV(Over the Top)，互联网电视，是指采用 IP 协议、通过互联网传播视听业务、在电视上播放并具有可管可控特征的一种媒体形态。随着互联网在线视听服务及 P2P 技术的蓬勃发展，包括 TCL、海信、康佳、长虹、创维等一线电视机生产企业相继推出互联网电视产品。

5．社交电视

从 2006 年以来，社交电视的概念已在欧美等发达国家逐渐普及，越来越多的电视生产厂商和运营商正致力于社交电视的研发和推广，已经出现了 PARC Social TV、ChaTV、Ambient TV 等众多产品。从传统电视对社会化媒体的工具性使用到基于技术融合的"社交电视"(Social TV)发展，电视不断地适应了观众日常生活的变迁并在自身的社会化过程中丰富观众的观看体验。在电视与互联网融合的过程中，"社交化"被视为继 IP 电视或 Connected TV 之后的下一代互联网电视的主要特征。

适应社会化媒体的发展趋势，"社交电视"应运而生。对"社交电视"的界定，必须同时从数字终端、数字技术与社会功能等不同层面予以审视。

(1) 作为终端的"社交电视"

就终端而言，社交电视(Social TV，又称"社会化电视")是将社交媒体(Twitter 和 Facebook 等)与电视进行无缝结合，让电视成为社交媒体的重要终端，即身处不同地方的电视观众能够方便地共享和讨论他们正在观看的电视节目。

(2) 作为技术总称的"社交电视"

社交电视是一系列技术的总称，用户借助这些技术进行社会化的互动和交流以决定对电视节目的选择。社交电视不是简单地通过电视来访问社交网站,而是指用户在观看电视的同时,可以通过社交技术平台进行通信、互动或者其他与电视内容相关的社交化行为。

(3) 作为社会交往的"社交电视"

在本质上,社交电视是一种观看电视的方式,让人们看电视的行为更加社会化,通过社交网络为用户观看电视节目提供更多的信息支持和交流体验。"社交电视"将社交网络与电视观看体验整合,给用户一种全新的观看和参与电视的方式,从而为传统电视行业或互联网行业提供一种新的商业机会。严格来说,社交电视不是一种新技术,而是一种融合传统电视行业和新兴互联网社交服务的新媒体形式,是已有技术的综合运用。

6. 公共视听载体

公共视听载体是指包括车载/机载移动电视、楼宇电视、户外大屏等媒体形态在内,采用地面数字电视技术、硬盘播放技术、无线互联网下载技术等多种技术手段,在室内外公共场所面向大众开展电视服务的载体统称。

7. 移动多媒体广播电视

移动多媒体广播电视是指利用无线数字广播电视技术向手机、MP4、笔记本电脑等7寸以下小屏幕终端随时随地提供广播电视节目和信息服务的广播电视服务。中国的移动多媒体广播电视采用具有自主知识产权的CMMB标准,并建立了全国统一的运营体制。

第三节 视听新媒体的特征

在"新媒体"研究中,"新媒体'新'在哪里?"成为一个关键性的问题。[1] 费兰西斯·巴尔(Francis Balle)、杰拉尔·埃梅里(Gerard Eymery)就提出类似的问题[2]:"新"是指媒体形态本身的首次出现,还是媒体形态所引起的社会法律、政治、经济及文化交流方式的新变化? 这种"新"是指工程技术人员所认为的"新"还是普通人所理解的"新"? "新"是指对原有媒体的传播能力的新的延伸还是根本性的变革甚至完全取代?

---

[1] Mark Poster. Underdetermination[J]. New Media & Society,1999,1(1):12-17. Roger Sliverstone. What's New about New Media? [J]New Media & Society, 1999,1(1):10-12.

[2] 〔法〕弗兰西斯·巴尔,〔法〕杰拉尔·埃梅里. 新媒体[M]. 张学信,译. 北京:商务印书馆,2005.

数字化、互动性是新媒体的根本特征。[①] 与传统广播影视相比,视听新媒体具有以下特征:视听内容形态多元化和分众化;内容来源多样化;内容体验丰富化;传播渠道(终端)无所不在;单一渠道(终端)的兼容性与多功能化;更高的全程互动性。整体而言,视听新媒体具有四个典型特征,即数字化、互动性、非线性与视听化。其中,数字化是本质,互动性是表现形式,非线性是传播特点,视听化是媒介形态特征。

一、数字化

根据国家新闻出版广电总局公布的有线电视数字化时间表,2010年我国全面实现广播电视数字化,2015年将停止模拟广播电视的播出。与广播电视全面数字化相适应,广播电视内容制作环境走向数字化、高清化。

在数字技术应用中,电视快速地从"模拟化"走向"数字化",逐步实现节目制作、传输、接收和储存的全方位数字化。模拟的电视节目变身为数字化的、可供检索的、可以多次开发利用的内容资产,旧式的磁带资料库也变身为电视节目内容资源的数据库。

从影视内容制作流程来看,无论是全数字制作还是采用胶片拍摄的数字制作,其后期制作过程,如特效处理、剪辑、合成等,都已实现了全数字化。广播电视媒体与视听节目的数字化,为音视频数据的存储、传输、分享及版权交易的结算等提供了便利,也加速了电视与互联网、手机的融合发展。

二、互动性

新媒体的"新"不只是其"数字化"的媒介形式,更在于它的互动形式以及由此带来的传播与消费民主。"新媒体是一种流动的、个体互动的、能够散布控制和自由的媒体,尽管新媒体高度依赖于计算机,但它并不仅仅是数字媒体,在更大程度上,新媒体是一种互动性的媒体。"[②]互动性是新媒体传播的本质特征。互动包括人际互动与社会互动两种类型。互动性使新

[①] 匡文波.新媒体是主流媒体吗?——基于手机媒体的定量研究[J].国际新闻界,2011(6);匡文波."新媒体"概念辨析[J].国际新闻界,2008(6).

[②] 李忠斌.新媒体与奥巴马政府的公共外交[J].美国研究,2011(1):111.

媒体在公共领域中的传播不仅有大众传播的性质,还有人际传播的特征。作为大众传播媒介的电视,具有社会互动功能,但在表现手法和表达内容方面,常常借助人际互动策略和手法来吸引观众。从本质上讲,电视中的人际互动属于"类人际互动"。这种亲密关系的建构,是基于对人际互动的模仿和衍生,而非真实的"面对面"互动。

在尼古拉·尼葛洛庞帝(Nicholas Negroponte)看来,本质性互动是新旧媒体的分界线。视频的人机交互最早出现在视频游戏之中,电子游戏类节目提供沉浸式体验和角色扮演的功能。1964年纽约世界博览会上的可视电话被认为是最早出现的交互媒介。19世纪70年代,电视图文服务赋予观众更多的内容选择权,电视用户可以从电视屏幕上的主菜单中敲击配套键盘上的数字,找到所需信息。1994年,时代华纳公司(Time Warner Inc.)推出全方位服务网络(FSN),用户可以在任何时候用电话点播节目,甚至可以选择从不同角度拍摄的画面,用遥控器获得运动员的个人资料。

"交互意味着每个人既是传播者又是接受者,交互意味着信息源和信息接收者之间的双向交流,更进一步,是指任意信息源和信息接收者之间的多向交流。"[1]传统电视的线性传播规律严重弱化其互动功能,更不用论及"本质性互动"。互动电视打破了传统电视的连续性特征。传统电视的连续性特征不仅体现在各个节目之间的连续播出,还体现在每个节目内容都是线性的叙事方式。而互动电视不仅在节目的播出上是非线性的,在节目的内容上也可以经由观众的参与而产生非线性的结构。随着IPTV、网络电视、互联网电视、社交电视的蓬勃发展,人们基于电视的互动和社交需求已逐渐被激发出来,三网融合、大屏幕互动娱乐、客厅社交正相继成为现实。

---

① 〔美〕约翰·帕夫利克.新媒体技术:文化和商业前景[M].周勇,等译.北京:清华大学出版社,2005:128.

三、非线性

"即时传真"是电视传播的魅力所在,它通过即时的信息发布、现场共时态连线的方式,为电视受众提供最新鲜、生动的信息,使电视媒体成为日常生活中人们了解社会、认识世界的窗口。但是,传统广播电视传播呈线性规律且不可逆转,电视观众无法自由选择爱看的内容。电视新闻在时间上的线性传播造成了信息的瞬时性、信息传播与接收的非对称性。因此,电视节目的编排,如频道选择、播放时段、上下节目关系、节目性质、竞争频道的节目安排、节假日及季节因素等,在很大程度上也影响着收视率。此外,电视传播如果完全局限于有线电视网络的"闭路"传输,难以实现基于媒体终端的即时互动与反馈。

随着有线电视网络的数字化、双向化升级改造,新闻在线直播、新闻检索和链接、信息时移点播、及时文字视音频交互功能,突破了传统电视新闻的时空观念。线性时间传播转变为时移点播与检索,单向空间传播转变为交互性的信息互动。

随着手机与互联网的普及,时移收视(Time Shifted TV)、点播收视(Video-On-Demand,VOD)等新的电视收看方式逐渐兴起。用户正在从传统的收视模式中解放出来,他们在观看电视节目上拥有了更大的选择权和自由度,"一人一个电视台"的时代正在来临。适应电视观众的主动选择、碎片化填充与人机互动的收视需要,非线性传播成为视听新媒体的一个重要传播特征。视听新媒体的非线性传播,充分满足了受众随时随地看电视与听广播的需求,同时,极大地满足了受众个性化选择视听内容的需要。节目播放的点播、直播暂停、回放与快进的功能,用户依据个人的兴趣定制、分享、在线评论、签到、互动参与、上传与下载电视节目,彻底变革了传统广播电视的线性传播规律。

四、视听化

视听(Audio-visual)开始成为传媒内容的主要形式,其概念已经超越了传统广播影视的范畴,并具备新的内涵和外延。"视听传媒"概念的内涵是现代电子视听信息传播媒介,外延包括传统广播影视、各类视听新媒体业务以及通过数字化、视听化处理出现的其他各种视听形态。手机与互联网的快速发展,使网络影视剧、网络视频、微电影和微视频成为用户的文化消费的重要内容。以微电影为例,它融汇了传统电影和现代网络视频的诸多要素,既有系统策划与制作体系、完整故事情节,也具备网络视频碎片化特征。微时长、微制作和微投资是微电影的重要特征,一般在15分钟以内。从"广播影视"到"视听传媒"的概念转型,体现了广播电视融合发展的趋势。

视听已经成为文化表达与交流的主流形态之一。"随着科技与文化融合的加速推进,视听文化形态将成为人类历史上听说文化和阅读文化之后的第三个主导文化形态。"[1]

第四节 视听新媒体的发展趋势

在国外,视听新媒体发展呈现出融合化、宽带化、个性化、便利化、普遍化与法制化等特征。我国视听新媒体也在不断优化网络环境、扩大产业规模,并更加完善发展环境。"十二五"规划提出,要加快转变经济发展方式,推进经济结构调整;实现电信网、广播电视网、互联网"三网融合",构建宽带、融合、安全的下一代国家信息基础设施;推动文化产业成为国民经济支柱性产业。这些都将为视听新媒体的发展提供良好的政策环境。作为主管视听新媒体业务的行政部门,原广电总局已成立网络视听节目管理司,专门负责视听新媒体业务的规划发展和行业管理。

视听新媒体发展呈现如下基本趋势:一是移动化,即视听应用大规模向移动终端迁移;二是社交化,即视听消费越来越多地通过社交网络实现传播;三是融合化,即媒体、技术、社会之间趋于高度融合;四是平台多元化,即视听发布平台越来越丰富多元并趋向开放共赢;五是人性化,即视听新媒体服务正在不断满足人们的个体化需求(庞井君,2013)。

一、视听媒体的移动化、互动化与社交化

(一)视听媒体的移动化

随着移动互联网的迅速发展,移动化、社交化的视听消费行为渐趋主

---

[1] 庞井君.媒介融合背景下我国广播影视发展的基本趋势[J].中国广播,2013(1):22.

流化。尼葛洛庞帝在《数字化生存》一书中写道:"作为电信的范式,'无论何事、无论何时、无论何地'的口号已经陈腐不堪,但使用它来思考电视的新境界却很不错。"①尼葛洛庞帝所说的"电视的新境界"在新媒体环境下正在成为现实。

以手机电视节目为例。移动互联网把手机从单纯的移动通话工具转变为具有上网功能的移动视听多媒体,并赋予视听媒体的便携性、随身性、实时性等特点。在一个多屏合一的视频时代,手机电视、公交移动电视、户外电视等视听媒体成为传统电视的"补偿性媒体"。马克·波斯特把互联网主导的"双向去中心化交流"称为"第二媒介时代",以此来区分由电视主导的"播放型传播模式"。②马克·波斯特特别强调新媒体的互动性、参与性。

视听传播移动化的明显标志是移动终端的便携特性。越来越多的用户开始同时拥有和使用笔记本电脑、智能手机和平板电脑等移动终端来进行上网交流或社交,这在美国被称为"数字杂食者"(digital omnivores)。便携的移动终端成为年轻用户视听消费的主阵地。移动化成为视听新媒体的重要发展趋势。提供适合移动特点的视听节目内容,提供用户喜爱的服务产品,探索稳定的商业模式,成为视听新媒体移动化发展的主要内容。

(二)视听媒体的互动化

传输覆盖环节趋向互联互通,终端成为兼具收发与互动功能的开放信息平台和视听服务超市。

风靡全球的网络互动剧《苏菲日记》在葡萄牙诞生后,被多个国家翻拍成不同版本,一度成为欧洲视频网站下载量最高的视频。其网络征集女主角苏菲、日记体形式和剧情互动模式,创造了一种新的内容生产模式。中国版《苏菲日记》,通过一个来自离异家庭、18岁的北京女孩苏菲在上海求学的青春日记,记述她成长中的烦恼、困惑和迷失,从而提供一个独特的视角来观察和破解这一人群。《苏菲日记》5分钟一集的剧情长度,符合年轻一代的生活节奏和多变的兴趣点。2008年11月底网络开播,根据网友意见拥有优酷和新浪两种版本,下集剧情发展随网民互动投票而确定,并在

---

① 〔美〕尼葛洛庞帝.数字化生存[M].胡泳,等译.海口:海南出版社,1997:203.
② 〔美〕马克·波斯特.第二媒介时代[M].范静哗,译.南京:南京大学出版社,2005:16.

两个平台上分别播放,体现了视听内容生产的互动化趋势。

1. 台网互动

在经历政府规制、版权争夺与重新整合之后,"差异化"已经成为网络视频行业的核心战略。视频网站"自制出品"与"网台联动"是实现差异化的重要途径。

传统电视机构拥有强大的节目生产能力与巨大的视听节目资源,而视频网站拥有多样化的、规模庞大的用户群与便捷的收视平台,这些有助于多重网台联动模式的建构:一是电视机构播出内容输出至网络平台,如《快乐大本营》《非诚勿扰》的网络播出;二是视频网站制作内容输送至电视平台,如搜狐视频自制网剧《钱多多嫁人记》登陆旅游卫视、土豆网自制剧《爱啊哎呀,我愿意》登陆深圳卫视和安徽卫视;三是网台双向联动,即从信息组织到内容生产、前期推广到互动传播的全平台对接和立体化运营,2012年《中国好声音》与爱奇艺联合打造由音乐导师杨坤主持的谈话类节目《好声音后传之酷我真声音》,电视观众在每期节目之后又转化为爱奇艺的网络用户,在影像消费、评论分享中建构了电视迷群的文化身份认同。2011年,腾讯视频、PPTV和湖南卫视联合开展"快乐女声"全方位互动营销。腾讯开辟"想唱就唱,梦想绽放——2011快乐女声"专区,整合参赛视频、新闻、快女个人专题、快女及粉丝微博等信息,独家策划前十强晋级选手"2011快乐女声青春态度微电影";PPTV则从海选、排练、生活起居等各个方面为网络用户提供全程影像资料。一些电视台与视频网站还尝试了网台"零时差"模式,即电视台与网络视频同步播出合作剧集,如土豆网和江苏卫视同步播出《怪侠欧阳德》、爱奇艺与湖南卫视同步上线《太平公主秘史》和《牵牛的夏天》等。

如果说电视平台存在互动性、时移性和移动性的局限,那么,网络视频在流畅度、清晰度、自制节目影响力方面也存在不足。[①] 台网联动弥补了各自的不足,实现了电视平台与网络视频的优势互补。

2. 节目与受众的互动

传统广播电视节目与受众的互动主要是通过电话、邮件与短信等方式

---

① 张守信.网台合作新趋势:你中有我,我中有你[J].视听界,2013(3).

来实现,而视听新媒体与受众的互动方式则更加多样化。视听新媒体不仅可以通过微博、微信、电话、邮件、短信等多元方式实现与受众的互动,还可以与社交媒体进行高度融合,以社交电视为典型,整合大众传播与人际传播的优势,在媒介融合中实现节目与受众的互动。

2004年,湖南卫视的《超级女声》采取通过短信对选手投票的方式,使李宇春、周笔畅等新秀的人气空前高涨。观众短信互动、电话现场互动连线、视频连线的大量出现,突显了电视传播的互动化追求。

随着移动通信设备和移动互联网的普及,传统视听节目与网络视频获取受众的反馈愈加快捷。视听节目播出的同时可以通过短信、网站回复、现场连线、手机扫描电视屏幕二维码登录微博和微信评论等形式收集实时观众反馈,还可根据观众意见调整节目内容,实现双向互动。网络视频可以通过建立观众实时讨论区达到节目与受众的互动。

同时,受众还可参与到节目的编排与创作中来。网络自制剧选取和当代受众生活高度相关、审美旨趣接近的题材进行创作,根据受众喜好选择演员和明星参与演出制作,甚至根据观众意愿改变剧情走向。在视听媒体互动化的趋势下,受众对节目的反馈、节目对受众意见的吸纳都在使视听媒体内容与受众的贴合度更高。

3. 受众与受众的互动

传统广播电视媒体的受众之间无法形成有效交流和互动,只能在人际关系中寻找有相同媒体收看习惯的"同类"。视听新媒体的出现为受众与受众的交流互动提供了广阔的平台。

随着媒体内容"类型化""个性化"与媒介市场"细分化"的发展,相同节目的受众更倾向于拥有较为相同的兴趣爱好。虚拟社区中的电视"迷群"的出现,反映了这一趋势。视听新媒体互动平台的开放,给受众一个与相同喜好者进行交流的机会,并在同一视听节目或话题下,找到电视或网络"迷群"的身份认同感,提高节目的受众黏度。视听节目也可通过这类"迷群"观众在社交网络和人际网络中对兴趣相近朋友的推荐与分享,达到二次甚至多次传播的效果。

传统视听节目与网络视频在移动通信设备和移动互联网的普及下能更快捷地获取受众的互动与反馈。近年来出现了诸如"弹幕"等形式的专门互动性视频内容,观众评论直接在所观看的视频上以文字集中呈现,在受众观看视频内容的同时,其他观众的评论也成了受众观看视频内容的一部分。

(三)视听媒体的社交化

年轻观众的网络化生存方式导致电视收视习惯的变化,坐在电视机前"看电视"已经被通过多终端"看视频"所取代。如今,随着智能手机、移动互联网与社会化媒体的发展,电视的社交化已然实现。

传统电视不仅是一个以家庭为单位的视频娱乐工具,也是一个家庭休闲时光的话题集合,更是一个家庭成员内部的社交工具。"电视仍然是人们娱乐生活的中心,其地位不但没有发生动摇,而且在进一步强化。当社交网络走近电视时,电视的强势地位将进一步得到巩固。"① 融汇传统电视的"后仰文化"与互联网"前倾文化"于一体的"社交电视",既巩固电视在客厅中的"仪式化"位置,也适应社交媒体与受众媒介接触习惯的变化趋势。尼尔森的调查显示,60%的电视观众在看节目时,手边都有智能手机、iPad或笔记本电脑,并越来越习惯于边看电视边发微博。应对传统电视观众的流失,传统电视不断地社会化,产生新型社交电视,这可能改变电视吸引年轻受众、凝聚新观众群的策略。

二、媒介融合发展

媒介融合是"大众传播业的一项正常的项目或者说是一个渐进的发展过程,它整合或利用处于单一所有权或混合所有权之下的报社、广播电子媒体,以增加新闻和信息平台的数量,并使稀缺的媒体资源得到最优配置"②。媒介融合是未来媒体发展的必然趋势。媒介融合使得媒体能传递给消费者更优质的新闻,观众、读者和网站用户得到更充足有效的信息。媒介融合的优势在于:提高被受众看见的可见度(visibility);共享的报道资源,每个新闻平台的采编部门都贡献出他们的独特价值并为同伴们所用;提高可信度;交互营销和交互促销。

---

① 靳生玺.社交电视能否重塑电视形象?[J].信息网络,2010(3):62.
② 章于炎,〔美〕乔治·肯尼迪,〔美〕弗里兹·克罗普.媒介融合:从优质新闻业务、规模经济到竞争优势的发展轨迹[J].中国传媒报告,2006(3).

詹金斯(Jenkins,2001)详细阐述了媒介融合的五种形式:技术融合,即所有媒介内容的数字化;经济融合,典型的如娱乐行业(电影、电视、书籍、游戏、网络、音乐、房地产以及许多其他行业)的横向整合;社会或组织融合,是消费者为适应新的信息环境而采取了多任务处理策略;文化融合,即在多种媒体技术、行业以及消费者的交叉部分,它充分发掘着新的创新形式;全球融合,即源于媒体内容的跨国界流动而带来的文化杂交现象。

在以大数据与科技智能应用为前提,美国新闻传媒融合主要有三种表现方式:一是以美国有线新闻网(CNN)为代表的"台网"融合;二是以福克斯娱乐集团公司(FOX Entertainment Group, Inc.)为代表的"多频"联袂;三是以微软全国有线广播电视公司网站(Microsoft National Broadcasting Company.com)为代表的"主、受"同位叠加利益价值链(薛中军,2013)。英国广播公司(BBC)通过机构重组,在执行委员会下形成了新闻团队、视觉团队、北部中心团队等不同团队,每个团队都面向广播、电视、新媒体全平台运转。其中,新闻团队每条新闻的策划都必须考虑广播、电视、网络不同平台的需求,同时发挥不同平台的功能;视觉团队制作的视频节目内容可在全部平台上播出。

媒介融合已经成为利益驱动下的传媒竞争策略。从各媒介独立经营转向多种媒介联合运作,能最大限度降低生产成本,使集团利润最大化;不同类型媒介联合运作,能对已占有的媒介市场起到保护作用。于是,印刷、音频、视频、互动性数字媒体组织之间,构成一种战略的、操作的、文化的联盟。[①] "全媒体"不只是"跨媒体"的简单连接,而是全方位、立体化的媒体融合,主要表现为内容生产的多形态、产品发布的多渠道和传播介质的多终端。通过节目生产流程的再造,实现媒介融合与信息发布渠道多样化;针对多元的、个性化的受众,选择不同的媒体形式与传播方式,通过分众传播实现全面覆盖并取得最佳传播效果。

媒介融合在改变媒介经营模式的同时,更促进了新闻传播业务流程的设计、管理的变革以及新闻人才需求的变化。原来传统的广播影视节目被制作成音频、视频、文本、图片等不同格式内容,通过一系列数字化网络和

---

① 蔡雯.新闻传播的变化融合了什么?——从美国新闻传播的变化谈起[J].中国记者,2005(9).

终端，在不断细化、分化又不断相互交融的过程中一并到达用户，全面提升了受众的视听消费体验。2012年12月，《纽约时报》的多媒体专题报道《雪崩》(*Snow Fall*)发表6天，便获得290万次访问和350万浏览量，该专题的作者John Branch也获得2013年"普利策特稿写作奖"。这则报道包括六部分扣人心弦的故事，故事通过交互式图片、采访视频以及知名滑雪者的传记等多元化的方式呈现。

媒介融合挑战传统广电管理体制与机制。[1]

首先，传统视听规制理念与管理范围滞后于现代视听传媒发展。媒介融合促使广播影视行业发生变化：一是从单纯的宣传机构变成以宣传业务为主、兼营多样化广电产品和服务的运营实体；二是民营资本和社会资本逐步进入除了传统广电媒体播出环节外的诸多领域，"社会办视听"格局日趋成型；三是"三网融合"下视听新媒体融合业务大量涌现。视听媒体行业监管的对象不再局限于传统广播电影电视机构，而是各种视听传播机构和传播行为。

其次，传统视听管理手段与方式难以适应媒介融合的发展。传统的管理手段和管理方式，面临视听传播的新格局：突破条块和地域限制的视听内容生产，跨平台、跨网络的内容分发与传送，跨终端的视听内容服务与消费，不同行业、领域、资本和不同所有者纷纷涉足视听服务。单一的行政手段，难以应对视听传播对融合监管的需求。

最后，广播影视机构内部机制制约媒介融合发展。传统视听内容生产与节目运营，还是以频率频道、新媒体为基础构建内部组织结构和业务流程，难以满足传统业务模式向全媒体转化对机构重组、流程再造的需求。

三、多屏分发与多屏合一

视听传播生态发生深刻变革，传统广播影视面临竞争与挑战。快速发展的现代信息传播技术、"三网融合"与"四屏合一"不断重组着传统广播影视传播的空间结构和时间序列。传统电视的内部升级、外部新媒体功能的延伸，促使电视接收终端的智能互动与多屏共享等多样化发展。视听终端

---

[1] 庞井君.媒介融合背景下我国广播影视发展面临的挑战刍议[J].电视研究,2013(4):27.

已开始从固定、单一终端向移动、多样、智能化终端发展,手机和电视的"PC化"以及PC"移动化"趋势越来越明显。无限的内容通过无限的传输满足用户无限的需求。

(一) 多屏分发

多屏分发是指在内容生产意义上,为不同接收终端专门生产视频内容,并将统一的视频服务分发至不同终端。数字融合促进了电视节目内容资源在多终端的数据分享,加速了电视业走进"大数据时代"的步伐。数字节目内容资源本身就构成一个庞大的以视频为核心的多媒体数据库。中国网络电视台(CNTV)整合了中央电视台45万小时的优秀历史影像资料,汇集全国电视机构每天播出的1000多个小时的视频节目,其视频内容资源已达1PGB,总时间长度达到10万小时。上海广播电视台、杭州华数、歌华有线、PPTV、乐视网、优酷网等,都拥有海量视频内容。

同时,多屏分发还促成媒介转型。杭州华数和歌华有线属于有线电视网络经营机构,但都已实现"由单一有线电视传输商向全业务综合服务提供商"和"由传统媒介向新型媒体"的转型。[①] 其中,华数传媒的"云、管、端"战略,体现出在大数据时代云计算和物联网技术对于未来网络运营的巨大影响;歌华有线的"一网两平台"(以有线电视网络为基础的"首都公共文化服务网络",以高清交互数字电视平台为核心的"首都新媒体信息综合服务平台"及以上市公司资本平台为核心的"首都文化产业发展投融资平台")的战略构想,体现出大数据时代"平台制胜"的精髓。同时,歌华有线"歌华飞视"无线网络热点的建设和发展,显示出有线电视网作为"第四网络运营商"的发展潜力。

(二) 多屏合一

多屏合一是指媒介形态意义上,电脑屏、电视屏、手机屏、平板电脑屏等合而为一。在三网融合的新媒体环境下,随着视频编码技术、传输技术和网络带宽的发展,通过统一的互联网内容传输平台,为电视机、手机、电脑、平板电脑等终端用户提供统一、交互的网络视频服务。用户可以通过不同终端的电子屏幕无缝链接到统一的视频内容,使各类媒介实现优势互

---

① 高红波.大数据时代电视平台的战略转型[J].南方电视学刊,2013(3).

补,最大限度发挥各媒介的价值,充分利用碎片化时间,使受众不再局限在单一媒介和单一时空,能够发挥新媒体的移动性。多屏合一打通用户的空间距离,将典型使用环境与被割裂的时间贯通串联,使用户可以随时随地享受视频服务。

2013年是多屏合一技术取得突破性进展的一年,优酷、土豆、爱奇艺等视频网站先后推出多屏无缝追剧应用,大大方便了多个终端之间的互动和资源共享。

2013年6月27日,优酷土豆集团,推出跨屏追剧功能,优酷APP用户用手机、IPAD等移动终端扫描优酷播放页二维码,即可将观看进度和信息同步到另一终端同步收看;土豆APP用户通过"手机敲击PC空格键"的方式,完成视频内容在PC和移动端的传输。同时,观看记录、个人推荐、剧情提示、互动分享、跳过片头以及画质选择等使用习惯方面的体验,也都通过"云端"实现了多屏幕的同步和联动。

不久,爱奇艺统一推出一款类似云端多屏互动传输功能——"绿尾巴",可以将PC、手机、平板电脑中的视频内容,进行内容传输和互动分享,不到一个月时间,"绿尾巴"每天的用户量达到近50000人;2013年9月4日,TCL与爱奇艺跨界合作生产TCL爱奇艺电视,再一次实现了手机客户端与电视跨屏共享。

四、内容提供商与内容制作的社会化

内容提供商日益呈现社会化趋势。传统广播影视机构是视听内容和服务的主要提供者,但视听传媒运营主体日益多元化与社会化。内容供应商、视听内容集成运营商、电信运营商、门户与社区网站、终端产品提供商等市场主体,也不断地介入视听传媒的内容制作、传输分发、终端消费等各环节。"传统单向、广播式的节目业态垄断市场的局面被打破,网络剧、网络音视频、微视频、微电影等视听新节目,以及直播、点播、时移、回看、移动视听等视听新服务成为消费时尚。"[①]

内容制作日益社会化。新媒体充分发挥其互动性优势,向用户开放内

---

① 庞井君.媒介融合背景下我国广播影视发展面临的挑战刍议[J].电视研究,2013(4):26.

容制作流程，吸引用户参与视听内容生产。以电视剧制作为例，新媒体机构开始尝试打破"剧本设计—前期筹备与拍摄—后期制作"的封闭流程，实施"边播边制"的模式，利用网络投票吸纳观众参与演员人选决定、道具场景设计、剧情走向、人物角色设计等，根据观众的不同意见和需求，设计多个版本，构造不同的剧情，极大提升了用户参与意识，增强了对该媒体内容的用户黏性。

在新媒体环境下，除了内容提供商与内容制作日趋社会化以外，内容分发也逐渐走向社会化，体现在媒体机构利用媒介平台和网络平台向用户进行社会化分发，以及用户通过社交网络或人际网络以转发、分享等形式进行社交化的自我分发等。

未来视听媒体形态将朝着去中心化的、开放的、互动的、体验的方向演进。

第二章 视听新媒体传播理论

每一种媒介技术的出现都深刻地改变世界。印刷术使文字图案具有普及价值,电视传播使人们的感官能够延伸到异地,新媒体技术则改变了传、受之间的关系,使每个人都嵌入媒介化社会之中。正如哈罗德·英尼斯(Harold Innis)在《传播的偏向》中所说:一种新媒体的诸多优势最终会导致一种新文化的产生。① 梅罗维茨(Joshua Meyrowitz)也提醒我们,不应该只是关注新媒体带来的新内容,而应该探究新表达形式造成的社会及文化改变。②

第一节 媒介融合、"创新—扩散"及"数字鸿沟"

一、媒介融合理论

(一)"媒介融合"的形式、类型与趋势

对"媒介融合"概念的讨论很早就出现了。1978 年,美国的尼古拉·尼葛洛庞帝形象地描述了计算机工业、印刷出版业和广播电视业在数字化浪潮下呈现的交叠重合的发展趋势,这被看做是"媒介融合"思想的萌芽。自此,人们开始从融合的角度来探索媒介传播的发展。美国马萨诸塞州理工大学的伊契尔·索勒·普尔(Ithiel de Sola Pool)在《自由的科技》(1983)一书中首先提出了"形态融合"的概念。他的本意是指各种媒介呈现多功能一体化的趋势,即各种媒介壁垒或形态差异被逐渐消除,以合作的方式共同进行传播,从而走向媒介形态的大融合。

---

① 〔加拿大〕哈罗德·伊尼斯.传播的偏向[M].何道宽,译.北京:中国人民大学出版社,2003:28.
② David Taras. The Mass Media and Political Crisis: Reporting Canada's Constitutional Struggles[J]. Canadian Journal of Communication,1993,18(2):131-148.

2001年詹金斯(Jenkins)概括了媒介融合的五种形式,即技术融合、产业融合、社会和组织融合、文化融合及全球融合。此后,美国西北大学李奇·高登(Rich Gordon)教授归纳了媒介融合的五种类型,即所有权融合、策略性融合、结构性融合、信息采集融合和新闻表达融合。① 媒介融合的内涵不只限于媒介形态和媒介业务的融合。美国新闻学会媒介研究中心主任安德鲁·纳齐森(Andrew Nachison)则将"媒介融合"定义为"印刷的、音频的、视频的、互动性数字媒体组织之间的战略的、操作的、文化的联盟"。② 其中的"联盟"是由纸质、广播、电视和网络等媒介共同组成。

如今,融合已经成为媒介发展的重要趋势和特征。多种因素推动并强化媒介融合的趋势:一是满足受众需求。媒介融合使受众实现对不同媒介内容的集合式消费,而消费者市场主体地位及多元化、个性化需求则推动媒介融合的进程。二是技术力量的支撑。信息处理技术、信息传输技术及基于这两项技术的网络技术的发展带动了传媒业的变化。三是政策法规的支持。近年来,许多国家对传统媒体、信息产业及电信产业由严格限制转向解除管制,推动了媒体间的交叉融合。四是企业竞争的需要。企业经营者及其利益相关者对商业利益的追求导致传媒企业之间的联盟与并购大潮。五是国际化潮流的驱动。③

(二)新媒体时代的媒介融合

新媒体时代,是信息生产和发布技术更加多样、复杂,信息流通渠道更加多元、便捷的时代。随着市场竞争的加剧,传统媒体和新媒体加快合作的步伐。一方面,传媒业跨领域整合与并购,组建大型的跨媒介传媒集团;另一方面,新旧媒介技术联合并形成新的传播手段甚至是全新的媒介形态。④ 在市场需求多元化的背景下,媒介融合的优势日益彰显,为受众提供了个性化的信息内容和信息接收方式。

---

① Rich Gordon. The Meanings and Implication of Convergence in Kawamoto, K., Ed. Digital Journalism:Emerging Media and the Changing Horizons of Journalism [M]. New York: Rowman & Littlefield Publishers,2003:57-73.
② 蔡雯.新闻传播的变化融合了什么——从美国新闻传播的变化谈起[J].中国记者,2005(9).
③ 徐沁.泛媒体时代的生存法则——论媒介融合[D].杭州:浙江大学博士学位论文,2008:56-77.
④ 孟建,赵元珂.媒介融合:粘聚并造就新型的媒介化社会[J].国际新闻界,2006(7).

面对新媒体的冲击,传统媒体传播的单向度、缺少互动、受版面或播放时间限制等劣势制约并威胁着其发展,但报刊、广播电视等媒体在内容权威性和公信力上仍然具有不可替代的优越性。这些正是新媒体所缺失的,如信息复杂难辨真假、缺乏深度、没有专业的记者队伍和广泛稳定的信息源等。但是,新媒体也具有及时性、互动性、海量信息等传播优势。在这种竞合态势下,传统媒体与新媒体的融合路径包括:传统媒体可以借助新媒体的技术支持,增加互动成分,改变新闻传播方式,扩充信息容量,借助网络、手机等新媒体创新营利模式。新媒体也可与传统媒体合作,丰富自身的内容。互联网、电信网、广电网的"三网融合"与技术改造,使得媒介之间的界限日益模糊。

传播形式单一的媒体是缺乏竞争力的,因此,新旧媒体之间的合作不仅能发展和完善自身,还可以实现优势互补和资源的优化配置。各种形态的媒体应该在技术、内容和终端形式、营利模式上不断地合作,发挥各自的比较优势,形成多元媒体格局。其中,基于受众对内容消费的规模化需求进行内容融合,借助数字化技术使大规模内容生产成为可能;满足受众对即时即地接受信息需求的网络融合,促进了三网融合的发展;受众对信息多样化和一体化需求促进了终端融合,其典型的视听媒介形态就是数字电视、网络广播电视、互联网电视(OTT TV)、手机电视与移动多媒体广播等。

媒介融合顺应媒介市场的发展趋势,是新媒体环境下媒介发展和"受众主导"的共同要求,其不同于单一媒介的优势主要体现在:首先是传播结构优化,即受众对媒体和内容的选择更加自由,并高度参与信息传播过程,模糊了与媒体的界限;其次是传播效果强化,即受众逐渐成为传播的中心,更易于接收和记忆信息并能即时提供用户数据。

二、新媒体的"创新—扩散"论

(一)"创新—扩散"理论的提出

创新—扩散理论是传播学领域有关传播效果研究的一个经典理论。"创新的扩散"由美国学者埃弗雷特·罗杰斯(E. M. Rogers)于20世纪60年代在《创新的扩散》一书中提出。该理论是一个关于通过媒介劝服人们接受新观念、新事物、新产品的理论,它侧重于大众传播对社会和文化的影响。

罗杰斯认为,"创新"是指一种被个人或其他采纳单位视为新颖的观念、实践或事物。一项创新应具备五个基本特征,它们决定着一项创新被采用率的高低:相对优越性、兼容性、复杂性、可试验性、可观察性。① 这样,创新扩散被定义为:创新在一定的时间内,通过不同的渠道在社会系统的成员中传播的过程。这一过程由创新、传播渠道、时间和社会系统四个要素组成。其中,渠道要素分为大众媒体和人际关系网络,时间要素影响着扩散速度和模式,而社会系统要素界定了创新扩散的范围。

为区分对创新采用率不同的个人或其他决策单位,罗杰斯把创新的采纳者分为五类:革新者、早期采用者、早期追随者、晚期追随者和落后者。

在扩散的早期,采用者很少,进展速度缓慢;当采用者人数扩大到居民的10%～25%时,进展突然加快,曲线迅速上升并保持这一趋势,进入"起飞期";直至系统中有可能采纳创新的人大部分都已采纳创新,到达饱和点,扩散速度再度减缓。罗杰斯认为,较少的早期采用者在人际传播中发挥着很大作用,他们率先接受和使用新事物并甘愿承担风险。这些人凭借较强的忍耐力,"游说"所在群体的意见领袖,使其接受以至采用创新产品。

(二)创新—扩散理论在新媒体时代的应用

进入新媒体时代,全社会分享着最新的技术,尤其是信息和通信技术带来的益处,衡量该目标实现与否的指标就包括了手机、电脑等新媒体终端的普及率以及互联网用户的数量。

根据创新—扩散理论,一种创新在一个社会系统中的扩散,只有使用者达到系统总人口的某一比例后,整个扩散过程才能自续下去。② 这一比例就是临界数量,判断创新扩散的阶段,对临界数量的界定是关键所在。中国互联网络信息中心(CNNIC)发布第33次《中国互联网络发展状况统计报告》显示,截至2013年12月31日,中国网民规模达6.18亿,互联网普及率接近46%,手机网民规模达5亿,农村网民超过1.7亿。在4G网络进一步普及、智能手机和无线网络持续发展的背景下,视频、音乐等高流量手机应用将拥有越来越多的用户。各种视听新媒体纷纷进入人们的生活、娱

---

① 〔美〕赛弗林,〔美〕坦卡德.传播理论:起源、方法与应用[M].郭镇之,等译.北京:华夏出版社,2000:235.
② 〔美〕埃弗雷特·M.罗杰斯.创新的扩散[M].辛欣,译.北京:中央编译出版社,2002:240.

乐和工作中并改变人们的生活方式。

从诞生于2004年的播客,到诞生于2011年的微信,新媒体技术在短时间内实现了全球化创新与扩散,它的深层作用机制就是创新扩散理论中对人际传播的运用。播客网站不仅是视频分享网站,更是以视频分享为纽带的用户社区关系网站。通过评论、分享、订阅等SNS社交功能的组合应用,使人际关系网络得到充分调动;会员机制则让信息得到进一步的传递与扩散,形成滚雪球效应。在这种关系社区中,最初被该模式吸引和娱乐的忠实用户不断扩散和传播给自身的人际关系网络,从而使新的视频分享社区得以建立并巩固,网站的点击率和上传率也不断上升。微信,作为基于手机开发的即时通讯软件,集合了公众平台、朋友圈、消息推送等社交功能,通过公众平台信息推送的大众媒体形式,以及基于"强关系"人际关系网络的朋友圈形式,在不到两年时间里用户量突破3亿,深刻地改变了人们日常沟通与联系的习惯,是创新—扩散理论的典型范例。

三、数字鸿沟

(一) 数字鸿沟的成因和影响

数字鸿沟,又称"信息鸿沟",就是信息化发展水平上的差距,即信息获取、信息处理能力的不平等。目前,学界与业界还没有关于"数字鸿沟"统一的定义。国际电信联盟(ITU)将其定义为:"由于贫穷、教育设施中缺乏现代化技术以及由于文盲而形成的贫穷国家与富裕国家之间、城乡之间以及年轻一代与老一代之间在获取信息和通信新技术方面的不平等。"由国家信息中心信息化研究部发布的《中国数字鸿沟报告2008》,将"数字鸿沟"定义为"不同社会群体之间在拥有和使用现代信息技术方面存在的差距"。

数字鸿沟的本质是以互联网为主的新兴的信息通讯技术在普及和应用方面的不平衡现象,这种不平衡体现在不同地域、不同经济发展水平的国家之间,同时也体现在一个国家内部不同地区、不同人群之间。因而数字鸿沟根据不同标准可划分为不同社会群体间的数字鸿沟、不同区域或地区间的数字鸿沟、不同国家间的数字鸿沟。近年来,随着信息化和研究课题的不断深入,数字鸿沟问题越来越明显地暴露出来,学者也进一步提出一级鸿沟、二级鸿沟以及"接入沟""使用沟""参与沟"等概念。

数字鸿沟这一概念虽然出现不过几年,却已经受到公众和媒体的高度关注。国际政治经济的不平等、不平衡是造成南北国家间数字鸿沟的根本原因。通信设施基础的薄弱、应用信息技术能力的落后以及缺少核心信息技术等问题则成为数字鸿沟产生的直接原因。一国之中,不同阶层、不同地区间存在的经济水平差异则会造成国内接触数字新媒体机会的不均衡,从而出现数字鸿沟。其他一些社会因素也会对数字鸿沟产生深远影响,这些因素包括:传播技能上的差异,已有知识存储量的差异,社交范围的差异,信息的选择性接触、选择性理解和选择性记忆的因素,大众传播媒介的性质。[1]

(二) 新媒体时代下的数字鸿沟

以互联网和移动媒体等为代表的新媒体正在带来跨媒介、跨产业融合的全球传播新格局。进入信息时代新媒体时代后,以即时、海量、互动为特征的网络文化正在兴起,它影响到人们社会生活的方方面面。然而,目前几乎所有的新媒体核心技术以及技术标准的制定都掌握在发达国家手中,消除全球化进程中的数字鸿沟,尊重文化的多样性便成为当务之急。

在传统媒体时代,大规模知识生产为大众传媒和其他组织所垄断;进入新媒体时代,互联网的出现使每一个用户都获得了自己生产信息的机会。然而,在现实社会中,个体间的知识生产机会并不均等,知识生产沟的问题十分突出和紧迫。网络狂热者预言,互联网能够通过降低信息成本而增强社会弱势群体的生存能力,拓展他们的个人发展机会;网络怀疑论者则认为,互联网会为强势群体带来更大的社会利益,因为他们对网络的采纳速度更快,使用效率也更高。在网络怀疑论者看来,强势群体在网络接入和社会资源上的优势也会不断强化他们与弱势群体之间的数字鸿沟。[2]

随着新媒介技术重要性的显现,传播渠道的差异成为人们关注的焦点。尽管新媒体技术本身具有无穷潜力,然而它的普及并不意味着所有的个体和组织都能同等程度地使用新媒体技术服务,或掌握新媒体的应用技术。国家在经济制度安排或个体在动机、兴趣和能力等方面的原因使不同

---

[1] 石磊.新媒体概论[M].北京:中国传媒大学出版社,2009:10.
[2] 韦路.从知识获取沟到知识生产沟——美国博客空间中的知识霸权[J].开放时代,2009(8).

的个体、群体和社会阶层在对信息传播技术的使用和采纳上存在差距。[①]随着信息技术在全球的扩散,人们对信息技术的应用鸿沟也正在日益扩大。事实上,不是所有个体和组织都能够充分掌握应用技术的方法和技能,也并不是所有个体和组织都有能力或者愿意采纳这种新媒介。[②]

第二节 新媒体政治:公共传播、公民社会与公民新闻学

一、公共传播与新媒体政治

(一)公共传播的溯源

20世纪四五十年代,"公共传播"作为媒体反思的结果在西方商业性媒体中出现,首先体现在对媒体功能的论述上:①监视环境;②使社会的组成部分对环境作出反应时相互关联;③传递社会遗产。[③] 20世纪60年代,西方社会兴起各种以反抗政治经济霸权和维护公众利益为特征的社会运动,媒体选择与公众一致的立场,公共传播意识逐渐确立。在斯代佩斯于20世纪80年代发表的文章《作为公共传播的大众传播》中,公共传播作为媒介研究的一个理论问题被明确提出。"作为公共传播的大众传播"就是为了"探寻公众如何接近并使用媒体,公共信息和知识应该如何传播和扩散的问题"[④],说明公共传播具备两大要素:公众和公共信息。20世纪90年代,公共传播的理论与实践结合催生了公共新闻。

公共传播一词在传播学视野中很少被明确界定,丹尼斯·麦奎尔(Denis McQuail)在《麦奎尔大众传播理论》中多次提到"公共传播"一词,"在一个整合协调的现代社会,经常会存在一个庞大的、通常是依靠大众传播的公共传播网络","即使不完全等同于当前社会的公共传播过程,大众传播也与其有着紧密的联系,这是指新闻与信息的传播、各种广告、民意的

---

① 钟智锦,李艳红. 新媒体与NGO:公益传播中的数字鸿沟现象研究[J]. 思想战线,2011(6).
② Jan Van Dijk,J. Digital Divide Research,Achievements and Shortcomings[J]. Poetics,2006(4-5).
③ 石长顺,周莉. 新兴媒体公共传播的核心价值[J]. 华中科技大学学报:社会科学版,2008(1).
④ James Q. Stappers. Mass Communication as Public Communication[J]. Journal of Communication,1983,33(3):141-145.

形成、宣传及大众娱乐等"。① 国内较早定义公共传播的史安斌认为,"公共传播是指政府、企业及其他各类组织通过各种方式与公众进行信息传输和意见交流的过程"②。

(二) 新媒体的公共传播

有效的公共传播基于公众对公共事务的知情权,在认知的基础上公众进行评价和判断,经过讨论形成舆论并通过公共传播将观点传递到社会的其他阶层。同样,社会各阶层可以经过公共传播进行观点的碰撞和沟通,保护和促进个人之间、团体之间的有效合作与合理竞争。③ 新媒体的出现实现了公共信息的有效传播,为公共传播提供了更加广泛的传播渠道和传播平台,从而重塑公众的政治意识,激发了公众参与政治生活的愿景。

公共传播是公共信息的公开传播,而新媒体则为这种传播提供了新的空间。大众传播时代,传播的单向性使公众缺乏参与政治民主的意识,也缺失了参与公共传播的机会。新媒体技术导致受众的媒介消费心理、接触使用习惯和行为的变化,如去中心化、去边界化与去权威性等。新媒体的交互性等特性实现了公众的政治利益诉求,维护了公共利益,保障了公共传播的实现。首先,新媒体多点对多点的传播状态赋予受众广泛的公共传播接触权;其次,新媒体的多元化传播满足了大多数消费者的公共信息需求。④

理性公众以个体身份参与新媒体传播,交往理性成为公共传播顺利实现的保障。虽然公共传播模式具有强调多样性、实质性和独立性,促进平等参与等优势,但公共传播容易造成公利对私利的侵犯,并且可能进一步导致精英主义。⑤ 因而,利用新媒体发展公共传播的过程中,也应明确其对公共信息传播承担的责任。

---

① Denis McQuail. McQuail's Mass Communication Theory[M]. London;Thousand Oaks. New Delhi;SAGE Publications,2000:10,120.
② 史安斌.新闻发布机制的理论化和专业化:一个公共传播视角[J].对外大传播,2004(10).
③ 石长顺,石永军.论新兴媒体时代的公共传播[J].现代传播,2007(4).
④ 左瀚颖,郑维东.网络时代的受众重塑与媒介变革[J].视听界,2013(3).
⑤ 〔美〕大卫·克罗图,〔美〕威廉·霍伊尼斯.运营媒体:在商业媒体与公共利益之间[M].董关鹏,金城,译.北京:清华大学出版社,2007:31.

二、公民社会与新媒体政治

(一)公民社会观念的历史演进

两千多年来,随着社会政治和经济关系的发展变化,公民社会概念大致经历了三次大的转型。

1. 公民社会的古典形态

"公民社会"最早由亚里士多德提出来,意指"政治共同体或城邦国家"。17—18世纪,洛克、孟德斯鸠、卢梭等学者认为,"公民社会"是指人们生活在政府之下的一种法治的、和平的政治秩序。

2. 公民社会的现代发展

以黑格尔和马克思为代表的近代思想家,将公民"从生产和交换中发展起来的社会组织"定义为市民社会。市民社会是"各个成员作为独立的单个人的联合,因而也就是在形式普遍性中的联合,这种联合是通过成员的需要,通过保障人身和财产的法律制度,和通过维护他们特殊利益和公共利益的外部秩序而建立起来的"①。

3. 公民社会的当代转型

20世纪30年代,葛兰西提出了"文化领导权"的思想,而后经过帕森斯的"社会共同体"、哈贝马斯的"公共领域"和"生活世界",美国政治学家科亨和阿拉托提出了"重建公民社会"的主张,认为应该把社会组织和民间公共领域当做公民社会的主体,并系统提出"政治社会—经济社会—公民社会"三分的社会生活划分模式。

到目前为止,有关公民社会的定义虽然表述各不相同,但内涵都是相似的。泰勒将公民社会区分为三种不同的层次,集中概括了公民社会的政治特质。第一种层次是最基本意义的公民社会:社会存在不受国家力量支配的民间团体时,就是公民社会了。第二种层次是较严格意义上的公民社会:当通过不受国家支配的公民团体,社会完全可以自我建设及自我协调时,这才是公民社会。第三种层次是对第二种意义的补充,即当这些民间团体能够有效地影响国家政策的方向时,这就是公民社会了。"公民社会

---

① 〔德〕黑格尔.法哲学原理[M].范扬,张企泰,译.北京:商务印书馆,1982:174.

是指围绕共同利益、目标和价值的,非强制的行动团体。"[1]公民社会既不是政府的一部分,也不是营利的私营经济的一部分,而是处于"公"与"私"之间的一个领域。

(二) 新媒体与构建公民社会

网络新媒体深入公众的社会生活,其社会影响力越来越大,尤其是对公民社会的发展产生了重要影响,这弥补了传统大众传媒在构建公民社会方面的不足。首先,新媒体的双向甚至多向传播模式实现了媒介与受众、受众与受众之间及时的互动交流,极大地调动了受众主动参与新闻传播的热情。其次,作为一个公共交流平台,新媒体允许公众对社会公共事件自由地发表观点,引发社会讨论并设置议程。再次,新媒体在传播速度与广度等方面的优势,使信息更加公开透明,便于公民行使知情权、参与权和监督权,从而更好地构建公民社会。

新媒体平台的相对独立性、非官方性、非营利性,使公民社会的意见产生了独立于官方意志的社会影响力。我国社会各方的力量都在利用媒体进行着博弈,公民意识的觉醒、公民身份的认同、公民参与的逐步实现,媒体在社会变迁中发挥着沟通社会与组织社会的作用。[2] 进入 Web 2.0 时代,微博以强势的姿态进入人们的视野,正成为每个公民公共实践的工具,表达和行动的权力更多地转移到普通民众手中。在拓宽公民社会参与渠道、推动公民的政治参与和公民民主意识的觉醒方面,新媒体时代话语权的实践促进了公民社会的构建。

新媒体深刻改变着我们的生活方式和社会结构,凭借自身颠覆性的创新而成为构建公民社会的重要力量。在这些积极意义的背后也存在着负面影响:新媒体造成数字鸿沟的扩大,消解着参与主体的平等性,弱势群体失去了参与公共事务的话语权;网络等媒介的开放性和匿名性等特征为网络集体行为提供了条件,容易导致偏执的非理性讨论,甚至可能出现"暴政";多媒体信息的综合化、图像化和海量信息销蚀着人们的深入思考,增加人们的焦虑情绪,同时弱化了人们的实际行动能力。

---

[1] 张静.法团主义——及其与多元主义的主要分歧[M].北京:中国社会科学出版社,2005:10.
[2] 师曾志.沟通与对话:公民社会与媒体公共空间——网络群体性事件形成机制的理论基础[J].国际新闻界,2009(12).

三、公民新闻学与新媒体政治

（一）公民新闻的发端和发展

公民新闻根植于公共新闻。1988年的美国总统大选前后，堪萨斯州的《威奇托鹰报》主编戴维斯·梅里特（Davis Merritt），对该报没有报道总统大选的实质性问题非常不满。两年后，他与当地电视台合作，改变以往报道重在竞选活动的做法，转向关注候选人的施政主张，使民意得到表达。戴维斯·梅里特主张媒体和竞选人更加重视与民众的对话，也因此成为当时美国"公共新闻运动"的积极倡导者之一。

公民新闻学的思想可以追溯到美国哲学家约翰·杜威（John Dewey）与记者沃尔特·李普曼（Walter Lippmann）之间的著名辩论。李普曼认为，报刊应该把社会中消息灵通的专家们最好的意见和思想准确地传播到公民中间，从而正确引导舆论。杜威则认为，专家们不论有多么灵通的消息，都不能替公众作出最佳判断，公民有能力和智慧对公共事件进行正确认知。杜威的理念奠定了"公民新闻"的理论基础。"公民新闻"的概念，最早由纽约州立大学的杰伊·罗森（Jay Rosen）教授提出。当时，媒介权利集中化趋势日益明显，新闻报道娱乐化色彩渐浓，这使公民权益受到损害，新闻媒介的公信度也不断下降。面对这一传播现实，罗森提出："新闻记者不应该仅仅报道新闻，他的工作还应包括以下内容：致力于提高社会公众在获得新闻信息的基础上的行动能力，关注公众之间对话和交流的质量，帮助人们积极地寻求解决问题的途径，告诉社会公众如何去应对社会问题，而不仅仅是让他们去阅读或观看这些问题。"[①]他呼吁新闻媒介担当起更加积极的角色，重新树立社会公众对新闻媒介的信赖。

"公民新闻"产生于20世纪90年代的美国，并伴随着新媒体发展而演变。公民新闻，也被称作"参与式新闻"，指公民发挥主动作用，从事新闻和信息的搜集、报道、分析和传播。美国学者波曼（Shayne Bowman）和威利斯（Chris Willis）在报告 *We Media：How Audiences are Shaping the Future of News and Information* 中提到关于公民新闻的定义，"公民新闻"

---

① Jay Rosen. Public Journalism：A Case for Scholarship[J]. Change,1995(5):42-43.

就是"公民个体或群体搜集、报道、分析和传播新闻或信息的行为,旨在提供一个民主社会需要的独立、可信、准确、广泛及其他相关的信息"。

(二)新媒体背景下的公民新闻学

公民新闻、公民记者是数码时代和互联网时代的产物。"公民新闻"进入公众讨论的视野仅十余年。在这短短的十几年中,公民新闻得到了迅速发展,并已成为当代新闻传播事业的有机组成部分。例如,韩国新闻网站Oh My News成功地将"每个公民都是记者"的口号变为现实,它不仅在新闻界引发了一场大地震,也标志着公民新闻学的正式亮相。[①]

网络发展给公民新闻带来了很多机会,普通公民逐步尝试着利用网络进行交流和传播。播客和其他新媒体已经打破了主流媒体垄断新闻报道的局面,广播网和报纸正在失去他们的受众和广告商,它们迟早将被新一代的公民网所取代。[②]

1998年,博客的诞生使公民新闻开始在网络中崭露头角。公民开始可以在网络公共领域上发布个人式的文字以记录生活和思想。在移动终端和互联网的联合推动下,继手机短信、BBS论坛、IM即时通信软件、博客、SNS社交网之后,微博、微信成为一个更为方便、移动的传播平台。智能手机方便了公民随时随地拍摄、编辑和上传自己感兴趣或关注的文字、图像、视频内容,完成新闻信息的发布。微博与微信推动了公民新闻的蓬勃发展。信息生产与发布的便捷,激发了全民参与传播的热情,推动了公民新闻的发展;微博的聚合性和开放性,有利于搭建公共话语平台,形成公民话语权。

美国twitter(2006年)、中国新浪微博(2009年)、腾讯微信(2011年)给予公民更加简易方便、传播范围更大、影响更广的信息发布与分享平台,让许多普通公民实现了成为记者报道新闻的梦想,也让微博、微信等社交网络成为汇集新闻资讯和公民思想的新兴媒介。

正如杰伊·罗森教授曾在《权威的条件》一文中指出的,互联网时代的网民不同于过去只是接受信息的"读者""听众"与"观众"。他们具有更多

[①] 邵培仁,章东轶.市民新闻学的兴起、特点及其应对[J].新闻界,2004(4).

[②] Mark Tapscott. Are You Ready for Citizen Journalism to Stop Big Government? [J]. Tomnhall,2005(7).

的、可供选择的新闻来源,其自我表达的方式更加简单易行。人们不只是"消费"新闻,而是更主动地寻找正在发生的新闻。[①] 普通的网民借助各种新媒介搭建起的公共话语平台,使公共事件在短时间内迅速传播开来,无处不在的公民记者、随身携带的移动通讯网络设备、快捷易用的信息传播方式,使新闻变得唾手可得且无处不在。如果说大规模的公共讨论影响着社会议程的设置和政府的决策,公民则在网络平台发布自己对社会事件的意见,通过"分享"与"转发"形成社会影响,成为新闻事件的参与者。目前,公民新闻正致力于完善新闻界的现有功能,并作出了一种尝试,让人们感受到一个重新重视对话、重视交流的新闻时代正在来临。

第三节 "补偿性媒介""使用与满足"与新媒体权衡需求理论

一、"补偿性媒介"理论

里夫·曼诺维奇(Lev Manovich)认为新媒体就是各种依赖计算机呈现与传播的新文化形式。凡·克劳思贝(Vin Crosbie)认为,"新媒体"融合了人际媒体和大众媒体而成为人类的第三种媒体形态,即能对大众同时提供个性化的内容的媒体,是传播者和接受者融合成对等的交流者、而无数的交流者相互间可以同时进行个性化交流的媒体。新媒体是一个不具有稳定性的相对概念,"新"是相对于"旧"而言的:广播最初相对报纸是新媒体,电视相对广播是新媒体,手机、网络相对电视是新媒体。新媒介技术及其社会影响,并非同过去彻底断裂,而是现存社会形态和力量的延续,即媒介呈现为叠加式的发展。

(一)保罗·莱文森的"补偿性媒介"理论

麦克卢汉曾提出:"媒介就是人体的延伸,特别是人的神经中枢系统的

---

① Jay Rosen. Emerging Alternatives Terms of Authority[J]. Columbia Journalism Review,2003(5).

延伸。"①他认为媒介本身的意义远大于媒介内容的意义,媒介不仅是信息的载体,还广泛而深刻地改变着人类历史、媒介塑造,控制人类交往和行动的规模与形式。

在《数字麦克卢汉》一书中,美国传播学者保罗·莱文森(Paul Levinson)对麦克卢汉关于"媒介就是人体的延伸"的论述进行发展和延伸,提出媒介进化"人性化趋势"与"补偿性媒介"(remedial medium)理论。他认为任何一种后继的媒介,都是对过去某一种媒介先天功能不足所做的一种补偿。② 因此,媒介技术发展的趋势是越来越人性化。新媒介的出现使得媒介的解放性使用或受众接近与使用媒介成为可能,即"个人或少数民族团体,根据自己的需要,拥有接近使用媒体权,以及被媒体服务的权利"③。

莱文森认为:"任何一种后继的媒介,都是一种补救措施,都是对过去的某一种媒介或某一种先天不足的功能的补救或补偿。"④人类传播发展史上,任何一种新的媒介都是对旧有媒介的改进、革新与"补偿"。然而,这种补偿会产生新的缺陷。莱文森继而提出,人们具有能动性,能主动选择和改进媒介并更新、创造新的媒介。首先,我们是借助发明媒介来拓展传播,使之超越耳闻目睹的生物极限,以此满足我们幻想中的渴求。例如,文字和电报的出现,满足了人们交往日益扩大的需求,使词语延伸到了千万里之外。其次,我们发明媒介,以便重新捕捉在初始延伸中已经失去的那部分自然。

除了补偿性媒介理论,保罗·莱文森还提出了人性化趋势理论和软媒介决定理论,揭示了媒介的进化史。其中,补偿性媒介理论是其核心观点,而人性化趋势理论是建立在它的基础之上。他在《数字麦克卢汉》里面说:"人是积极驾驭媒介的主人。不是在媒介中被发送出去,而是在发号施令,创造媒介的内容。对别人已经创造出的内容,人拥有自主选择能力。"这一

---

① 〔加拿大〕马歇尔·麦克卢汉.理解媒介——论人的延伸[M].何道宽,译.北京:商务印书馆,2000:33.
② 〔美〕保罗·莱文森.手机:挡不住的呼唤[M].何道宽,译.北京:中国人民大学出版社,2004:7.
③ McQuail, D. Mass Media in the Public Interest: Towards a Framework of Norms for Media Performance[M]//James Curran & Micheal Gurevitch(eds.)Mass Media and Society. London:Edward Arnold,1991:68-81.
④ 〔美〕保罗·莱文森.手机:挡不住的呼唤[M].何道宽,译.北京:中国人民大学出版社,2004:7.

理论突出了人的主观能动性。"软媒介决定论"则是对麦克卢汉技术进化理论进行了修正。

（二）新媒体时代的"补偿性媒介"分析

纵观媒介的发展进程，从口语媒介、机械媒介、电子媒介到如今的"新媒体"，新媒介技术不断涌现，旧媒介的活力又不断被重新发掘。媒介技术每一次进步都浸透着人类渴望突破自身交流困境的努力，而每一种新的媒介技术的使用和普及都在其特殊的社会文化背景之中形塑一种全新的交流形式。根据莱文森的"补偿性媒介"理论，任何一种新媒介都是旧媒介的补偿，即人类的技术越来越完美，越来越"人性化"。如今，以互联网为中心的电子媒介迅速发展，其优越性是报纸、广播和电视等传统媒体无法比拟的，保罗·莱文森甚至认为因特网成了"补救性媒介的补救性媒介"。从报纸、广播、电视、互联网、平板电脑到智能手机，新媒体传播空间无限、言论平台开放、自我赋权等优点弥补传统媒体的先天不足。

在莱文森看来，互联网及其体现、证明和促进的数字时代，是一个大写的补偿性媒介。这是电视、书籍、报纸、教育、工作模式等的不足而产生的逆转，差不多是过去一切媒介之不敷应用而产生的逆转。借助数字新媒体技术，传统电视突破了固定收视、线性传播的局限，使移动收视、非线性传播成为可能。

二、"使用与满足"理论

（一）"使用与满足"理论概述

"使用与满足"理论是传播学领域关于大众媒介的效果与使用的理论，主要研究媒介和受众的关系，其研究焦点从传播者转移到受众。"使用与满足"理论强调和突出了受众的主体地位，通过分析受众使用媒介的动机和需求满足，来考查大众传媒带来的心理、行为的效用。

使用与满足研究以20世纪70年代为分水岭，划分为传统和现代两个时期。早期研究从满足个人基本需求出发，揭示受众接触大众媒介的心理与兴趣等。20世纪60年代后期，该理论进入了一个新阶段。学者们在研究了人们的动机、期望及传媒作用下人的行为后，开始重点解释它们之间的关系。其中，美国社会学家卡茨（Elihu Katz）被认为是"现代时期"最主要的代表人物之一。他将媒介接触行为概括为一个"社会因素＋心理因素→媒介期待→媒介接触→需求满足"的因果连锁过程。

"使用与满足"理论从受众角度出发,以受众的需求来衡量传播的效果,不仅能满足受众的需求,也促使受众发挥其在传播中的能动性以更好地实现传播效果。但这一理论仍存在着局限性,它过于强调个人,虽然指出了受众的能动性,但这种能动性却极其有限,仅仅限于对媒介提供的各种内容进行"有选择地接触"这个范围内,因而不能反映出受众作为社会实践的主体,有着传播需求和传播权利的主体所具有的能动性。[①]

(二)新媒体环境下用户的"使用与满足"

新媒体环境下,受众摆脱了信息接收者的单一角色,通过互联网、手机等新媒体,每个人都可以成为信息的生产者和传播者。新媒体使大众传播的状态和大众传媒的业态发生了并且还在发生着深刻的变化。网络和手机等新媒体的出现,改变了人们被动接受新闻等信息的状态,他们参与到一个个新闻事件的记录和传播中,普通大众的话语权正在回归。

"使用与满足"理论告诉我们:用户接触媒介是有其特殊目的和动机的,人们通过使用媒介从而获得某种满足。媒介不过是人们满足其需要的工具。进入信息时代以来,随着新技术的使用、新媒介的出现,受众在大众传播过程中的地位日益显著,具有的主动性日益增强。用户的主动性和传播的互动性在新媒体时代体现得尤为突出,新媒体时代的用户已经越来越频繁地同时扮演传者与用户的双重角色。用户自主生产视听内容以及受众收视节目的主动选择,赋予视频时代"使用与满足"理论新的阐释力。

三、新媒体权衡需求理论

(一)新媒体权衡需求理论的提出

香港城市大学媒体与传播系祝建华教授,在研究互联网的扩散和使用时,基于"使用与满足"理论,借鉴"预期价值"理论和"问题与解决方案"理论,提出了一个描述、解释和预测受众为何使用新媒体技术的新理论概念——"新媒体权衡需求"(Weighted and Calculated Needs for New

---

① 赵志立.网络传播条件下的"使用与满足":一种新的受众观[J].当代传播,2003(1).

Media),并采用中国内地的互联网使用调查数据对权衡需求理论进行了检验,从中获取了为权衡需求概念的效度以及其解释力和预测力的验证提供了有力且一致性较高的实证依据。①

"权衡需求"这一概念整合了新媒体采纳与使用过程中的两个潜在机制,即传统媒体与新媒体之间的对比以及受众对媒体的各种需求之间的权衡。基于对这两种微妙机制的详细分析与阐释,权衡需求的理论认为:当且仅当受众发觉其生活中某一重要需求已经无法被传统媒体满足且认为新媒体能够满足该需求时,他们才会开始采纳并持续使用这一新媒体。

权衡需求理论的基本前提与使用与满足理论一样:社会和个人的心理需求会驱使人们主动诉诸于大众媒体或其他直接渠道;个人使用者在媒体的采纳与使用过程中不仅产生了最初的意向并完成最终的使用决定。具体而言,权衡需求理论建立在下述假定之上:受众知道自己有什么需要,并知道这些需要之间的轻重缓急之差别;受众知道现有媒体是否满足了自己的各种需要;受众还知道预期或想象,正在出现的新媒体是否能够满足自己未被满足的需要。②

此外,他还系统研究和介绍了"媒体领域论"等新理论概念和"数码沟指标"等新方法,用于将"数码沟"从一个比喻提升为科学概念,将有关研究从非理论化的猜想提升到了严谨的学术探讨。

(二) 新媒体技术的采纳和使用

权衡需求理论对传统的创新扩散理论和使用与满足理论作了两项改进:一是强调了受众对新旧媒体的比较;二是突出受众诸多需求之间的比较。新媒体权衡需求理论将传统媒体和新媒体之间的竞争以及个人不同需求之间的竞争并举。以使用互联网为例,人们只有感到传统媒体无法满足其某种需求同时又觉得互联网有满足这种需求的能力时,才会考虑使用互联网。

在以互联网为代表的新媒体技术的采纳和使用上,"新媒体权衡需求理论"提供了一个新的理论框架。它解释了所有新媒体和传统媒体之间的

---

① 祝建华.不同渠道、不同选择的竞争机制:新媒体权衡需求理论[J].中国传媒报告,2004(2).
② 祝建华,王晓华.权衡需求理论与数码市场的前景[C]//中国传播学会成立大会暨第九次全国传播学研讨会论文集,2006:93-103.

关系,如果受众越是相信新媒体比传统媒体更能满足其某种需求,那他就越有可能采纳和使用新媒体。

在互联网等新媒体与报纸等传统媒体的权衡中,权衡需求并不是受众作出媒体选择的单一因素,个体差异也是重要影响因素。媒体信任度、媒体使用习惯、经济状况等因素也有可能影响人们对新旧媒体的使用作出选择。① 因而,即使互联网、手机等媒体在满足受众各方面需求上较传统媒体有一定优势,但它们并不能取代报纸、广播、电视等传统媒体,新旧媒体有着各自生存的空间。

四、媒介环境学派与新媒体研究

(一) 媒介环境学派的提出与发展

媒介环境学派是随着电子媒介兴起的传播学派,于20世纪30年代在北美萌芽,70年代形成并发展起来。该学派早期的代表人物首推麦克卢汉,他首创了"媒介环境学"这个术语。20世纪60年代晚期,尼尔·波兹曼(Neil Postman)在纽约大学拓展媒介研究课程时,正式使用"媒介生态"这一术语。在麦克卢汉的建议下,1970年波兹曼在纽约大学创建媒介环境学博士点并成为媒介环境学的精神领袖。1998年,媒介环境学会的成立,使该学科的发展有了更加坚实的制度保证。

作为媒介环境学派的第三代著名学者,纽约学派的保罗·莱文森和约书亚·梅罗维茨(Joshua Meyrowitz),师承波兹曼。莱文森对麦克卢汉的"技术决定论"进行修正,并首创了"人性化趋势"和"补救性媒介"的媒介演化理论。

20世纪70年代末至今,约书亚·梅罗维茨继承了英尼斯和麦克卢汉的基本思想,并融入社会学家埃尔温·戈夫曼(Erving Goffman)的场景理论,用场景把媒介和社会行为连接起来。他指出,媒体对人类个体和社会所产生的效果或影响都是通过媒体培育的传播情境间接引起的。梅罗维茨认为新媒体(电子媒介)的出现会促成情境的变化:一方面,新媒体的广泛运用促成一系列旧有情境界限被打破,致使一些旧有的不同情境的合

---

① 王晓华,严丽娜.决定受众选择互联网的因素研究——对权衡需求理论的再检验[J].国际新闻界,2007(3).

并,进而形成新的传播情境;另一方面,新媒体使不同情境之间的一些旧有的连接机会消失,导致新的分离。①

波兹曼倾其一生都在揭露媒介和技术对文化的负面影响,如今,网络媒介以其特有的包容性强势进入媒介环境,成为当下社会的主导媒介,改变了整个媒介生态。一方面,互联网和手机的使用极大地扩展了人类生活的空间,一定程度上模糊甚至消除了文化差异和地理边界,也使人们的文化消费更加大众化、平民化;另一方面,随着互联网和智能手机的普及,社会隔离现象却在凸显和加剧,社会对信息的监管和控制更加困难。新媒体成为展示自我、创造个性的平台,草根文化随之崛起并不断发展壮大。新媒体不仅催生了"新人类",还将极大地改变人们的生活方式,人与人的社会关系也将因之而改变,它可能引发社会阶层、社会不同的群体和心理的改变。

(二)媒介环境学的相关理论

1. 媒介环境学

不同于媒介研究其他领域,媒介环境学将重点放在研究传播技术的本质或内在的符号和物质结构如何对文化产生深远影响等方面。尼尔·波兹曼给媒介环境学下的定义:"媒介环境学研究人的交往、人交往的讯息及讯息系统。具体地说,媒介环境学研究传播媒介如何影响人的感知、感情、认知和价值,研究我们和媒介的互动如何促进或阻碍我们生存的机会。其中包含的'环境'一词指的是环境研究——研究环境的结构、内容以及环境对人的影响。"②媒介环境学将环境分为三个方面:符号环境、感知环境和社会环境。波兹曼认为,传播媒介有专门的代码和语法系统组建的符号环境,人们使用媒介就是从媒介本身定义的符号世界中思考和感知这个世界。美国媒介环境学会副会长林文刚在《媒介环境学》一书中指出,媒介环境学建构了一个富有想象的理论空间,他探索媒介如何影响我们所处的世界并成为其中的一部分,如何渗透到世界的各个角落,影响我们个人和集体的生活方式。

---

① 周海英.从媒介环境学看新媒体对社会的影响[J].兰州学刊,2009(6).
② 〔美〕尼尔·波兹曼.技术垄断:文化向技术投降[M].何道宽,译.北京:北京大学出版社,2007:2.

媒介环境学的理论框架包括三大方面：对传播媒介的静态分析；对媒介演化的动态分析；对媒介本身之社会历史影响的分析。任何一种新媒介的诞生都绝对不是对先前媒介的覆盖，而是出于一种共存与融合的状态，即"技术的变革不是叠加性的，而是生态性的"。媒介环境学派主要以媒介本体以及对社会机体的影响为框架，认为社会结构、心理认知、角色身份、生产生活，无不依赖传播而存在并深受媒介之影响。[1]

由此，媒介环境学提供了三个基本的理论命题：界定信息性质的是传播媒介的结构；一种媒介特定的符号特征和物质特性都带来偏向；媒介技术影响文化。这三个命题形成了媒介环境学的核心范式："传播媒介的变化如何促进文化里根本的、大规模的变化。"[2]

媒介环境学派在新媒体方面的三个重要观点尤其值得重视：其一，电子媒介引发的非集中化革命，将产生一个"众神狂欢"的时代；其二，电子媒介对有形距离和无形壁垒的打破，将推动一个广泛的融合趋势；其三，电子媒介对部落化的听觉空间的再现，将使专门化和线性方式过时，系统论和模式识别将成为组织和把握社会的适宜方法。该学派虽然宣扬"技术决定论"，但并非唯技术是从，而是通过媒介生态理论更多地关注"传播技术或媒介本身的社会效用"[3]。

2. 媒介技术决定论

尼尔·波兹曼是继麦克卢汉之后媒介生态学的领军人物，他的媒介生态学包含着一种悲观主义的技术决定论。波兹曼从媒介的角度，分析并批判了技术对社会尤其是文化及其历史变迁产生的决定性影响。媒介的变迁、媒介技术的发展，不单单一次次改变着信息的传输方式和人们的阅读习惯，更重要的是冲击着社会惯例，甚至在某种程度上塑造了整个社会的认知模式、态度和价值。

波兹曼极力强调媒介技术的决定性作用，把一切社会问题都最终归因于技术。技术之于媒介正如大脑之于思想。像大脑一样，技术只是一件物

---

[1] 李明伟.作为一个研究范式的媒介环境学派[J].国际新闻界，2008(1):54.
[2] 〔美〕林文刚.媒介环境学：思想沿革与多维视野[M].何道宽，译.北京：北京大学出版社，2007:193.
[3] 李明伟.媒介环境学派与"技术决定论"[J].国际新闻界，2006(11):42.

质装置,而媒介如思想一样,是把技术投入使用,并发挥其对文化主导作用的工具。首先,他主张技术是自主发展的,具有自主性和生态性,"一旦被人接受,技术就会坚持不懈,就会按照它设计的目标前进"①。技术变革不是简单的工具变革,它包含的特定思想、态度、意识形态偏向等改造和创造着社会环境或文化形态,因而引进新技术之前要认真审视。其次,他认为媒介是对信息的重构,媒介影响并决定了信息传播。媒介根源于媒介技术,但不能被简单理解为媒介技术,它会按照自己的逻辑或模式重构信息而后决定传播内容。他指出,媒介是以媒介技术为核心的某种环境或生态,"一种技术只是一台机器,媒介是这台机器创造的社会和文化环境"。此外,他还指出"一种重要的新媒介会改变话语的结构"②,从而决定社会文化。

理性地来看,技术虽然在社会中影响巨大,但它始终是人类的技术。从纸张的出现、印刷术的发明和推广,到广播、电报、电视和电话的普及,再到网络技术的兴起,媒介技术的不断进步和发展,为传播构建了越来越宽广的平台,实现了有效而迅捷的信息传播。尤其当网络和数字技术的兴起和发展后,信息传播技术发生根本性变革,人们的生活方式、思维方式和语言方式也随之发生了极大的改变。任何一种新的媒介技术或工具的出现和普及,都会对社会及人们的行为产生巨大的冲击和影响。新媒介技术本身是中性的,它对社会产生影响的好坏并不取决于媒体的性质,而是取决于掌握和运作它的人或社会组织以及传播的信息内容,取决于当代社会价值观,尤其是科技观。

第四节 "后喻文化"与视觉传播

一、"后喻文化"与"后喻时代"

(一)"后喻文化"的界定

美国当代杰出的文化人类学家玛格丽特·米德(Margaret Mead)在其著作《文化与承诺》一书中,从文化传递方式的差异出发,将整个人类文化

---

① 〔美〕尼尔·波兹曼.技术垄断:文化向技术投降[M].何道宽,译.北京:北京大学出版社,2007:3.
② 〔美〕波兹曼.娱乐至死·童年的消逝[M].章艳,等译.桂林:广西师范大学出版社,2009:74,25.

划分为三种基本类型：前喻文化、并喻文化和后喻文化。① 这三种文化模式是米德创设其代沟思想的理论基石。传统农业社会是以"前喻文化"为代表。其中，晚辈主要向长辈学习，又称老年文化。农业社会向工业社会转型和发展是以"并喻文化"为代表，其中，晚辈和长辈的学习都发生在同辈人之间。而后工业社会（信息社会）则以"后喻文化"为代表，其中，长辈反过来向晚辈学习，晚辈代表着未来，他们的父辈和祖辈将权威地位让给了晚辈，又称"未来文化""青年文化"。"后喻文化"概念的提出，加深了人们对社会变迁的认识。这三个阶段实际上体现了文化传递、文化学习方式与内容的变化历程，这一过程随人类社会的演进而发展并由生产力水平高低决定。

后喻文化是一种和前喻文化相反的文化传递过程，即由年轻一代将知识文化传递给他们生活在世的前辈的过程。如果说在前喻文化（即传统社会）中，社会化的对象是社会中尚未成年的个人，那么，借用社会学的术语，后喻文化则是一种不折不扣的"反向社会化"。

米德的后喻文化理论基于第二次世界大战后，科技革命蓬勃发展带来的社会的急剧变迁和经济的高速发展。"二战"后，社会进入了"后喻文化"时期，也就是晚辈给先辈传授知识和培养能力的时代。在"后喻时代"，晚辈往往通过网络、手机等媒介或其他方式，比长辈更早且更多地获得信息，当双方的知识发生冲突时，晚辈甚至会对长辈进行大胆的批判。米德指出"如果说过去存在若干长者，凭着在特定的文化系统中日积月累的经验而比青年们知道得多些。那今天却不再如此"。

20世纪八九十年代以来，科技迅猛发展，现代信息传媒高度泛化，知识信息的传播渠道越来越多。世界朝着高科技、网络化、信息化、全球化发展，年轻人在掌握现代传播媒介技术并借助这些媒介获取信息等方面，在整体上要比他们的上一辈人更有优势。在如今的很多家庭中，父母正在或即将丧失原有的权威性，而孩子运用各种传播媒介吸纳新知识，在信息技术、文化消费和娱乐方式等方面开始影响其父母，抢占"新媒体时代"的政治话语与文化话语制高点。"文化反哺"成为后喻时代的最基本特征。

---

① 〔美〕玛格丽特·米德.文化与承诺：一项有关代沟问题的研究[M].周晓虹，等译.石家庄：河北人民出版社，1987：27.

(二) 新媒体时代的"后喻文化"特征

在新的"后喻时代"中,人类知识的传播速度越来越快。媒介技术的更新速度使长辈无力掌握急剧更新的信息,他们对新事物的理解和吸收渐渐力不从心,于是丧失其教育的绝对权力。相反,伴随着互联网、手机等新媒介和文化交流平台成长起来的晚辈,本身就是网络文化创造和传播的主体。他们努力创造新的技术、积极采纳新的媒体,并运用自己掌握的信息反哺长辈,使文化知识改变单向传递的模式。

20世纪90年代信息和网络技术突飞猛进的发展,拉开了"后喻文化"时代的序幕。随着信息网络的迅速发展,知识传授的方式和教育主客体关系都发生了重大变化,青年成为时代潮流的掌舵者。在网络时代,"后喻文化"的特征主要体现在以下几个方面:青少年成为互联网使用的主体;青少年在时尚、休闲、审美等方面具有明显的反哺优势;青少年也影响年长一代的价值观念、文化消费意识;互联网文化的平等与共享解构了父母的文化权威;青少年的自主性学习明显增强。

现代媒介文化依赖其高科技手段具有迅捷、高效、丰富、庞杂的特点,从而呈现出阅读轻松、感知休闲、触动瞬间的传播效果。[①] 在这一背景下,新媒体时代中的大众传媒要适时调整战略,以青年为市场消费主体,积极拓宽传媒产业的市场空间。在"后喻文化"语境中,大众传媒在传播内容方面要注重信息的新鲜性、新奇性和时代感,在传播方式方面要注意多元化、多样化、全媒体化。

二、视觉传播与新媒体

(一) 视觉传播的界定

传播是人与人之间、人与社会之间,通过有意义的符号进行信息传递、信息接收或信息反馈活动的总称。视觉传播是传播方式的一种,是以非语言符号的直观媒介形式所进行的传播。与常规的语言符号传播相比,视觉传播具有形象性、易读性、跨文化障碍少、娱乐价值高、易于表现新奇对象等特点。这种传播方式往往可以产生特定的效果,横向上打破不同民族的

---

① 操慧.论"后喻文化"语境下的传媒攻略——基于现代媒介文化走势的对策思考[J].西南民族大学学报:人文社科版,2009(2):210.

语言阻隔,纵向上打破文字垄断,从而使社会进入空前的大众文化时代。

在古登堡印刷术广泛应用时,图片曾经只是偶尔出现或充当装饰。伴随电视、计算机、手机等新技术的出现,视觉信息在传播活动中的地位大大提高。列奥纳多·达·芬奇曾说过:"距离感官最近的感觉反应最迅速,这就是视觉,所有感觉的首领。"人体接受的外部信息约 70% 来自眼睛,因而视觉形式的信息接收是人类最主要的信息来源。海德格尔(Heidegger)所预言的世界图像时代,是世界被以图像的方式把握的时代。在我们这个时代,视觉方式更加凸显出来,人可以通过"看"(也伴随着听)来感知并且理解世界。对"看"的依赖和"看"所承受的重负是这个时代的特征之一。[①]

进入视觉传播时代,代表了以视觉为中心的视觉文化符号传播系统正在向传统的言语文化符号传播系统提出挑战。它独特的可视语言实现了信息的直接、快速传播,同时也使对文字、色彩、形象、空间等视觉基础元素的把握和运用达到审美的功能。虽然视觉传播相较于文字,具有更加直观、更富有感染力、易于接受等优势,但它的缺陷也很明显,一方面,以营利为目的的商家推出低俗图像和视频来博取大众的关注;另一方面,感性生活的画面可能导致受众思考和辨别能力的降低。

(二)新媒体冲击下的视觉传播

20 世纪末期,媒体技术经历了重大的变革,数字化媒体对传统媒体构成巨大冲击。网络技术、屏幕文化、数码影像等新兴科技不断地挑战并充实着人们的感官能力,新媒体承载的视觉传播形式成为视觉表现方式的先锋。人们的视觉体验也从平面延伸至立体;视觉传播从形态上的平面化、静态化向综合化、动态化转变,从单一媒体跨越到多媒体,从二维平面延伸到三维立体和空间,从传统的印刷设计产品更多转化到虚拟信息形象的传播。

新媒体区别于传统媒体的一大特征就是对文字、图像、视频的综合使用。随着媒体电子屏幕水准的提高和摄影摄像技术的专业化,新媒体更大程度地运用了视觉传播,同时也改变了人们的阅读习惯,导致人们的心理状态、价值取向、审美意识以及时空观念等不同于以往。如今,风靡全球的

---

① 钟建华.媒介传播中的图形力量[J].新闻爱好者,2008(6).

3D 技术就是以数字多媒体和互联网技术为支撑产生的新型视觉样式,其奇幻而美妙的超现实主义情景给人们带来不同以往的视觉感受。

进入新媒体时代,视觉传播表现出了一些新的传播特性:直观感性的影像信息,非线性多媒体内容,数字化信息处理,开放性和互动性传播。这种全方位、多感官的信息传播方式主要源于新媒体对多种媒体形式的综合运用,巧妙地结合互联网与交互技术,集文字、图像、影像、声音、动画等于一身,更好地满足了受众对视觉信息的个性化需求。这为传统媒体在视觉信息的传达方面提供了借鉴意义。传统媒体既要保持和发挥摄影、摄像记者的良好视觉素养和专业水准,也要与网络、手机等新媒体进行联合,采用新的媒介技术和网络工具对内容进行整合,逐渐摆脱单一形式的文字、图片、音频或视频报道,提供视听内容的融合报道。

第五节 "长尾理论"与"微内容"生产

一、"长尾理论"和新媒体经济

(一)"长尾"理论的由来和定义

2004 年 10 月,美国《连线》杂志主编克里斯·安德森(Chris Anderson)提出"长尾理论"。其核心观点是:在网络时代,只要存储和流通的渠道足够大,销售和管理成本相对较低,需求不旺和销售不佳的小众产品共同占据的市场份额,可以和那些品种数量不多的热卖品所占据的市场份额相匹敌甚至更大。[1] 它揭示了小众和个性化产品所创造的巨大的市场价值。它体现的是数学集合原理:一个极大极大的数(长尾中的产品)乘以一个相对较小的数(每一种长尾产品的销量),仍然等于一个极大的数。

长尾理论(The Long Tail)是网络时代兴起的一种新理论。安德森认为,网络时代是关注长尾并发挥长尾效益的时代。在经济和文化上,长尾理论反映了较少数量的主流产品和市场向数量众多的狭窄市场转移的趋势。

---

[1] 〔美〕克里斯·安德森.长尾理论[M].乔江涛,译.北京:中信出版社,2006:10-12.

长尾理论对于媒介经营管理具有重要的启示意义:传媒发展中的每一个基本面都有相对应的分散需求,依托低成本甚至零成本的网络销售方式,对接好对应中的需求并获取相应的市场份额,无数个分散市场份额叠加后的综合效应将是巨大的。①

(二)新媒体发展中的长尾效应:病毒式视频营销

一直以来,传统媒体的经营模式多以制作和销售畅销产品为中心而忽视"长尾市场"。这主要源于以下两个原因:一方面,在于传统媒体本身制作成本较高,导致大多数生产者和制造者并不愿意冒一定风险去涉足"小众产品"的领域;另一方面,"小众产品"因其相对较高的仓储、运输、库存、销售以及管理成本,往往不受销售商的重视。

新媒体的特点契合了发展"长尾市场"的需要。克里斯·安德森在《长尾理论》中指出,长尾效应运用最为成功的行业是互联网、娱乐和媒体业。一方面,传播市场呈现出无限的生产、无限的渠道、无限的需求的特点;另一方面,新媒体"分众化"地将"长尾"中有价值、有质量的内容展示给受众。每个人都能成为传播内容的生产者,同时网络及数字化技术又催生了众多的传播渠道,无限的生产和无限的渠道造就无限的需求。需求的无限性或个体差异化,使得社会对小众内容的消费总量激增,"长尾"也由此形成。

如今市场分化成了无数不同的领域,互联网的出现使得99%的商品都有机会进行销售,市场曲线中那条长长的尾部也成为我们可以寄予厚望的新的利润增长点。互联网时代"长尾效应"最典型的应用当属网络病毒式营销,即通过将最初信息在网络上发放给用户,借助用户自发形成的口碑宣传,利用网络无成本或低成本的快速复制和传递性能,将信息以病毒繁殖的速度扩散至更大规模的受众群体,以达到营销的目的。

网络时代的营销,可以以零成本或者极低成本关注到为数众多的"尾部"分散受众,而由这类普通受众产生的总体效应甚至会远远超过主流大客户。美国电子商务专家将一个有效的病毒式营销战略归纳为六项基本要素:提供有价值的产品或服务;提供无须努力的向他人传递信息的方式;信息传递范围很容易从小向很大规模扩散;利用公共的积极性和行为;利

---

① 尹明华.长尾故事中的传媒角色[J].新闻记者,2007(3):12.

用现有通信网络；利用别人的资源。[①]

视频网站是病毒式营销最为有效的传播途径之一。视频发布者只需借助常用视频网站平台上传视频内容，被其吸引的受众就会通过简单的"分享"按钮将视频传播给自己的关系网络，更大的受众数量以病毒式的速度成指数增长。按照"长尾理论"的解释，网络视频的病毒式营销具有天然的优势。[②]

总的来说，"长尾理论"给新媒体带来的影响主要体现在三个方面：首先，互联网为新媒体传播提供了无限的空间市场，任何曾经创造的内容原则上都将在这里"永生"[③]，互联网平台创造的非主流市场累积起来甚至比主流市场还要大，从而为一些长尾小众商品提供了销售市场；其次，与昂贵的传统媒体制作和传播成本相比，在互联网上，各位网民可以免费上传网页或撰写博客，生产和传播自己的内容，低廉的成本将会使从事长尾小众商品的生产者和传播者获得更好的利益回报，从而繁荣长尾小众商品的供应市场；第三，与传统媒体的内容打包服务不同，互联网时代，受众可随时随意搜索自己感兴趣的关键词和重要信息，这些信息就可能来自于处于长尾的小众商品。

另一方面，长尾理论对新媒体的发展也有着重要的启示。丰富的信息、无限的渠道、受众的"碎片化"，新媒体要发展，就要满足受众多样化的需求从而吸引受众。不仅要尽量提供多的信息以供选择，还要实现信息个性化定制，协助个人找到有效信息，这样才能形成繁荣的长尾市场。

（三）引爆流行：广播电视节目中"长尾效应"的应用

传统广播电视媒体大多为受众提供免费内容或"大众化"节目。那些只符合小部分受众口味的广播电视节目，被称为"小众化"节目。由于观众的规模较主流、大众化，"小众化"节目制作成本高、整体收视率低且缺乏供应市场。因此，这类节目常常受到制作部门与大众冷落，有时还导致被停播的厄运。通常，收视率高的节目往往能获得更多的资源，得到更好的发展，但收视率低的节目却往往成为"长尾节目"。

[①] 何竞平.视频网站的病毒式营销[J].网络传播，2010(8).
[②] 〔美〕凯文·纳尔蒂.视频营销[M].钱峰，译.北京：东方出版社，2012：71-73.
[③] 李开复.长尾效应：媒体的机遇还是威胁？[N].南方周末，2007-07-26(C14).

马尔科姆·格拉德威尔（Malcolm Gladwell）在《引爆点：如何制造流行》一书中，以社会上突如其来的流行风潮研究为切入点，从一个全新的角度探索了控制科学和营销模式。他认为，思想、行为、信息以及产品常常会像传染病爆发一样，迅速传播蔓延，它爆发的那一刻，即达到临界水平的那一刻，就是一个引爆点。① 美国某些电视剧由于收视率太低被迫停播，但几年后被网友观看、推介，又从一个小众化的节目变成流行电视剧。最后，电视台又重新完整播放该电视剧。社交媒体成为推介、传播电视节目并"引爆流行"的一个重要环节。2012年1月9日，在天津卫视求职类选秀节目《非你莫属》中，24岁的海归女刘俐俐因与主持人张绍刚和老板团公开叫板，致使落选出局，求职未果。这段长达十几分钟的视频被放到网上，惹得网友们争论不休，姚晨、文章、马伊琍等人也参与其中。《非你莫属》迅速走红，刘俐俐也成为网络红人。两个月后，刘俐俐加盟风行网，任原创部门策划职位。网络引爆热点并制造流行，发挥了"长尾效应"，吸引了更多的网民去关注那些不曾关注的视听节目，提升了电视节目的收视率与影响力。

传统广播电视媒体正逐步融入全媒体时代，在拥有丰富品牌节目内容的同时，发展多种新媒体平台，扩大节目传播范围，让更符合特定受众需求的"小众节目"有更多渠道和平台抵达观众。这些具有整合力的跨媒体运营商的出现，让"长尾节目"不再处于被冷藏的片库中，而是有更多渠道在更大的范围内传播，并获得更多观众的青睐，创造媲美主流节目的价值。近年来，"长尾效应"在电视纪录片推广中体现得十分明显。电视纪录片属于相对小众化的电视艺术品种。但随着观众审美水平的提升、互联网与手机的普及以及社交媒体的繁荣，用户的推荐、点赞与讨论，汇聚成为一股强大的节目市场需求，推动了电视纪录片的节目创作与市场营销。

原中央电视台十套品牌栏目《第十放映室》，是"长尾效应"的典范。该节目曾是央视十套品牌栏目，并在2011年因主播龙斌的犀利影评引发热议。2013年7月1日凌晨，《第十放映室》编导张小北在网上留言称："年底没《第十放映室》了。节目停播了。"收视率太低导致节目停播的消息一出，立刻引发社交媒体的热议，一批网民集体回顾过往节目，以此缅怀该栏目。

---

① 〔美〕马尔科姆·格拉德威尔.引爆点：如何制造流行[M].钱清，覃爱冬，译.北京：中信出版社，2009：1.

不久,博纳影业集团与优酷土豆集团,宣布注资支持《第十放映室》,并于2013年12月31日在优酷网、土豆网推出原团队打造的《10放》,网友的声援成功使该节目在互联网平台"复活"。这是"长尾效应"在传统广播电视生命周期中的典型运用。

借助数字电视、移动电视和网络电视等多终端平台,受众可以在互联网上搜索自己喜欢的电视节目,"长尾节目"也在这里获得巨大的市场空间。在这个长尾上,你能找到任何东西,这里有年代久远的老电视剧、有冷门的纪录片……忠实的老影迷们仍然会满怀深情地想起它们。也许,某日某人在互联网上的一句怀念与感叹,都将引起观众对它的重新发现,并再次获得年轻一代观众的喜爱。

(四)信息网络提供的"长尾效应"

跟传统媒体相比,手机媒体和网络媒体具有更强的交互性和个性化。交互性的特点改变了以往受众单向被动接受信息的沟通模式,激发受众沟通的积极性,在信息的传递中成为主导者。在"长尾理论"看来,新媒体的个性化需要无限的选择空间,而无限的选择空间揭示了消费者的真正需求。新媒体较好地满足了各层次的小众需求,而无限的"小众"又构成真正的"大众",这正是视听新媒体所需要的"长尾效应"。

媒介产品的市场细分不只是以单纯地理空间来区隔,而更多以人们的兴趣爱好来界定。构成新媒体的基本要素是基于网络和数字技术所形成的三个无限,即需求无限、传输无限和生产者无限。作为满足人们精神需求的传媒,过去受到成本及传输的限制而无法做到,现在技术的突破和物理环境的改变,使得传输和复制可以无成本。在"长尾理论"看来,最大的财富孕育自最小的销售。"长尾理论"颠覆了帕累托定律(二八法则):在一个多元化、个性化时代,20%的努力并非一定产生80%的效果,或者说,80%的努力也会产生甚至超过80%的效果。经自媒体传出的信息经过大量的复制、转载、流通之后,众多"小众"关注的话题汇聚成公众舆论关注的焦点,可能成为传统媒体议程设置的对象和政府重视的问题。

二、"微内容"的用户自主生产

(一)UGC 的兴起和含义

UGC(User Generate Content),即用户生产内容。这一概念最早出现在互联网领域,意指用户将自己原创的内容通过互联网平台进行展示或者提供给其他用户。UGC 不是某项具体的业务,而是用户使用互联网的新方式,它代表着用户逐渐脱离了"被动的信息受众"这个单一身份,也同时具备了内容生产者的身份。因此,互联网原先以下载为主的局面也变为下载和上传并重。

UGC 伴随着 Web 2.0 兴起并成为网络 Web 2.0 时代的核心特征之一。Web 1.0 时代的网络只能单向地传播资讯,报纸、广播、电视等传统媒体将内容生产的权力牢牢掌握在自己手中。而 Web 2.0 的发展使内容生产出现了革命性的变化,到了 Web 2.0 时代,网民可以自主地生产内容,增强了内容的互动性和原创性。随着传播终端技术的发展,个体不仅能自发地采集有价值的信息,还能整合并发布在网络上,个体性生产成为了媒体内容的重要来源。

大家所熟知的社区网络、视频分享、博客和播客等都是 UGC 的主要应用形式。常见的 UGC 网站大致包括了:好友社交网络,如 Facebook、人人网等;视频分享网络,如 YouTube、土豆网等;照片分享网站如 Flickr;知识分享网站如百度百科;社区、论坛如豆瓣网;微博如 Twitter 等。其中,微博应该是目前最为流行的互联网应用了,每一个微博用户都可能成为第一现场的发布者。

然而由于网络的匿名性,UGC 也常常为别有用心的网络推手所利用。网络用户分布广泛且成分复杂,监管的缺失导致网络推手很容易炒作一些价值不高的热点从而达到自己的目的。贾君鹏事件、"凤姐"的走红、"奥巴马女郎"等都是网络推手人为制作的话题,网民们的猎奇心理驱使他们被这些网络热点吸引并加以疯狂地评论和转载。因此在利用网络 UGC 时,需根据自己的价值判断进行鉴别、辨认和思考。

(二)新媒体时代内容生产的变革

新媒体的即时性、互动性、便携性等特点,改变了传统的内容生产模式,"内容为王"在新媒体时代表现得尤为突出。UGC 成为新媒体内容变革的有力支撑,其内容的生产既包含新闻等信息产品,也包括其他诸如社区、游戏、搜索、商务等产品的开发,即从纯内容产品的生产发展到"内容+

关系"产品的生产。①

新媒体带来的内容生产的新机遇在于,它提供了社会公众参与内容生产的可能性。每个人在使用手机、微博、社区、论坛的过程中,随时随地可能成为多媒体内容的创造者。据DCCI②调研机构的数据显示,到2010年6月,以论坛为主的各种社区的UGC已超过网站专业内容的流量,占整个互联网的比例达50.7%。通过此类互动交流的平台,素未谋面的草根用户们相互联结,汇集多元化的想法和观点,其中颇具影响力的网友便成为意见领袖。由网民们自己生产的微内容也激发了全民智慧,从而成为极富商业价值的新媒体内容。

然而,现今互联网跨越了内容生产,已深入发展至我们社交、生活与工作等平台的方方面面。特别是以微博为代表的媒介,不仅生产、组织、传播和分享着各种信息,同时也营造了个人特有的社交圈。因而在未来的发展道路上,新媒体又必须超越"内容为王"这一狭窄视野。Web 2.0明确指向将致力于把人与内容的关系深化为人与人的关系。UGC则正是网民们发现和发展关系的手段和途径,无论是草根用户还是社会名人,在创建内容的过程中,客观上也借助内容达成了构建自身社会关系网络的目的。从这个层面上来说,经营关系平台也成为新媒体内容生产的重要产品策略。

在为新媒体发展作出贡献的同时,UGC自身的生存前景却令人担忧。在Web 2.0的浪潮中,博客、播客等一度成为全球瞩目的新网络平台模式,受到众多创业公司或重要网络公司的青睐。UGC也一度凭着用户创造和分享内容,吸引着用户数量的快速增长,既降低了网站生产内容的成本又提高了内容生产的速度。然而如今,许多引领博客和播客风潮的网站已然淡出人们视野,甚至于YouTube也长期处于亏损状态。UGC的生存一直存在着两方面的困境:一是用户提供内容时的版权和质量的困扰,二是具备规模并能获利的商业模式。

---

① 方雪琴.创意时代新媒体内容生产的变革与创新[J].河南社会科学,2011,19(3):5.
② DCCI(中国互联网数据中心,DATA CENTER OF THE CHINA INTERNET,简称DCCI),是中国互联网独立的第三方市场监测、受众测量、专业数据采集与研究平台。

第三章　IPTV：传统电视的全面超越

论及 IPTV 必然涉及"三网融合"。所谓的"三网融合",是指电信网、互联网和广播电视网三个网络以互联网为核心进行融合。这里的"融合",并非指物理意义上的变成一个网络,而是指应用层面的融合:技术上趋于一致,传播上互联互通,业务上相互交叉,经营上相互竞争、合作,从而形成一个无缝覆盖的"大网络"。

一般认为,要做到三网融合,必须通过数字技术,使传统的电信业务、广播电视业务数字化,使用统一的互联网协议——IP 协议(Internet Protocol,简称 IP)进行传输。从某种意义上说,三网融合的实质是 IP 化。值得注意的是,"IP 化"并非"数字化"。因为 IP 协议无法传播模拟信号,故 IP 化必然需要数字化;但反之却不然。

三网融合,乃至基于"IP 化"进一步发展的物联网、人际网络等,将造就一个前所未有的将人类完全联通的大网络,麦克卢汉 50 年前预言的地球村也将彻底成为现实。三网融合并非一个新鲜概念。事实上,早在 1998 年,我国即展开了关于三网融合问题的讨论。2010 年 1 月 13 日,国务院总理温家宝主持召开国务院常务会议,决定加快推进电信网、广播电视网和互联网三网融合。历经多次电信业重组后,我国已基本实现电信网与互联网的融合:三大电信运营商(中国移动、中国电信与中国联通)均同时具备电信网与互联网运营资格。所谓三网融合,现在实质上已变成了广播电视网的 IP 化,而广播电视网的 IP 化,最直接的契机就是 IPTV。

第一节　IPTV 的基本认知

"理解未来电视的关键,是不能再把电视当电视看。从比特的角度来思考电视才能给他带来最大收益"①,20年前,尼葛洛·庞蒂就曾这样预测未来电视。这一预见不久之后便得到证实,IPTV的出现便是最好的佐证。IPTV(Internet Protocol Television),即互联网协议电视,作为网络融合的产物和互联网突破性的应用,其正在日益愈加迅速地改变和影响着人们的生活方式。

IPTV具有数字化、交互性等特点,因而与传统电视相比,有极大的竞争优势,早在2005年,在政策壁垒存在的情况下,电信就预见其光明的未来前景,投入大量的人力物力发展IPTV。随着三网融合的推进以及大量支持IPTV发展政策的出台,近年来IPTV呈井喷式发展状态,截至2013年5月底,达到2485.1万户,同比增长46.4%。

IPTV的诞生,改变了中国的电视格局,这种改变不仅仅体现在对人们生活方式的改变,更体现在对传统电视运营方式、电视媒介格局、广电体制的冲击,这也直接导致了IPTV发展的困境:三方利益牵绊、多重监管等都极大阻碍了IPTV进一步发展的步伐。

一、IPTV的界定

IPTV这个概念最早由美国Precept软件公司的朱迪斯·埃斯特林(Judith Estrin)和比尔·卡里科(Bill Carrico)夫妇于1995年提出,用以描述该公司一种名为IP/TV的互联网视频软件。他们提出的RTP(实时传输协议)和RTCP(实时传输控制协议)至今仍是IPTV、网络会议、网络视频等基于IP的视频应用的基础。

随着IPTV的发展,这一定义显然窄化了IPTV的功能及范围,无法全面体现和概括IPTV的特征。在随后的研究中,不同学者提出了多种描述性定义,比较具有代表性的定义有以下几种:

IPTV就是使用IP协议传输的数字视频内容。由于IP协议并不要求必须经由Internet(互联网)传播,故而尽管IPTV的第一个字母"I"表示"Internet"(互联网),但这仅仅表示传输的一种协议(Internet Protocol),而并不意味着传播的内容必须源自互联网——一方面,互联网仅仅是IPTV

---

① 〔美〕尼葛洛庞帝.数字化生存[M].胡泳,范海燕,译.海口:海南出版社,1997:3.

的传输手段而非内容来源,IPTV可以使用互联网,亦可以使用基于IP协议的私有网络传播;另一方面,尽管有着"TV"的字样,但IPTV并不限制内容必须源自传统的广播电视机构。[①]

NGN(Next Generation Network,下一代网络)不只是下一代Internet网,不只是下一代PSTN电话网、电信网,不只是下一代有线电视网及广播电视网,而是建立在新的分组交换传送及IP协议基础上的,融语音、视像、数据为一体的全新网络。应该站在NGN的角度理解IPTV,从NGN概念和定义来看,IPTV属TriplePlay(语音、数据、视像三重播放业务)范畴,从NGN的演进角度发展来看,IPTV将是其典型业务。[②]

广义地讲,IPTV是指利用宽带网,采用流媒体技术、通过互联网协议IP(即Internet Protocol)来提供包括视频节目在内的多媒体交互式业务。其用户终端可以是IP机顶盒+电视机,也可以是计算机(PC),还可以是手机。[③]

从技术结构上看,网络电视是基于互联网的,以宽带以太网(Ethernet)为传输链路,以个人电脑(PC)或者与DMA(Digital Media Adapter)连接的模拟电视机为终端的电视。[④]

目前,比较权威的IPTV官方定义是国际电信联盟2006年在日内瓦召开的第一次会议上确定的:IPTV服务(或技术)是融合了电信与广电的一种新型服务(或技术),为了安全、可靠地传输大量的多媒体内容,如视频、音频、数据及其应用,它通过由包括有线和无线在内的宽带网际协议网络来操控服务质量的平台,用户可以通过电视机、个人数字助理、手机、装有机顶盒的移动电视机或类似装置为终端进行接收。

该定义涵盖了商业模式的四个要素,即IPTV的内容(Contents)、平台(Platform)、网络(Network)、终端(Terminal)[⑤]:①内容,即传播内容,音视

---

① Gilbert Held. Understanding IPTV[M]. Boca Raton:Auerbach Publications,2006:1-2.
② 陈如明. NGN与IPTV的突破发展[J]. 中国数字电视,2005(8).
③ 董年初. 如何应对IPTV发展带来的挑战[J]. 广播与电视技术,2005(10).
④ 谢新洲. 网络电视的概念和特点[EB/OL]. (2006-04-17)[2014-03-30]. http://www.smart-homecn.com/html/2006-04/8808.html.
⑤ 黄楚新. 嬗变与重构——中国IPTV发展现状与走向[M]. 北京:中国传媒大学出版社,2008:29.

频、数据、文本和应用；②平台，即服务提供者，负责对其提供的服务进行保护和控制内容的接收、处理、增值以及传输，一般而言，平台指的是广电和电信部门；③网络，即通过有线或无线在内的宽带网际协议网络来传播相关内容的技术手段，它是IPTV进行相关业务的技术基础；④终端，即为用户提供电视、个人数字助理、手机、装有机顶盒的移动电视机或类似设备，通过终端接收，使得传播内容传达到受众手中。2006年11月，在韩国釜山举办的国际电信联盟IPTV焦点组（ITU－FGIPTV）第二次会议，再次确认这一权威界定，即IPTV是基于IP网络上传输的，具有达到指定等级的服务品质（QoS）、体验品质（QoE）、安全性、交互性、可靠性的多媒体服务，包括电视、视频、音频、文字、图像数据等。

在这一定义中，IPTV服务是包含了计算机、电视机、手机以及便携终端，融合了广播和通信技术，汇集了有线和无线IP网络的多媒体综合服务。所有IP网络上的音视频多媒体服务都是IPTV服务，如视频播客、视频分享、视频搜索、P2P Streaming、宽频门户、网络电视台、TPS、移动视频、手机电视都属于IPTV服务范畴。于是，IPTV其实就是"新媒体"的代名词。

二、IPTV的特征

虽然关于IPTV的定义有多种，但是几乎所有定义都有个共识：IPTV是三网融合的产物，这也注定了其兼具电信网的定制性、互联网的互动性和广播电视网的大众传播属性。IP电视广播是交互式电视的一种实现方式，它既可以在广电双向网络上传输，也可以在电信网络上传输。根据用户终端的不同，一般将采用"IP机顶盒＋电视机"接收的业务叫IP电视，将采用"宽带＋计算机"接收的业务叫网络电视。此外，IP电视与网络电视还有一个重要区别在于IP电视的前端（节目源）一般是可控的，而网络电视的前端（节目源）一般是不可控的。综合IPTV内容、传输方式、服务特点等各个方面，概括来讲，IPTV有五个突出的特性：强互动性、大容量性、跨地域性、无时限性、分众特性。

（一）交互性

IPTV通过宽带网络进行传播，在这个意义上，它与网络视频无异，这也决定了其拥有与网络视频相似的特点,即"交互性"。

IPTV的交互性体现在三个方面:一是受众本身自主决定视频播放内容、播放时间、接收终端,这是对媒资库已有内容的选择,并没有影响节目内容的发展;二是受众可以作为节目参与者,参与对节目内容的评价、互动,推动节目内容的变化,早些年《超级女声》等选秀节目通过鼓励用户手机投票决定选手命运,现在不少电视节目的做法是通过新浪微博实时与网友互动,用户在互动中成为电视节目内容的一部分;三是受众不仅可以实现与节目互动,同时可以与其他受众互动,IPTV提供了一个平台,在这个平台上,所有受众不仅可以进行评论、评分、点赞等行为,同时可以与同时刻观看该节目的其他受众互动,互相交流观赏心得。

(二) 定制性

IPTV改变了传统广播电视线性的特点。由于诸如Time-Shifting(时移)、Video on Demand(视频点播)等业务的应用,使IPTV中的广播电视业务不再受播出时间的限制,具有了"非线性"的特点,IPTV有着庞大的媒资库,用户可以自主选择适合自己的观看内容、观看时间以及接收终端,用户获得极大的自主性,自己安排独属的"节目表"。

除此之外,IPTV可以通过对受众平时收看的节目内容、性质进行分析和总结,有意识地为受众推荐相似的节目内容,受众也可以对自己比较喜爱的节目和内容进行标记和订阅,节目内容更新的时候,第一时间收到通知。

三、IPTV与数字电视、网络视频

(一) IPTV与数字电视

"IPTV是数字电视的一种表现形式,是与有线数字电视、卫星数字电视、地面数字电视并存的一种数字电视形式"[①],单纯从IPTV提供的电视业务来看,它与其他数字电视业务本质上没有太大的区别,IPTV业务能为用户带来与有线、卫星付费电视平台类似的电视体验。但实际上,电视业务仅仅是IPTV主营业务之一,除此之外,其业务形态还包括通信类业务

---

① 路红梅.理性看待IPTV发展——访广电总局新媒体研究所所长董年初[J].卫星电视与宽带多媒体,2008(13).

以及各种增值类业务。从这个意义上来讲,数字电视所提供的业务只是IPTV所提供的业务之一,这也是两者之间最本质的区别。

除此之外,IPTV相比数字电视最大的特点在于"互动性"。IPTV基于分布式架构的IP网络,有着先天性的对称交互优势,可以采用广播、多播和单播等多种发布方式,并且可以灵活地扩展实现各种互动业务和互联网业务。而数字电视是一种广播媒体,是一种集中式的服务架构。数字电视如果要实现VOD等多播、单播业务,必须进行网络改造,通过IP over DWDM技术实现——这时其实质已经变为了IPTV(下文中我们将介绍的"杭州模式"即是如此)。

IPTV相比数字电视最大的优势在于"低成本"和"可扩展"。数字电视虽然使用传统模拟电视网络,但需要通过安装DWDM接收机、GAM调制设备等进行改造,用户需要购买数字机顶盒方可收看,成本相对较高。IPTV使用电信网络(如ADSL、FTTH等),只要网络带宽足够,就不需要升级改造;用户可以用IP机顶盒配合电视收看,也可以在PC上收看。对于家庭用户来说,使用IPTV意味着:只需要布一个IP网络,就能使用三网业务。数字电视虽然比模拟电视可承载的频道数量大得多,但总数是有限的;而基于分布式网络的IPTV,理论上可承载的频道数量是无限的。

而数字电视的优势则在于产业成熟。IPTV直到2009年才由ITU最终制定标准ITU-TY.1901,而数字电视的国际标准ITU-R Bt.601早在1982年便已制定,我国国标亦于1993年制定,现在已经形成了一条完整而成熟的产业链。

(二) IPTV与网络视频

IPTV与网络视频均采用IP技术作为传输手段,同样提供音视频以及互动业务,但它们之间是有着显著差别的。IPTV更接近于传统的广播电视,它是一种广播(Broadcast)性质的媒体,虽然它也具有单播(Unicast)和多播(Multicast)业务。而网络视频只有单播业务,不具备广播的能力。IPTV一般使用专用网(但并不是指专门建立的一个物理网络),而网络视频使用互联网传输。

IPTV的优势在于面向大众的广播业务。随着观众人数的增加,IPTV的边际成本可以迅速降低。表现在运营成本上,IPTV可以经济地向成千上万的用户以可重复的模式传输连续内容流。对网络视频而言,要达到同样的传播效果则要承受庞大的服务器资源与网络带宽压力;同样的资源配置,应用于典型网络视频业务(基于 Flash Video 的 VOD)时承载量大约为 200~250 人,并且用户体验(QoE)已经急剧下降;但应用于典型 IPTV 业务(直播电视)时,可以承载 1000 人以上收视。

另一方面,由于网络视频采用公众互联网,因此对于互联网用户来说,初次安装成本为 0;而且目前网络视频的主流商业模式是以 YouTube 为代表的 UGC(用户生产内容)模式。该模式只提供服务器和网络资源而不生产内容,唯一的成本是 IDC(互联网数据中心)。随着 IDC 规模的扩大,其进一步扩大规模的边际成本低至近乎于零,从而实现真正意义上的免费。以 Hulu 为代表的三方模式(内容提供商—广告商—用户三方模式),通过广告商的付费,为用户提供免费内容,但用户必须观看强制广告。而 IPTV 一般使用专用 IP 网络,用户需要付费安装,付费观看。就内容来说,网络视频虽然质量较差,但由于内容由用户生产,其庞大的内容数量是 IPTV 所无法比拟的(见表 3-1)。YouTube 曾表示,用户每分钟上传的视频总长度达 20 小时,这即使是以强大生产力而著称的广播电视业也难以企及。

表 3-1 IPTV 与网络视频的区别①

	IPTV	网络视频
内容特性	连续内容流	离散内容片段
内容选择	数百个节目"频道"	数百个内容文件
内容格式	一种或两种格式(由提供商进行选择)	针对多种播放器的多种格式
传输网络	专用 IP 网络	公众互联网
收看设备	通过 STB 使用观众电视机	用户 PC 显示屏或便携式设备

由于 IPTV 与网络视频同样使用 IP 网络进行传播,因此也出现了一些融合 IPTV 与网络视频机制的新业务,比如 MobiTV。MobiTV 是一种主要面向移动设备的网络电视业务。据 MobiTV 官方数据,截至 2006 年 10

---

① 〔美〕辛普森,〔美〕格林菲尔.IPTV 与网络视频:拓展广播电视的应用范围[M].郎为民,焦巧,译.北京:机械工业出版社,2008:22.

月,已有超过100万的用户使用了该业务。MobiTV使用公众互联网进行传播,但传播的内容均为线性广播,不具备快进、后退和暂停等"技巧模式"(Trick Mode)功能。由于面向移动设备,并使用公众互联网传播,因此其视频质量由网络条件决定,一般不能达到标清(SD)水平,而且往往有较严重的时延。

IPTV与网络电视的本质区别在于:一个是运行在可控可管理的网上,一个是运行在开放性的互联网上。我国的IPTV是指通过可控制、可管理的有线IP网,提供的基于电视终端的多媒体业务。因此,国内一直把IPTV狭义地界定为:利用宽带网的基础设施,通过可控制、可管理、具有质量保证(QoS)的有线IP(Internet Protocol)网,向家庭用户提供基于电视终端的多媒体业务。

四、IPTV的业务组成

根据国际电联(ITU)IPTV焦点组第七次会议的说明,IPTV包括内容业务(Content services)、互动业务(Interactive services)和通信业务(Communication services)三类29种业务。

(一)IPTV的"跨界业务"

IPTV的业务横跨三网(如图3-1所示),覆盖传统上广电行业的直播电视业务、电信网的语音通话业务、互联网行业的电子邮件、万维网等业务,并通过业务融合,创造出一系列的"跨界业务"(Hybrid services),充分发挥了三网融合的优势(见表3-2)。

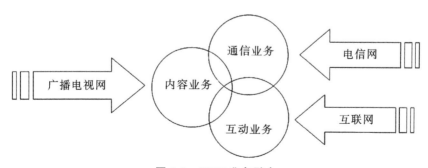

图3-1 IPTV业务融合

表 3-2　IPTV 的部分业务

	典型业务	直播电视(Linear TV)、直播广播(Linear Broadcast Audio)
内容业务	跨界业务	带技巧模式(暂停、跳过等功能)的直播电视(Linear TV with Trick Mode)、时移电视(Time-shifting TV)、VOD 视频点播(Video on Demand)和准视频点播(Near VOD)
互动业务	典型业务	教学业务(Learning services)、信息业务(新闻、天气、交通等)(Information services)、娱乐业务(相册、游戏、卡拉 OK、博客等)(Entertainment services)
	跨界业务	ITV 互动电视(Interactive TV)、内容下载(Content download service)
通信业务	典型业务	电子邮件(e-Mail)、IP 电话(VoIP)、短信息服务(SMS)、紧急通信(Emergency Communication)
	跨界业务	内容推送(Content Push)

可以说,IPTV 是一个以 IP 网络为载体,TV 为内容主体的复合型信息业务。

(二) IPTV 的"典型业务"

目前,商用 IPTV 的业务仍以内容业务为主,比如直播电视、时移电视、VOD 视频点播。下面,对上述最主要的业务予以介绍。

1. 直播电视(Linear TV)

直播电视即传统线性传播的电视,是 IPTV 的基本业务。"将实时的视频信号(摄像头信号、电视信号)实时压缩成数字信号,通过直播形式传送到每一个请求的用户端。IPTV 通过组播的方式,借助 IP 网络来承载电视信号,实现电视直播的功能。"[①]与传统电视所采用的模拟信号传输不同,IPTV 采取 IP 网络来进行传输,因此这中间有一个将模拟信号转换成数字化采样并转化的过程,这就使得其与传统电视相比有一定的时延性。为了使这种时延性降到最低,对 IPTV 运营商提出了极大的挑战,通过组播技术可以降低对宽带资源的占用,从而提高数据传输效率。

---

① 黄楚新.嬗变与重构——中国 IPTV 发展现状与走向[M].北京:中国传媒大学出版社,2008:31.

2. 时移业务(Time-shifting service)和带技巧模式的直播电视(Linear TV with Trick Mode)

时移是 IPTV 的特有服务,通过时移业务,用户可以摆脱传统电视单向传播的局限性,不用受节目播出时间的限制,可以选择在任何时候收看自己感兴趣的节目内容,并可以随意快进、快退、暂停和跳过 IPTV 内容。

而"技巧模式"(Trick Mode)则是让传统直播电视实现暂停、跳过、回放等功能,目前一般是通过 PVR(个人录像)业务实现。这些功能其实本身并不新鲜,一些传统电视机(终端设备)也通过 VCR(卡带录像)等方式实现了"技巧模式"甚至时移,但 IPTV 首次在业务层面实现了这些功能,从而大大降低了成本,提高了用户体验。

3. 位移业务(Place-shifting service)

位移业务是指用户可以在多个(不同的)设备上收看(使用)已购买的 IPTV 内容。比如,某用户购买了一部电影的 VOD 视频点播,通过位移业务,这个用户可以在电视、电脑、手机等使用 IP 网络的不同平台上,乃至在武汉、上海、北京等多个地点点播这部电影,突破传统电视的地域限制。

4. VOD 视频点播(Video on Demand)和准视频点播(Near VOD)

VOD 视频点播是一种单播(Unicast)业务,用户不再受节目表限制,而可以自由点播自己想观看的内容。便捷的代价是高带宽成本,因此也有通过"轮播"方式进行的,成本较低的准视频点播(NVOD)业务。所谓"轮播",即是同一内容的多个拷贝,间隔较短时间(一般是 10~20 分钟)进行广播。准视频点播业务就好比地铁班车,虽然相比出租车(VOD 视频点播)来说需要稍加等待,但速度(质量)差不多,成本却低得多。

五、IPTV 的电子节目指南(EPG)

在数字电视发展较早的欧美国家,EPG 是数字电视中点击率最高的业务和发展迅速的行业,并诞生类似美国 TV Guide 的专业制作公司。IPTV 所提供的各种业务的索引及导航都是通过 EPG 系统来完成的,IPTV EPG 实际成为 IPTV 的一个门户系统。EPG 系统的界面与 Web 页面类似,通常会提供各类菜单、按钮、链接等可供用户选择节目时直接点击的组件,并包含各类供用户浏览的动态或静态的多媒体内容。EPG 已成为数字电视的重要标志,是观众进入数字电视和 IPTV 的门户。

EPG 的主要作用就是用户利用 EPG 提供的菜单,可以选择自己喜欢的组播频道;点播自己喜欢的视频节目;在线演唱自己喜欢的歌曲;查找 IPTV 提供的各种信息,包括生活信息、娱乐信息、教育信息、体育信息等等;用户也可使用 EPG 提供的菜单来订购自己喜欢的节目;甚至可以通过 EPG 提供的菜单支付水费、电费、进行电子商务的交易等。用户还可以利用 EPG 菜单查看节目的附加信息,例如对节目内容的介绍、演员及导演的介绍等。同时通过 EPG 菜单中提供的家长控制功能,家长可以对某些节目加以限制,不给孩子开放所有的观看权限。

EPG 不仅为 IPTV 的基本业务、增值业务提供简单方便的操作平台,还为 IPTV 用户收看节目、享受信息服务提供良好的导航机制。用户通过 EPG 系统能够快捷地找到自己感兴趣的节目、通过电视机终端和 IP 机顶盒上网或与电视进行互动(评价内容或服务并被及时反馈给内容制作商)。

EPG 主要有以下功能。

①节目单功能。频道化电视以"频道—时间"方式提供一段时间内的所有电视节目信息,实现业务浏览功能,通过节目单的方式展示 IPTV 提供的各种业务。

②节目播放列表功能。点播节目从播放列表中选择要点播的节目,在节目列表中要包含节目的相关信息。

③节目附加信息功能,即给出节目的附加信息,如节目情节介绍等。

④节目分类功能,即按节目内容进行分类(故事片、新闻片、爱情片、恐怖片、卡通片等),支持用户对 VOD 节目分类浏览。

⑤节目预订功能,即在节目单上预约一段时间之后将要播放的节目,届时自动播放。

⑥家长分级控制功能,即提供家长可以设置节目观看权限的控制界面,对节目内容进行分级控制。

⑦业务搜索功能,即提供多种方式的业务搜索功能,如按主演、导演、片名字数、ID、首字母等多种业务进行搜索。

⑧业务导航功能,即提供业务排行、业务推荐、最新更新等导航功能。

其中,节目单功能与节目播放列表功能属于 EPG 的基本功能,其他的则属于可选功能。

第二节　国际 IPTV 的发展历程与运营模式

早在 2006 年 7 月,微软公司 CEO 史蒂夫·巴勒莫(Steve Ballmer)就指出:IPTV 是一种强大的发展驱动力,它不仅对我们来说发展潜力巨大,而且对于我们的合作伙伴同样如此。随着 IPTV 的发展,这种说法越来越受到运营商的认同,而实际上,在中国,早在 2005 年,在政策壁垒存在的情况下,电信就预见了 IPTV 的光明未来,投入了大量人力物力,而随着三网融合的推进以及相关政策的推出,IPTV 近年来取得突飞猛进的发展。

IPTV 的产生和发展是多方面因素综合作用的结果,不同的国家有不同的发展环境,但综合来讲,作为媒介融合的产物,IPTV 的产生和发展主要受制于政策、媒介、技术等环境变化的影响,其中技术是基础,政策是推动,媒介环境变化是根本,这在美国 IPTV 的发展过程中体现得尤为典型。

一、美国 IPTV 的发展环境

在美国,IPTV 的发展受政策、技术与产业环境因素的制约。[1] 其中,政府规制、产业重组、通信与传播技术的融合与进步,直接影响了 IPTV 的发展速度与规模。

(一) 政策环境:政府放松管制

20 世纪 90 年代,技术的发展使有线电视与电信互相进入了对方业务领域,在竞争中冲破了政策限制并走向融合。美国 1996 年颁布了《电信法》,该法令的颁布打破了美国电信业和有线电视业的进入限制,将所有的通讯市场推向竞争,使得电信行业和有线电视行业互相进入对方市场成为可能;与此同时,美国联邦通讯委员会(FCC,the Federal Communications Commission)也融合了电信与广电的监管,加剧了双方竞争的同时,也为双方拓展业务提供了政策支持。电信和有线电视运营商分别从自己的基本业务向对方业务领域扩展,旨在提供三重播放(Triple Play)的 IPTV 业务,即语音、数据和电视服务。

---

[1] 李小翠,唐俊.新媒体,在关注和热议中前行——2005 年新媒体研究综述[J].新闻记者,2006(3):22-24.

（二）产业环境：产业重组与融合

新的电信传播法案获得通过后，引发了一场电讯、电子、媒体和文化企业的跨国、跨行业交叉兼并和产业重组浪潮。在美西电话公司（US West）并购大型有线电视多系统经营者——大陆有线电视（Continental Cablevision）后，1999年、2000年美国电话电报公司（AT&T）先后并购有线电视公司C和Media One公司。2001年、2002年，有线电视巨头康姆卡斯特（Comcast）又先后完成对AT&T公司有线业务部分和AT&T宽带的反收购，合并后的新公司拥有用户2100万，一举成为美国最大的有线电视公司。[1]

大规模的跨行业的兼并和重组，大大提高了电信、广电以及互联网三网融合的效率，同时三网融合使三网的统一监管具备统一的技术标准，形成了传输方式和传输内容的标准化。

（三）技术环境：视频压缩、宽带接入技术的进步

政策的改革和产业环境的变化，对于技术提出了更高的要求。流媒体视频技术的成熟和视频编译技术的进步，使得内容提供商能够以较低的码流实现较高的画面质量；而宽带设备的更新、传输效率的提高也从硬件和软件各方面使得大规模传输成为可能。

二、国际IPTV发展状况

根据市场情报与咨询研究所（Marketing Intelligence & Consulting Institute）调查，2014年全球IPTV用户数达到9270万户，年底有望突破1亿大关。在中国带动下，亚太地区用户数快速增长，总用户数达到4560万，占全球市场份额的49.2%[2]。

实际上，IPTV历史并不长，全球IPTV尚处于起步阶段。1999年，英国金斯顿电信（Kingston Communications）推出全球第一个商用IPTV业务——KIT（金斯顿互动电视，Kingston Interactive Television）。这是一种

---

[1] 李小翠，唐俊. 新媒体，在关注和热议中前行——2005年新媒体研究综述[J]. 新闻记者，2006（3）：22-24.

[2] MIC. 预计2014年全球IPTV用户数达到9270万[EB/OL]. (2014-04-08)[2014-07-07]. http://www.199it.com/archives/208279.html.

基于 DSL/ADSL 网络的互动电视业务，提供部分直播电视频道和 VOD 业务。2006 年，英国电信推出的 BTVision 是第一个获得大规模应用的类似业务，用户可以通过宽带网络获得大量的点播电视资源，包括四十套免费电视节目以及一些付费节目。

意大利 FastWeb 公司是世界上第一家运营 IPTV 业务并获得利润的运营商。FastWeb 在开展业务两年后即实现了收支平衡，其在 IPTV 业务上的成功，改变了原来电信运营商所持有的观望态度。欧洲、亚太和北美地区的许多电信运营商相继进入 IPTV 市场。意大利 IPTV 业务的成功得益于其对 IPTV 产业链的综合把握，一方面提供综合服务，提供基于电脑、电视、电话的统一通信服务，另一方面拓展丰富的增值应用，包括话音、互动、游戏、足球赌博及应用。

2003 年 12 月，法国电信宣布了在直播电视（LiveTV）上与法国两大卫星电视运营商全面合作，正式进军 IPTV 业务，这项名为 Maligne TV 的项目支持由 TPS－L 提供的 80 个频道的节目，其视频点播服务不仅提供电影，还提供来自 TPS、TF1、Arte、法国电视台等的一系列电视节目，此外还与知名音乐公司华纳兄弟、MGM、派拉蒙、Touchstone（迪斯尼的法国分公司）等公司签约合作，自主创作节目内容，满足不同观众的需求，注重 IPTV 与数字电视的差异化发展，使两者形成了良性的互补。这一系列强有力的举措，极大增强了法国 IPTV 的竞争力，2006 年，其 IPTV 用户达到 160 万，2009 年，法国 IPTV 用户数量居西欧首位。

2005 年美国 Verizon 率先推出 IPTV 服务，并逐渐扩展到美国其他地方，从此，拉开了美国 IPTV 发展的序幕。2006 年，美国电线公司 AT&T 推出名为"U—Verse TV"的 IP 电视服务，与 Verizon 形成争霸格局。实际上，起初 IPTV 的发展因受到政策的束缚而举步维艰，在美国，开展视频业务的提供商曾一直需获得本地政府层面的视频许可证，但是本地特许机构在处理电信运营商的视频特许申请时，常出现拖延谈判时间、提出不合理建设需求及付款方式等问题，因此极大阻碍了 IPTV 的发展。直到 2007 年年初发布的"禁止特许机构不合理地拒绝竞争性视频特许的申请"的规定才改善了这种局面。在内容方面，通过不断地推出新的电视应用，增开新的高清电视频道，拓展节目内容，并改善传输通道，美国 IPTV 在竞争中迅速发展,2009年年底,美国IPTV用户数达到520万,增幅达到74%,而AT&T的U-Verse TV服务也已覆盖了全美22个州。

亚太地区开展IPTV业务时间整体较欧美晚,但是近年来大有后来者居上的态势。根据市场研究机构Pyramid Research 2013年3月发布的数据显示,在亚太地区,2012年年底IPTV总用户共有3820万,从区域上来看,成为全球最大的IPTV市场,这一数值在2009年约是940万户,三年翻了四倍。

在日本,Softbank和Yahoo合作推出了称为"BBcableTV"的IPTV业务,实现话音、数据和视频的捆绑服务,拥有大量个性化频道、直播、点播,并提供3D游戏等。2008年3月,日本电报电话公司(简写为NTT)的IPTV——HikariTV开播,致力于扩大高清频道的数量,以及扩充地面数字电视服务和移动服务,亦取得极大的成功。

韩国开展IPTV业务较晚,直到2007年年底,韩国电信公司KT才获准经营IP电视业务,2009年年初,SK宽带、LG Dacom正式提供IP电视业务。韩国效仿欧洲国家对通信业及广播电视行业的原有管制框架进行了重大调整,成立了新的管制机构——韩国广播通信委员会,并作为5个内阁直属的独立委员会而存在。IPTV业务一经推出之后,在韩国取得了飞速进展,不到一年时间达到150万用户,在2012年3月底,达到570万户,成为拥有仅次于中国、法国、美国的第四大IPTV用户的国家。

其他亚太国家,如新加坡、马来西亚也纷纷在2005年以后开始提供IPTV业务,随着服务质量、传输通道的日益完善,普及率日益提高。

第三节　中国 IPTV 的发展状况

2011年9月,国务院三网融合工作协调小组办公室召开会议,针对IPTV集成播控平台和传输系统对接问题,决定IPTV全部内容由广播播出机构IPTV集成播控平台集成后,经一个接口统一提供给电信企业的IPTV传输系统。2012年10月,国家广电总局发布《关于IPTV集成播控平台建设有关问题的通知》(广发[2012]43号),正式明确中国IPTV集成播控平台采取中央、省两级架构,全国IPTV集成播控平台体系统一规划、统一标准、统一组织。

研究分析国外IPTV发展历程,可以发现节目内容主要由电信运营商主导运营和管理,这主要源于以下几个因素:第一,电信运营商的IP网络优势。多数电信运营商已经实现电信网和互联网的融合,对于IP网络有着丰富的铺设、管理经验,往往也已经铺设了覆盖范围很大的IP网络,因此在IPTV发展上有着先天性的优势。第二,独立的内容提供商与付费电视市场。欧美国家电视媒体市场上独立内容提供商、成熟的付费电视市场的存在,使电信企业在IPTV业务开展中能够与有线电视公司展开公平的竞争。第三,电信企业发展IPTV的愿景。市场竞争激烈的电信业,比传统广播电视业显得更活跃,对于发展新媒体、新技术意愿更强,发展IPTV的积极性更高。

与西方国家不同,中国广播电视除了大众传媒的社会属性外,还要承担党和政府"喉舌"的政治任务。因此这就决定了以电信运营商为主体的IPTV运营模式在我国行不通;与此同时,由于中国广电网络普遍较为落后,难以满足IPTV数字化、IP化的需求,IPTV的发展也离不开有着丰富网络运营管理经验的电信运营商的支持,这两个因素极大地限制了IPTV在中国的发展。

一、我国 IPTV 的发展历程

中国IPTV的探索可以最早追溯至1999年的维纳斯计划,当年微软创新性地向中国广大消费者提供一种廉价的个人电脑替代品,即"维纳斯计划",使用嵌入式 Windows CE 操作系统简化版本(即维纳斯)的顶置盒或 VCD 机,试图利用中国庞大的电视机资源与互联网接轨,可以说这便是 IPTV 的早期版本,但计划以失败告终,而后出现的"女娲计划",也无疾而终。

1999 年,微软这次涉足广电经营业务的行为,促使国办发布了《关于进一步加强电信市场监管工作的意见》的 75 号文件,加强了对电信市场的管理,禁止两大行业相互渗透。2003 年 2 月,国家广电总局颁布实施《互联网等信息网络传播视听节目管理办法》才首次明确对视听节目的网络业务实行许可证管理方式,这次文件颁布的意义如同 1996 年美国颁布的《电信法》,打破了禁止电信行业和广电行业之间互相渗入的局面。在这种背景下,中国网通和中国电信创办了《天天在线》和《互联星空》两个标志性的宽频网站,开创了中国电信行业进军广电业务的先河,这即是以 PC 为终端的 IPTV 的雏形。伴随着政策的日渐宽松,截至 2004 年年底,国家广电总局共发放了 80 多张网上传播视听节目许可牌照。

2004 年 7 月,IPTV 的相关管理政策发生了重大的变化:国家广电总局发布的第 39 号令明确规定限制电信行业经营的"机顶盒+电视机"业务模式,而拥有广电行业背景的机构则不受该法令的限制,也即电信行业被限制只能经营以 PC 为终端的 IPTV 业务,而以电视为终端的 IPTV 业务完全被纳入了广电的管理体系。这一举措促成了广电运营机构的迅速发展,2005 年 3 月,上海文广集团下属的 BesTV 百视通公司是中国第一个获批的以 TV 为终端的具有"信息网络视听内容集成运营牌照"的公司,此后央视国际、南方广播影视传媒集团和中国国际广播电台先后获得 IPTV 经营牌照。

由于缺乏必需的经营牌照,电信运营商纷纷寻找其他的切口,寻找机会进入 IPTV 领域,这直接促成了它们选择与具有 IPTV 运营牌照的广电部门作为合作伙伴。

2005 年 9 月底,中国电信跟上海文广的 IPTV 试点范围已经发展到了 23 个城市,而中国网通跟上海文广的试点城市也扩至了 20 个左右,IPTV 的规模不断扩大。尽管国家广电总局对广电以外部门的牌照依然进行严格的限制,在这种环境影响下,固网运营商只能通过合作方式运营或测试建网等待时机,随着央视国际、南方广播影视传媒集团以及中国国际广播电台纷纷获得牌照投入市场,一批具有中国特色的哈尔滨模式、杭州模式、河南模式初具规模并在实践中不断成长壮大。

此后,IPTV用户数量稳定增长,市场认同度得到了很大的提高。截至2006年6月底,中国IPTV用户数已经突破35万,年底达到45.6万户,2007年我国IPTV用户数突破百万大关,发展到118.7万户,并继续保持高速增长的态势。

2009年4月,在国务院公布的《电子信息产业调整和振兴规划》中,明确支持IPTV(网络电视)、手机电视等新兴服务业发展,建立内容、终端、传输、运营企业相互促进、共赢发展的新体系。2009年5月19日,在国务院批准的由发改委提交的《关于2009年深化经济体制改革工作意见》中,首次对广电和电信的双向进入问题做了明确指示,要求"落实国家相关规定,实现广电和电信企业的双向进入,推动'三网融合'取得实质性进展"。

近年来愈加开放的政策环境,加速了中国IPTV业务的增长。2012年3月底,中国IPTV用户总量增至1627万,居世界首位。

2013年来,乐视盒子、小米盒子以及百视通小红盒子等各种机顶盒大量涌现,广电运营商也在广州各大小区进行高清机顶盒免费促销。这显示出,在三网融合趋势下,互联网电视产业已经成为众多公司觊觎的对象,而拥有带宽优势的电信运营商发力进入,将加剧产业竞争。

二、我国IPTV的几种主要运营模式

伴随着IPTV业务开展不断深入,中国IPTV市场涌现六种商业模式:起源于广电的杭州模式、我国第一个IPTV正式商用城市的哈尔滨模式、以河南省农村党员干部现代远程教育为契机的河南模式、作为广电和电信部门可以相互进入的唯一试点城市上海模式、云南模式以及香港电讯盈科模式。就目前的发展情况看,这五种模式和成熟的IPTV商业模式相比都还有一段距离,但各地开展的富有建设性和开创性的尝试则为未来IPTV商业模式的成熟与成功确立了方向,同时也积累了丰富的经验。

(一)上海模式——跨界合作,资源共享

上海模式的实质是上海电信、上海文广和各类系统提供商共同构建了良性的产业链,整合各方资源,减少运营阻力。① 上海 IPTV 由上海电信和上海文广联合运营,双方各司其职,优势互补,上海电信负责网络改造、平台建设、用户发展、客户服务,拥有网络建设、渠道发展、市场化经验;上海文广提供 IPTV 牌照,进行内容运营,拥有宣传导向、安全播出的相关经验。

上海模式实际上分为大宁模式、古北模式以及浦东模式,其中浦东模式中,不仅提供直播频道、电视回看、视频点播、电视游戏、电视杂志、信息服务等多样化的业务,还酝酿推出视频 IP 电话、在线游戏等一系列增值服务;在其项目商用化初期,实时播出的直播频道就多达 50 个,其中本地频道 7 个、个性化数字频道 18 个、CCTV 频道 14 个和卫星节目 10 个。最早开始 IPTV 业务的上海,取得了巨大的成功,2012 年底,上海地区 IPTV 用户数达到 170 万,领跑国内各城市。

上海模式的 IPTV 成功,有其地域的特殊性,其中一个重要的原因是拥有足够的内容。传统电视业务是 IPTV 的主营业务,内容多样性和丰富性是 IPTV 业务得以生存和实现差异化发展的基础,上海本土频道内容的丰富性以及央视频道的丰富资源,而这点是其他城市无法达到的,比如在广东,粤语内容特别是香港频道的缺乏,无法提供差异化服务,因此当地 IPTV 的接受度值得怀疑。

(二)哈尔滨模式——跨区域联合,优势互补

哈尔滨是国内第一个以电视为终端进行 IPTV 业务的商用城市,早在 2004 年,哈尔滨网通便开始了开展 IPTV 业务的准备工作,分别从网络改造、系统建设、业务运营、内容合作等方面进行了全面的准备。然而不久之后颁布的有关规定,电信部门被限制在 IPTV 牌照门外,为了取得经营的权利,哈尔滨网通积极与当时取得第一张 IPTV 运营牌照的上海文广集团合作。二者有明确的分工与合作,通过共享优质资源来实现优势互补:其中上海文广作为内容运营商负责运营牌照、内容集成运营平台、内容频道、机顶盒设备等工作,同时负责协调和驻地广电、工商、公安等职能部门的关系;哈尔滨网通负责网络的建设和维护、收费渠道、用户的管理等;双方共同开发新业务,共同进行市场营销和拓展。

---

① 赵斌伟.IPTV:商业模式及竞争分析[J].广播电视信息,2008(5).

内容运营方面，IPTV在哈尔滨推广追求的是"差异化服务"，重点宣传与传统数字电视有区别的功能和服务，如视频点播以及时移等功能，成功争取了部分用户，随着服务形式多样化和经营理念的不断推广，用户群不断增加，收益、影响都获得极大的丰收。

哈尔滨模式是上海文广"广电机构＋当地固网运营商"模式对外推广的成功案例。而双方能够跨越地域的阻碍有效协作起来，一方面对于哈尔滨网通来说，面临着移动业务替代性越来越强的挑战，不得不开拓新的业务；另一方面，对于上海文广集团而言，要高效地使用牌照资源，全国范围内推广IPTV业务，需要因地制宜，而选择当地固网运营商，是快速打入当地市场最直接的方法。

（三）杭州模式——双模发展，"整体平移"

与上海模式、哈尔滨模式相似，杭州模式最大的特点是杭州广电与杭州网通的紧密协作，但是这种合作相较于前两者而言，更加深层、密切——杭州广电和杭州网通成立浙江华数传媒公司。由于具备了广电和电信的双重背景，华数传媒能够共享双方庞大资源，兼顾双方的利益，同时可以开展电信及广电业务。因此，从某种程度而言，杭州模式是真正意义上的"三网融合"。

杭州模式另一个值得借鉴的方案是，循序渐进，整体平移。目前杭州IPTV用户使用的是双模机顶盒，同时连接有线电视网和互联网，用户可以自主选择，这样的做法可以循序渐进地从数字电视过渡到IPTV，避免用户两难抉择或直接过渡到IPTV的不适应。

杭州华数采用多样化、差异化的内容运营策略，借鉴上海的成功模式，广泛整合版权资源，一些频道采用外包的方式，丰富节目内容，并提供游戏、电视缴费等各种增值服务。

"杭州模式的核心是，本地广电网络运营商与本地电信运营商的深层合作，没有政策障碍，以有线电视数字化的名义，由广电运营商主导的IPTV发展模式"[1]，但是这种资本层面上的合作，在全国范围内复制的可行性不大。

---

[1] 李旭.探索IPTV成功之路[J].信息网络,2009(3).

(四)河南模式——"农村包围城市"的党建特色

河南并没有相关企业获得 IPTV 牌照,也没有与四大 IPTV 运营商进行合作,这注定了河南 IPTV 业务的进行和发展只能采取一条独特的道路。河南网通与一家设备提供商威科姆合作,在当地组织部门的关怀下,以农村信息化为切入点,以农村党员教育的名义面向农村市场发展用户。应该说,河南模式把握了农村市场的特点——有线电视覆盖不到位,获取信息渠道少,利用 IPTV 的低成本特点,可以以较低的价格快速入户,满足农民群众娱乐和生产咨询等多方面的需求。其中,威科姆不仅仅是设备提供商,同时还兼任了内容集成运营的工作。

河南模式的核心是:以行业应用带动运营商 IPTV 业务的发展,解决 IPTV 发展过程中存在的政策问题、节目版权问题,充分利用国家各行业管理部门的资源,为国民经济信息化提供宽带流媒体服务。同时,河南模式不只看到城市群体,也不单以追求高 ARPU[①] 为目标,而是要大力发掘农村用户需求,实现规模经济效益和显著社会效益。

在我国,以电视机为接收终端的 IPTV 业务起源于农村。而在河南省巩义市涉村镇北坡村进行的试点成为我国 IPTV 业务起步的标志,这一试点成功拉开了 IPTV 新媒介向我国农村渗透的序幕。此后,借助行政力量,依托"农村信息化项目""全国农村党员干部远程教育系统"等项目的实施,IPTV 大步进入全国大部分地区的基层农村,河南模式就是在这种背景下诞生的。

1. 农村信息化

农村信息化是整个国民经济和社会信息化的重要方面,一般来说,农村信息化是指在农村地区,围绕农民生产生活的各个方面广泛应用信息技术,深度开发利用涉农信息资源,加快农村经济发展和社会进步的过程,推进农村信息化包括农村信息基础设施建设、信息技术在农业和农村经济与各项社会事业发展中的应用、涉农信息资源开发利用和农村信息化人才培养等诸多方面。

2002 年,"郑州市农村信息化工程"正式宣布进行,2003 年年初在登

---

① ARPU 就是每户平均收入(Average Revenue Per User),注重运营商从每个用户所取得的利润。

封、荥阳、新密、巩义等多地区同时进行,2004年年底建成500个示范点;2005年9月用户量突破1万,2007年年底,郑州市农村信息化用户达到6万,部分村入户率达到95%,真正实现了"户户通",带动河南省周边地区30余万户,辐射全国60多万户。为了配合农村信息化宣传,作为信息服务平台的"郑州农业科技信息港"网站,发挥了极大的作用,从刚开通时的"网站容量400G,为农民提供666小时的农业科技、政策法规、市场信息、农业气象、大众科学、中小学教育、文化娱乐、专家问答等信息服务",经过多次改版,发展成为"汇集各种渠道,增加信息量,实现资源的共建共享。该平台资源信息量达27T;制作本土化节目,推广先进技术成果,拍摄制作多部专题片;建立网上科普书屋;网站再次扩容到3300G、5000小时",宣传力度之大可见一斑。

河南通过普遍地采用信息技术和电子信息设备,为IPTV在农村的推广奠定了物质基础,也引起了全国范围内的极大关注。

2. 全国农村党员干部现代远程教育系统

如何管理和培训农村基层干部的工作一直处于探索的阶段,远程教育是对农村党员干部和农村群众实施教育培训的创新举措,经过多次论证和探索,远程教育的载体被赋予到IPTV上,原因是IPTV具有"信息视频化、设备简易化、节目内容地方化"[1]等特点,可以因地制宜"让干部受教育、使农民得实惠"。

2003年4月开始,在山东、安徽开展以卫星网络传输模式为主的先期试点工作。2005—2006年两年间,大范围拓展试点工作,以河南为主的IPTV模式就是在这一时期发展起来。2007年2月,在总结试点经验的基础上决定在全国农村普遍开展这项工作。党的十七大把"在全国农村普遍开展党员干部现代远程教育"写入大会报告。同年7月4日,中共中央办公厅印发《关于在全国农村开展党员干部现代远程教育工作的意见》。这一举措,为IPTV在农村发展提供了固定而坚实的受众基础和政策支持。[2]

此后IPTV在农村迅速发展起来,2008年年底,河南完成党建用户近5

---

[1] 米川.IPTV应用农村党员干部现代远程教育系统研究[J].卫星与网络,2010(3).
[2] 米川.IPTV应用农村党员干部现代远程教育系统研究[J].卫星与网络,2010(3).

万,名列全国前茅,河南成为农村IPTV建设的典范。

3. 政治资本的支持

"农村信息化"和"全国农村党员干部现代远程教育"是IPTV在我国农村地区应用发展的两个重要支点,而这两个支点都因为采用了"政府买单"的社会供应模式才迅速发展起来。

与上海模式、哈尔滨模式截然不同,农村IPTV的发展最重要的特征是以政府力量为主导。与前两者相比,农村IPTV发展目的并非是开拓市场、获得利润,而是将IPTV作为一个向农民、基层干部传达信息,进行培训和管理,提高农村信息化,带动农村现代化的载体。这就注定了从农村突围的河南只能走以政府政治力量为主导的"公益公费"发展之路。

河南模式,依托中国网通集团有限公司的互联网络资源,采用机顶盒技术,在1万个行政村建设终端站点。每个行政村终端接收站点的建设费用为2950元,省、市财政各补贴500元,剩余经费由试点村所在的县市区财政负责解决;终端建成后的年上网费用每个站点100元,由省委组织部从省管党费中支出,不增加农民的负担。这种通过政治力量支持的方式,极大地拓宽了农村IPTV市场,这也是河南模式成功的关键。

(五) IPTV的云南模式:央视与地方台的合作

2009年10月18日,由云南电视台与央视国际合资组建的"云南爱上网络IPTV公司"正式挂牌成立,与云南电信联合开展IPTV业务。这是国内首家IPTV牌照商、地方广电和电信联合运营的合作模式,为解决当前IPTV和地方广电间因IPTV而引发的政策和利益矛盾,提供了极具参考价值的借鉴。这将有助于IPTV的政策突破与促进IPTV在各地的发展,也为地方电信开展IPTV引入新的内容商提供了参考。

IPTV牌照商、地方广电和电信联合运营,较好地解决IPTV的内容来源及监管问题。云南的IPTV不仅引入央视的内容,还有云南省公司7个频道直播,还将引入云南各地市的直播节目。爱上网络IPTV一期规划将提供约1万小时点播节目,其中央视6000小时,云南电视台4000小时,完全可以满足本地用户的需要。

(六) 香港PCCW模式

论及从事电视业务且负责任的电信公司,不得不提及中国香港。2000

年8月,盈科数码动力与香港电讯合并为电讯盈科(PCCW)。2003年9月,PCCW以"now"为名开通宽频电视业务(即IPTV),其并未使用专用网而是共享PCCW的宽带网络用以传输。当时,人们对此不以为然,因为1996年和2000年该公司先后两次投资试验均以失败告终。但是,PCCW的新业务(现在称为宽频电视)已被证明是成功的。now宽频电视使用逐台收费模式,除免费频道外,其他频道均逐台或者套餐收费。now宽频电视由于其以频道数目计算费用,加上免费安装及无需基本月费,开播两个月便已拥有十多万客户。虽然初期所播放的电视频道数量较少(23个),且以英文为主,但其在2003年12月后陆续加入新频道,其中中文节目内容亦渐增加。据香港电讯管理局2008年的统计,香港IPTV住宅用户已达110万,普及率为48%,居全球首位。其中,PCCW的now宽频电视功不可没。

拥有数十年电讯专营权的香港PCCW(电讯盈科)成为全球最成功的IPTV运营商。2005年,PCCW成为全世界第一个扭转有线用户数量下降局面的负责任的运营商。据广电总局发展研究中心数据统计,截至2010年6月,PCCW用户规模已达到102.8万户。

香港PCCW取得成功的主要原因有五点:第一,贴合目标客户群的使用习惯。2006年IPTV峰会指出,PCCW"特别注意运营区域内宽带用户的应用基础,以及他们使用宽带和应用视频的习惯",使其now宽频电视业务贴合目标客户群。第二,内容丰富。now宽频电视业务拥有非常丰富的节目源。香港模式表明,核心内容掌控权决定IPTV业务模式。第三,三网融合充分。PCCW本身是电信网运营商出身,自1997年即运营广播电视网,其now宽频电视问世之初便是和其"网上行"宽带业务捆绑推出。PCCW丰富的三网运营经验及其资源整合,使得PCCW发展IPTV各项业务游刃有余。另外,由于PCCW的IP网络覆盖范围大,因此基于IP网络发展的IPTV业务无须重新铺设网络而直接继承了PCCW庞大的覆盖范围。这是CATV(有线电视)难以比拟的。第四,香港宽松的管制环境。香港的电信业、广播电视业可以相互涉足对方领域,对于IPTV也仅仅只是作为收费电视业务进行监管,并无设置任何障碍。第五,节目来源与增值业务的多样化。PCCW注重节目源的多样性,与多家内容提供商签约,

now 宽频电视中不少频道是香港首播。

虽然 PCCW 一度取得辉煌成就和极高的市场占有率,但其目前亦面临其他竞争对手的挑战。由于 PCCW 近年网络建设落后,网络带宽不如其他运营商,影响了捆绑宽带业务的 now 宽频电视业务;且 now 宽频电视使用其宽带网络进行传输,收看电视时会大幅挤占本来就不大的带宽,不少香港市民为此更换到香港宽频、和记黄埔等其他运营商的 IPTV 业务。比之 PCCW,其他运营商除了网络速度快外,且在内容上也并无明显劣势:虽然 now 宽频电视频道的总数量遥遥领先,但 PCCW 的频道,其他网络供应商都(至少有一家)有。在三网融合时代,特别是对于 IPTV 这种典型的三网融合业务,三网的服务品质会互相牵制,从而也对总体用户体验造成影响。宽带网络和内容同是 IPTV 运营的基础,二者都至关重要。

第四节 我国 IPTV 面临的问题与发展趋势

截至 2014 年 1 月,中国大陆 IPTV 用户近 3000 万,全国 IPTV 用户数前三的省份均集中在东部地区,分别是江苏、广东和浙江,共占全国用户总数的 43.7%。[①] 我国的 IPTV 市场潜力巨大,随着政策的逐渐明朗,发展势头强劲,但从整体而言,我国的 IPTV 尚处起步阶段,管理、市场环境等仍存在一些问题。

一、现阶段我国 IPTV 发展所面临的问题

(一)不同利益主体协作尚不完善

我国 IPTV 发展形成"广电主导、分工负责、优势互补"的基本模式,电信部门作为 IP 传输机构参与其中,因此 IPTV 的运营通常涉及中央广电机构、地方广电机构、电信运营商三个主体。广电部门与电信部门的合作,能够各取所长,优劣互补,前者负责集成播控平台的建设和管理,后者负责传

[①] 中华人民共和国工业和信息化部.2014 年 1 月份通信业经济运行情况[EB/OL].(2014-03-03)[2014-07-07]. http://www.miit.gov.cn/n11293472/n11293832/n11294132/n12858447/15907323.html.

输渠道的管理,但这些主体之间由于占有的资源、理念认识等多方面存在差异,要完全理顺相互之间的关系,充分发挥各自优势、满足各自的利益诉求还需要不断努力。此外,对于广电部门以及电信部门而言,IPTV 并非它们的主要创收业务,对于利益预见的不明朗,双方对于人力物力资源投入都有所保留,不能最大限度地实现资源优化配置。此外,广电行业和电信行业在体制机制、经营理念、运营方式等方面均差异较大,导致双方的合作不够顺畅;在广电内部,中央与地方广电机构之间,由于出发点不同,总平台和分平台之间还没有完全保持一致。①

这种多方协作带来的效率低下、安于现状的问题已愈加明显,对此可以借鉴杭州发展模式,杭州广电和杭州网通成立浙江华数传媒公司,具备了广电和电信的双重背景,这使得华数传媒能够共享双方庞大资源,兼顾双方的利益,同时可以开展电信及广电业务。

(二)业务形态单一,增值业务发展有限

现阶段,IPTV 提供的业务主要有两类:一是直播、点播、时移、回放等基本视听类业务;二是在线教育、电子商务、金融资讯、电视购物等增值类业务。② 前者收取基本服务费用,后者通过用户订购收取部分费用。

基本视听业务是 IPTV 主营业务内容,也是凸显差异化服务的主要业务,但是就目前的发展状况而言,IPTV 视听业务主要内容来源通常来自电视台的简单集合和分类,并没有真正为凸显 IPTV 的互动性、专业化、个性化而定制的节目,内容与传统数字电视高度雷同;另一方面,从收入构成来看,基本服务费占绝大部分,增值业务收入所占的比例极低,而 IPTV 总平台还没有开始提供增值业务,这表明 IPTV 并未形成完整的产业链,难以集中体现 IPTV 在互动性和个性化两个方面的优势,不利于提高用户黏性,难以维持长远的发展。

(三)免费互联网电视(OTT TV)的冲击

国家广电总局于 2009 年 8 月 14 日正式下发《关于加强以电视机为接收终端的互联网视听节目服务管理有关问题的通知》,通知要求厂商如果通过互联网连接电视机或机顶盒等电子产品,向电视机终端用户提供视听

---

① 庞井君.中国视听新媒体发展报告(2013)[M].北京:社会科学文献出版社,2013:51.
② 庞井君.中国视听新媒体发展报告(2013)[M].北京:社会科学文献出版社,2013:51.

节目服务,应当按照《互联网视听节目服务管理规定》和《互联网等信息网络传播视听节目管理办法》的有关规定,取得"以电视机为接收终端的视听节目集成运营服务"的"信息网络传播视听节目许可证"。这实际上是对于发展互联网电视业务的厂商实行牌照的市场准入制度。

与 IPTV 相比,OTT TV 最大的优势在于互联网,擅长产品创新,重视用户体验,并深谙社交媒体营销之道,而且目前 OTT TV 业务基本都是免费的,这使得 IPTV 所具备的个性化点播、双向互动的优势也不足为道。面对日益竞争的市场,如何发掘新的优势、实行差异化服务是在竞争中胜出的关键。

二、IPTV 的发展趋势

2005 年被称为"IPTV 元年",经过这几年的发展,"广电主导、分工负责、优势互补"的 IP 电视经营模式基本成熟。2013 年 8 月 1 日,国务院发布了《"宽带中国"战略及实施方案》,全面推进三网融合,促进信息消费,这必将为我国 IPTV 发展带来新的机遇。

(一)政策支持助力 IPTV 发展

多年来,政策的不明确以及体制层面存在的问题,一直是制约 IP 电视发展的重要因素。2010 年 1 月 13 日,国务院发布了《推进三网融合总体方案》,明确规定了电信部门可经营 IP 电视传输业务,广电部门负责 IP 电视集成播控平台建设。这为广电与电信行业共同经营 IP 电视业务提供了重要的政策依据。在广电系统内部,中央与地方两级集成播控平台构架的形成,不仅使节目源和客户端的管理变得更加有效,也将缓解跨区域运营的矛盾。

随着技术的不断发展以及政策的支持,IPTV 的服务质量将进一步提高。一方面,技术的改进简化 IPTV 入户、使用的流程,用户体验得到改进和提高,增强与传统数字电视相比的竞争力;另一方面,技术的进步,改善了内容传输渠道,网络环境不断优化,IP 电视节目信号更趋稳定,画面清晰度和速度都会有很大的提升。[①] 2012 年,江苏广播电视台对 IPTV 分平台

---

① 庞井君.中国视听新媒体发展报告(2011)[M].北京:社会科学文献出版社,2011:113.

进行了升级扩容,增强播出信号保障;自主研发了高标清 EPG 切换技术以及高清 EPG 的快速滑动、透明播控等技术,自主研发了基于 EPG 的广告管理功能,掌握了定向广告推送、视频挂角广告、暂停广告、开机广告等广告发布技术,极大改善了用户体验以及产品的竞争力。山西分平台已完成功能性测试工作,具备内容引入、内容管理、产品管理、EPG 管理、增值业务管理、统计分析等功能,增强产品差异性的同时,极大提升了服务质量。

2013 年 8 月 1 日,国务院发布了《"宽带中国"战略及实施方案》,目标是到 2015 年,初步建成适应经济社会发展需要的下一代国家信息基础设施。农村宽带进乡入村,固定宽带家庭普及率达到 50%,行政村通宽带(有线或无线接入方式,下同)比例达到 95%。"宽带中国"战略的实施和推进,有效解决了运营商对 IPTV 传输渠道的投资和建设。

(二) IPTV 业务形态不断丰富

IPTV 内容以及增值业务是它的核心竞争力,随着集成播控平台的不断完善,平台提供内容的能力将越来越大。截至 2012 年年底,江苏 IPTV 分平台,生产制作 IPTV 节目累计超过 7 万小时,在线节目 4.46 万小时(其中高清节目 5018 小时),在线专辑约 1203 个,涵盖 16 个板块的点播节目内容;云南 IPTV 分平台直播频道数增加到 121 路(含高清频道 6 路),节目总时长超过 3 万小时。2012 年,山西 IPTV 分平台具备支持 130 路标清直播频道、1 小时时移、72 小时回看、6000 小时标清节目点播的能力。2012 年,湖北 IPTV 分平台完成 EPG 管理、用户管理、计费管理等系统建设,内容储备上也有较大增长;四川 IPTV 分平台已有近 90 个直播频道,点播平台输出内容超过 10 万小时,其中还有近 2 万小时的四川本地特色内容,每周更新内容超过 600 小时;河北 IPTV 分平台提供 100 套直播电视频道和 1 万小时的热门影视剧、综艺、体育等点播节目,还提供 3 天、60 余套电视节目回看功能;山东 IPTV 分平台的直播频道达到 110 路,影视剧点播节目超过 2 万小时。[①]

从内容来看,IPTV 除了提供基础的直播、点播、回放、时移外,还应增加报刊、生活服务等业务与应用;经过处理的电视台未经播出的节目、播客

---

① 庞井君.中国视听新媒体发展报告(2013)[M].北京:社会科学文献出版社,2013:49.

内容、付费频道等,与传统电视构成差异化竞争;增加高清与3D内容,为用户提供更好的视听体验。

在业务形态上,突破单一浏览、收看模式,凸显交互性、差异化与个性化,逐步开展体感游戏、在线教育、远程通信、远程医疗与旅游咨询等数据业务和增值业务。

(三) 与 OTT TV 通力合作

OTT TV 与 IPTV 在业务形态、传输渠道方面都极为相似,但是 OTT TV 较之 IPTV 有更为出色的双向互动能力,能够提供更好的用户体验。目前的 OTT 业务难以产生用户付费,以前固有已久的免费播放的数字电视以及互联网视频深入人心,用户消费习惯难以改变,这是 OTT TV 长远发展的阻力。

IPTV 虽近年来发展势头强劲,用户数量突破 2000 万,但随着智能电视的不断演进及互联网公司的强势涌入,IPTV 发展也面临诸多挑战:过去 IPTV 常与宽带捆绑、组合销售,但宽带市场竞争激烈,价格容易左右消费者选择,这种捆绑销售的方式使中国电信在宽带市场缺乏价格吸引力;除此之外,在海量的互联网内容面前,IPTV 打造的内容库愈发捉襟见肘。

两者都有不可取代的优劣势,因此 OTT TV 与 IPTV 通力合作是一个共赢的举措。一方面,OTT TV 难以让用户付费,而 IPTV 则拥有天然的用户付费渠道,并已经积累了一批付费用户;此外,缺乏直播功能也是 OTT 短板之一,而这点则是 IPTV 基本功能之一。另一方面,对于 IPTV 而言,政策相对日益宽松,自主空间越来越大,而对于新兴的 OTT TV,监管力度在可以预见的时间内都会比较大,因此两者的合作对于 OTT TV 发展有着极大的促进作用。

而对于 IPTV 而言,两者合作可以极大丰富其节目内容资源,同时可以改善其传输渠道,提高用户体验,增强用户黏性。因此,OTT TV 与 IPTV 合作是未来形势所趋,也是实现共赢的途径。

(四) IPTV 的产业价值链不断完善

伴随广电体制的变革,尤其是 2009 年"制播分离"的实施,IPTV 的发展将迎来难得的机遇。分离后的播出主体——电视台,将改变原有的自制自播模式,建立面向多主体、多渠道的择优播出机制,这将丰富 IPTV 的节目来源。IPTV产业链是一条固网与广电交叉在一起的产业链，涉及的角色主体包括系统设备提供商、内容提供商、集成播控平台运营商、电信运营商、终端设备制造商和最终用户。对于目前中国通信网、计算机网和广播电视网"三网分创"的现状，IPTV是一个极佳的切入点，有利于促进不同网络的业务融合，进而推动信息产业的整体发展。

第四章　手机电视：通信与电视的融合

2003年以来，全球主要移动运营商相继推出手机电视业务。日本是最早提出手机电视概念并付诸实践的国家，随后是韩国。从2003年开始，日本两大移动运营商NTT DoCoMo和KDDI分别推出了手机电视服务；2003年，美国第三大移动运营商Sprint PCS公司推出手机电视业务；在欧洲，2004年11月，法国电信运营商Orange Group开始3G移动电视业务运营；2005年5月，韩国第一大电信运营商SKT推出了TU Media手机电视服务；2006年世界杯期间，多家公司都推出了手机电视的试播服务。

中国手机电视业务的开展基本与国外同步，目前已形成中国广电、中国移动、中国联通三足鼎立的发展态势。

根据中国的有关规定，从事网络电视、手机电视等信息手机传播视听节目业务，应取得国家广播电影电视总局的批准。2005年5月，上海文广新闻传媒集团（SMG）获得国内第一张手机电视、网络电视和IPTV全业务运营牌照，此次合作被看做是中国移动突破政策限制的重要一步。中央电视台、中国国际广播电台、南方广播电视传媒集团、云南电视台也相继获得手机电视运营牌照。

中国广电系统方面，上海广播电视台是最早正式启动手机电视业务的运营机构。2004年6月，上海广播电视台成立东方龙新媒体有限公司，负责手机电视的内容集成、增值业务运营等工作。2005年9月28日，上海文广新闻传媒集团与中国移动联合开通国内第一个面向全国用户的手机电视平台"梦视界"，标志着中国手机电视业务从"测试级"升级到"运营级"。2005年6月，广东省南方广播电视传媒集团在广东省内试验手机电视。2006年5月17日，广东省数字多媒体"天声"手机电视正式开播。2006年12月11日，中央电视台联手中国移动、中国联通签约并启动CCTV手机电视业务。中央人民广播电台、中国国际广播电台的手机电视业务也于

2007 年相继启动。

中国广电系统外的媒体机构从 2005 年开始介入手机电视业务。2005 年新华社推出手机视频新闻传播平台"新华视讯";2009 年 9 月 1 日,新华社手机电视正式上线;2008 年 6 月 1 日,北京中投视讯文化传媒有限公司旗下的"视讯中国"手机电视业务上线;2009 年 6 月,人民网推出"人民视讯"手机电视服务。

中国移动通信运营商方面,中国移动和中国联通于 2004 年先后推出手机电视业务。3 月,中国移动在广州向全球通 GPRS 用户提供手机电视业务;4 月,中国联通推出"视讯新干线"手机电视业务新品牌;5 月,中国移动正式推出"银色干线"数据业务品牌。

手机电视自制内容方面,2005 年,上海东方龙公司推出国内首部手机短剧《新年星事》和首部用高清摄像机拍摄的手机互动情景剧《白骨精外传》。同年,北京乐视传媒集团也推出了首部用胶片拍摄的手机电视连续剧《约定》。

2008 年北京奥运会是奥运史上第一次通过网络、手机等新媒体方式转播的奥运会。国际奥委会首次将互联网、手机等新媒体作为独立转播机构,与传统媒体一起列入北京奥运会的转播体系。国际奥委会在全球 77 个国家和地区推出了网上视频,手机电视首次用于奥运会直播报道。北京奥运会被称为历史上"首届 Web 2.0 版的奥运会"。手机传播和媒介融合趋势日益受到国际通信业及传媒业的高度关注。

第一节　手机电视的界定及传播特征

人类的信息化发展经历了三个阶段:一是解决各种信息的处理与存储的问题,即电子化或 E(Electronic)化阶段;二是解决信息的充分共享问题,即互联网化或 I(Internet)化阶段;三是实现信息的个性化获取、发布和使用,即移动化或 M(Mobile)化阶段。从时效性、覆盖率、互动性、准确性与丰富性等五个维度来看,手机具有许多传统媒体难以企及的影响力。从移动电话的发展史来看,它已经从一个笨重而难以使用的系统成长为人们日常生活不可缺少的携带工具,其功能也突破了单纯语音通话,成为集文本信息、网络接入、拍摄和传送影像以及定位服务于一体的通信系统。手机逐渐演变为大众化的个人通讯与娱乐的媒体。

一、手机电视：移动通信与媒体融合的主要形式

国际电信联盟提出，人类通信的发展目标是让任何人在任何时候、任何地方都能实现信息通信，其实质就是实现信息通信的无缝覆盖。无缝覆盖的一个重要特点就是多介质、跨媒体的连接，使信息能够通过平面媒体、电子媒体、网络媒体以及手机等进行传输，这就需要广电网络与移动通信网络的融合，融合的焦点就是手机电视业务。

手机电视是媒介融合下手机媒体化发展的具体表现，是移动通信与媒介融合的主要形式，在我国三网融合的大背景下，手机电视的出现具有里程碑式的意义。

手机电视利用手机通信终端为用户提供视频资讯的服务方式，是移动通信和电视技术相互融合的新产物。与传统的电视媒介相比，手机方便携带、高效，手机电视业务的开通使用户可以自由搜索、选择、点播及下载收看自己喜爱的节目，增强了与用户的互动性，满足了用户的个性化需求。

二、手机电视的界定

"手机媒体"是以手机终端作为载体，传播文字、音频、视频、数据等多媒体内容的信息表现形式的统称，包括手机报、手机音视频广播和手机小说等。其中"手机音视频广播"又可分为手机音频广播、手机视频和电影、手机电视三种。

（一）概念辨析

有关手机电视的概念，根据不同的角度和不同的侧重点，存在着不同的界定。

1. 手机电视作为媒介

手机电视被视为一种新媒介，指手机音频和视频通过的介质。如在匡文波所著《手机媒体概论》中就如此定义："手机电视开辟了一种全新的、不受时间、空间限制的信息传播渠道，使观众能够通过手机，以最快的速度观看最新的动态信息。"

很明显,手机电视首先是一种承载音、视频或者电视节目的中间介质,它改变了原来只能通过电视或者电脑终端收看电视或视频的方式,它的出现,使电视节目或音、视频信息可以随时随地被点播收看,改变了传统媒体电视滞留性差的缺点,不仅改变了人们对于电视的收看模式,也使手机电视更为私人化,让人们的生活黏性更高,有效地提高了节目的利用率,从而扩大了节目的影响力。

其次,手机电视还是节目与受众之间互动的介质,手机电视作为一种媒介,它不仅能传播音视频,还能提供节目点播、手机互动广告、手机购物、手机节目竞猜等互动内容,而这些又拓展了手机电视作为一种媒介或者传播平台的传输功能。

2. 手机电视作为移动数据业务

手机电视也可以是一种移动数据业务,它特指由电信运营商开展的通过手机传输视音频、多媒体内容的商业活动。如所谓手机电视业务,"就是利用具有操作系统和视频功能的手机观看电视的业务"。

伴随着3G网络技术和手机终端技术的不断进步,各种手机应用不断被开发出来,并受到用户的接受和追捧,作为移动数据业务之一的手机电视的商业价值也日渐凸显出来,手机电视业务不仅能整合原有的手机视音频流的基本服务,拓展传统电视节目的收看载体,更重要的是,手机电视业务由于其便捷性、互动性的优势,正吸引着庞大的用户群体,并且可以衍生出系列相关业务,如视频博客、视频短信、视频提醒、PTT(PUSH TO TALK)、可视电话、视频新闻提示、视频点播、视频监视、视频会议、立即视频消息应用以及移动网络游戏等,这就意味着它还将是一个巨大的、未完全开发的潜力市场。这条由移动运营商、广播网络运营商、电视内容服务商以及手机设备和终端厂商多方合作运营的一个新的产业链条,在未来还将不断得到开发和拓展。

3. 手机电视作为媒介内容

手机电视可以是作为一种媒介内容的存在,即指手机上传输的视音频多媒体或电视节目。中国手机电视用户的发展来源于手机用户对视频业务的需求,在众多手机增值业务中,相较于无线上网、声讯、彩铃、短信、游戏和支付等业务,手机电视吸引用户的是各类音视频流内容。据2014年1

月由中国互联网络信息中心(CNNIC)公布的第33次中国互联网络发展状况统计报告中显示,手机网民的网络应用中对手机网络视频的应用占到总应用的49.3%,比2012年12月公布的数据32%上升了17个百分点,这足以说明手机电视作为新的媒介内容和手机应用都受到了市场的认可。

手机媒体和传统媒体的融合最初都是源于媒介内容的"植入",比如手机报、手机小说、手机广告等,这些在手机上展示的各种媒介内容共同构成了"手机个人移动多媒体"的独特景观。随着手机电视业务被用户不断接受并应用,手机电视的内容也从最初的"植入"发展成为"量身定做",从原来的传统节目的压缩或剪辑到手机节目制作公司制作的适应小屏幕观看的手机电视节目,这一变化适应了手机媒介发展的趋势,从而也丰富了手机电视的个性化内容,直接扩大了手机电视的传播影响力。

目前,手机电视的节目类型如新闻、体育赛事、娱乐、访谈、动漫、手机短剧等也可谓百花齐放,但节目形态和制作方式却都与传统电视节目有着巨大的不同,而这也正是手机电视持续吸引用户、赢得观众的制胜法宝。

4. 手机电视作为一种传播方式

相较传统电视、网络电视而言,手机电视的便捷性、私人化、移动化特征正改变着人们获得并欣赏视音频媒体内容的接收方式,其便携性和随时随地观看的特点又完全改变了人们收看节目的环境和时间。不仅如此,利用移动网络手机电视还可以方便地实现节目与观众的交互功能,更适合于多媒体增值业务的开展,因此,手机电视兼容了电视媒体的直观性、广播媒体的便携性、报纸媒体的滞留性和网络媒体的交互性,因此极大地拓展了人类传播方式,为观众创造了全新的、立体化的视听体验。

(二) 概念界定

通过以上的分析,结合目前手机电视技术的发展和商业应用的情况,本教材倾向于将手机电视定义为一种全新的信息传播方式。

当前,通信产业正朝着移动化、宽带化、IT化、多媒体化发展,数据、视频等新应用蓬勃兴起,智能终端的突破使得新业务发展的前景更为广阔,移动互联网已经成为通信业新的增长点,成为扩大通信需求、满足消费者多样化需要的重要领域。手机电视作为宽带移动互联网的最典型应用,国内的广播电视台、电信运营商、互联网视频提供商纷纷抢滩登陆,期望在手机电视领域占得先机。可以预见,在未来的竞合当中,无论是在技术层面还是在内容层面,手机电视业务都将迎来一个大规模的爆发。

在此背景下,手机电视已经不仅仅是利用具有操作系统和流媒体视频功能的智能手机观看电视的业务或者电视内容的媒介,它更多的是作为传统电视的一个非常重要的补充,逐步改变人们对电视媒介的看法和使用方式。

据此,手机电视可以这样定义:手机电视是指以手机为视听终端、以移动网络为平台来传输视频内容的全新的信息传播方式。其传播主体可以是电信运营商、视频内容服务商,也可以是广电机构;移动的传输网络包括广播电视网络和移动通信网络,传输的信息和内容可以是广播电视节目,也可以是各类视频内容和交互信息,还包含用户原创的音视频。

三、手机电视的模式

手机电视作为移动电视的一种特殊形式,仅从其节目内容的传输过程来看,从节目发送端到手机终端主要包括两个过程:一是电视节目内容的下行传输,即电视节目内容通过下行传输网络到达手机,用户通过手机内的播放软件实现节目的收看;二是用户信息的上行回传,即当用户点播节目时,信号要通过上行传输网络进行回传。

手机电视的这一个双向过程的实现,从全球范围来看,其技术支持一直处于多种技术标准并存的多元化状态,多数国家和地区都倾向采用非单一制的手机电视技术标准。我国为了避免高额的专利使用费用,一直致力于研发拥有自主知识产权的手机电视技术标准:广电总局颁布的手机电视行业标准CMMB、北京新岸线软件科技有限公司在吸收国际标准之上推出的T-MMB、清华的DMB-T、华为的CMB以及通信广播标准化委员会提出的CDMB等。

手机电视的网络传输解决方案从技术角度分为两大体系、三种实现模式。

两大体系分别为:①纯粹依赖移动电话网络进行音视频传播的交互式体系,如2.5G通信时代的GPRS、CDMA2000,3G通信时代的WCDMA等;②手机直接接收或连接附件接收数字电视地面广播信号的广播式体系,如 DVB-T、DVB-H 或 MediaFLO。

三种实现模式分别为交互式、广播式、协同式。

(一) 交互式:3G 模式

交互式传输模式基于第三代移动通信网络(3rd Generation),是由广电部门或节目制作公司作为内容提供商,并由移动通讯网将节目传送至手机终端的传播模式。

该模式运用移动运营商的蜂窝无线网络技术,实现流媒体多点对多点传送,将电视信号压缩成视频流后传输到手机上解压缩观看。由于支持流媒体手机电视的移动网络有 GPRS、CDMA1X 以及目前主流的 3G 网络,并且最大特点是信息交互,故也称为 3G 交互模式。如美国的 Sprint、中国联通、上海文广新闻传媒集团、中央电视台的手机电视都是采用这种模式。通过交互式模式观看手机电视的用户,在手机终端都必须安装相应的播放软件,才能观看由移动通信公司或者相应的 SP(Service Provider 内容服务提供商)组织和提供的电视节目。

4G 时代的到来,大幅度提高了移动网络的接入速度,将刺激移动视频的加速增长,而 4G 时代视频的交互性将充分体现在社交及多屏互动上,有利于内容提供商进行全渠道节目分发。

1. 交互式传输模式的优点

经营管理方面,节目的内容制作和网络运营分离,内容集成商和内容提供商可以专注于手机电视节目内容和形式的创新,而网络运营商则更能专注于手机电视移动通信网络的建设和完善。从目前手机电视的发展状况而言,正是因为移动通信网络已经相当成熟,市场占有率、用户资源和信号覆盖面也非常广泛,计费管理和服务系统也相当完善,所以占据了较大的市场份额。

技术支持方面,由于移动通信网是一对一且具有双向互动功能的网络,可以为用户提供个性化、具有互动功能的手机电视服务。同时,3G 通信网络有用户信息上行回传的通道,运营商、内容提供商可以随时掌握用户的信息和需求,为用户提供更优质的服务。

付费体系方面,移动通信的付费体系直接嫁接于手机电视服务之上,移动通信的资费标准可以为手机电视的收费作重要参考,不用重新构建新的手机电视付费体系。

2. 交互式传输模式的限制

传播速率方面,由于影音文件会占据较多的频宽,即便是 3G 时代,数据信道速率受限的情况依然存在,当过多的用户同时使用时则很容易发生信息堵车现象。因此该模式受网络带宽的限制极大,移动运营商提供的上网速率及带宽决定了手机电视传输速度。

收视费用方面,由于该模式通常按照流量大小计费,再加上内容提供商收取的信息费,相比其他模式来说费用较高。

同时,该模式下网络运营商只提供流媒体的技术支持,并不具备节目资源,其电视节目需要由电视台、具有彩信经营牌照的 SP 等提供,一定程度上限制了该模式的发展。

(二) 广播式:CMMB 模式

广播式传输模式基于地面数字广播和卫星广播的传输方式,是依靠媒体自身架构手机电视广播网,采用一对多的广播模式,将手机、笔记本电脑等多终端作为移动电视终端进行节目接收的传播模式。该模式的手机电视更接近家庭里的有线电视。国家新闻出版广播电影电视总局所属的移动多媒体广播是典型广播式手机电视。

2006 年 10 月 24 日,国家广电总局正式颁布中国移动多媒体广播(China Mobile Multimedia Broadcasting,简称 CMMB)的行业标准。中国移动多媒体广播采取的是广电系统自行开发的具有自主知识产权的 CMMB 标准。中国移动多媒体广播是国内自主研发的第一套面向多种移动终端的系统,它主要由节目集成与播出、卫星传输、地面增补覆盖、运营支撑、双向交互网络及移动多媒体终端等部分组成。由于我国手机电视用户众多,业务需求多样化,CMMB 采用卫星和地面网络相结合的"天地一体、星网结合、统一标准、全国漫游"方式,实现了全国范围移动多媒体广播信号的有效覆盖。按照全国"一张运营许可证,一张无线广播网,统一频率规划,唯一的经营主体"的产业化运营机制,开展 CMMB 全国运营并逐步完成广播式手机电视和流媒体手机电视的合并商业运营,最终实现移动互联网的商业运营。

移动多媒体广播是指通过卫星或地面无线广播的方式,供7寸以下小屏幕、小尺寸、移动便携的手持类终端(如手机、PAD、MP3/MP4播放器、数码相机以及笔记本电脑等接收设备),随时随地接收广播电视节目和多种信息服务,是移动便携条件下广播电视的新型服务形态。与基于移动通信网的手机电视相比,移动多媒体广播具有频率资源限制小、收看质量高、收视费用低甚至免费等特点。

2008年6月26日,国家广电总局与北京奥组委联合发布,由我国自主研发的移动多媒体广播技术CMMB正式开始为奥运服务,CMMB成为2008年北京奥运会新媒体的直播载体。国家广电总局无线电台管理局于2005年6月成立的全资公司"中广传播有限公司",在2008年9月经广电总局批准,正式承担全国CMMB网络建设和业务运营工作。中广传播有限公司在全国下设31家省级子公司和300余家地市级分公司,利用地面或卫星广播电视覆盖网面向手机、PAD、MP3、MP4、GPS、数码相机、笔记本电脑以及在车船上的小型接收终端点对面地提供广播电视节目,满足人们随时随地获取广播电视节目和信息的需求,采用完全市场化的运营方式,为用户提供有偿的收视服务。我国移动多媒体广播的终端包括手机、车载GPS、MP4、上网本、数码相框、电视棒、眼镜电视、蓝牙电视接收器。

1. 广播式传输模式的优点

传播速率方面,广播式传输模式采用一对多的广播传输方式,用户在收看节目时不会产生信息堵塞,特别是收看大型赛事、娱乐节目或突发事件直播时,比3G模式具有更大的优势。

网络覆盖方面,CMMB借助了卫星通信,网络覆盖效果良好,信号抗干扰能力强,有效地解决了移动终端即使处于高速移动中,也能保证信号流畅、画面和声音的畅通。随着CMMB的信号覆盖面的不断扩展,用户还能轻松实现全国漫游。

付费体系方面,由于广播模式的网络运营和节目内容本身的制作往往是一致的,因此该种模式的手机电视的资费较为低廉甚至于免费。

2. 广播式传输模式的限制

手机终端方面,使用CMMB网络的用户,必须在手机上加装专门的功能卡,这给该模式的手机电视普及无形中加高了用户使用的门槛。

双向互动方面,采用多点传输方式的广播式传播模式的手机电视网络本身无法实现互动,无法实时掌握用户信息,也没有信息反馈通道,无法提供一对一的个性化服务,这与当下媒体分众化、加强个性化服务的趋势背道而驰。

3. 广播式传输模式的发展优势及存在问题

移动多媒体广播在我国的发展优势在于:一是 CMMB 突破了时空的限制,使手持电视终端拥有者能随时随地地接收电视节目,使低成本时段变成高附加值时段,使电视频道或节目更有价值;二是 CMMB 可提供特定的服务信息和公共信息以满足移动人群的特定需求,如提供交通路况信息,发布紧急信息等。尽管技术体制、业务模式及运营体制等赋予移动多媒体广播独特优势,但其发展也存在一些问题:一是视听新媒体的"创新—扩散"有一个不断完善的过程;二是技术开发、网络组建、设备购买投入大;三是 CMMB 的节目内容、消费方式亟待市场的考验;四是 CMMB 也面临手机电视、户外电视、车载移动电视的竞争。

(三)协同式:TD+CMMB 模式

协同式传输模式是在 3G 手机中安装数字电视的接收模块,直接接收数字电视信号,并利用移动网络回传信号的传播模式。

TD-SCDMA(Time Division-Synchronous Code Division Multiple Access)是我国自主创新的第三代移动通信标准,与欧洲的 WCDMA 和美国的 CDMA2000 一起成为 3G 手机技术的三大国际标准。2010 年 3 月 22 日,中国移动与中广传播共同宣布 TD+CMMB 手机电视业务在全国范围内正式商用。

协同式传输模式综合 TD-SCDMA 制式手机和 CMMB 的技术优势,在 TD 手机上预置嵌入式认证模块,作为 CMMB 手机电视功能的鉴权卡。该模式手机电视采用国际通行的"广播网下传+通信网回传"的传输方式,通过 CMMB 移动多媒体广播网络向用户提供音视频信号,通过手机通信网络实现用户信息反馈。用户使用广电网络接收电视节目,使用移动网络点播电视节目,并通过移动网络作为广电网络的上行反馈信道,享受交互式应用服务。两种网络协同合作,优势互补。

1. 协同式传输模式的优势

TD+CMMB这种协同模式，最大限度地利用了3G网络和CMMB广播网络的优势，也最大限度地突破了电视内容传播时间和空间的束缚。与通过3G网络或者单纯通过CMMB广播网络收看的手机电视相比，TD+CMMB手机电视采用广电体系下、中广传播运营的数字无线广播技术，可以接收无线数字广播信号，用户可以随时随地收看到清晰、流畅的电视节目，同时不会产生任何数据流量，避免了运营商数据流量费用的产生。而且通过无线电广播的方式传输，覆盖面广，抗干扰能力强，不仅辐射低，收看手机电视的同时也不影响正常通话。

2. 协同式传输模式的限制

这种协同模式对手机终端的要求很高，目前市场上支持手机电视业务的手机类型还不多，可提供手机电视服务的终端平均价格在3000元以上，而且仅限于中国移动的3G用户，这些限制决定了这种模式下的手机电视在目前只能供少数人使用，远不能达到普及的程度。

广播电视技术与移动网络的融合、广电运营商与电信运营商相互协同，共同推进广播式手机电视发展，给广电运营商与电信网络运营商都预留了营利的空间。一方面，通过支持手机电视业务，广电运营商不仅能够提高已有网络的使用率，增加网络收益，而且可以通过电视和用户的信息互动提升电视节目的收视率。移动用户管理问题也迎刃而解，通过与电信运营商进行网间结算即可获得收入。另一方面，电信运营商则可以通过合作解决频率资源紧张和经营许可的问题，减少广播电视网络的基础建设投入，大大提高了移动数据业务使用率，并通过与广电运营商的网间结算，由此获得更大的网络收益，增加网络自身的综合收益。可以预见，跨行业融合的发展无疑会给手机电视业务带来更大利好。

四、"媒·信"产业驱动手机电视的发展

（一）电信产业媒介化

根据我国2000年9月20日国务院第31次常务会议通过且施行的《电信条例》第二条规定，电信是指利用有线、无线的电磁系统或者光电系统，传送、发射或者接收音、文字、数据、图像以及其他任何形式信息的活动。提供电信产品生产和服务企业的集合，构成了电信业。

自信息技术及其产业高速发展以来,部分基于工业经济时代大规模生产分工的产业边界逐渐变得模糊,并在原有基础上融合发展成为新的产业形态,成为新的经济增长点。随着现代信息技术的发展以及产业结构的进一步优化,产业融合越来越凸显,传统的电信网、有线电视网原本在技术支撑、运营管理上都大为不同,然而随着数字信息技术的发展,图像、声音等数据内容都可以通过相同的数字编码成为统一的比特流,这反映出正是技术上的趋同推动了电信网与有线电视网边界的进一步模糊,同时技术上的趋向一致给实际应用中各类业务的相互交叉渗透提供了有力的支撑。电信业和广电业纷纷在原有传统业务的基础上开发新业务,扩展、延伸产业链。电信业在继续保持其传统的低速数据和语音传输优势的同时,逐渐向视频通信等宽带业务发展,形成初具媒介化特征的电信产业,我们称之为电信产业的媒介化。

(二)媒介融合与手机的媒体化

媒介融合(Media Convergence)是由美国马萨诸塞州理工大学的伊契尔·索勒·普尔教授提出的,他于1983年最早运用了"传播形态融合"(the convergence of modes)的概念。他认为,数码电子科技的发展是导致历来泾渭分明的传播形态聚合的原因。其本意是指各种媒介呈现出多功能一体化的趋势。人们关于媒介融合的最初想象更多地集中于将电视、报刊等传统媒介融合在一起。随着媒介的发展和技术的更新,媒介融合呈现出诸多全新的特质,打破了电视、网络、移动技术的界限。

手机媒体,是以手机为视听终端、手机上网为平台的个性化即时信息传播载体。手机电视是媒介融合的重要产物。随着通信技术的发展,手机逐渐从单纯的通讯工具演变成具有大众传播功能的信息媒介。手机电视是媒介融合下手机媒体化发展的具体表现,从深层次上看是媒介融合中的一次伟大的尝试。

1. 媒介融合

国际电信联盟提出,人类通信的发展目标是让任何人在任何时候、任何地方都能够实现信息通信。其实质就是实现信息通信的无缝覆盖。无缝覆盖的一个重要特点就是多介质、跨媒体的连接,使信息能够通过平面媒体、电子媒体、网络媒体以及手机等进行传输,这就需要广电网络与移动通信网络的融合,融合的焦点就是手机电视业务。

手机电视是通信和媒介融合的主要形式。手机电视是移动互联网与广播电视以及手机终端深度融合的产物,传播形态上能够整合文字、音频、视频等各种形式的多媒体信息,是一种具有高度的整合性的"融合媒体"。从早期短信、彩信的传播,到手机 WAP 网站、手机报、手机电视、视频直播等,多媒体形态一直是手机媒体的发展方向。在技术形态上,手机电视打破了传统产业——通信业与电视传媒业之间的界限,其产业链中的内容提供商、通信服务商、终端厂商之间的业务关系不断交叉、渗透和融合,使人们对手机电视不断产生应用期待。

2. 手机的媒体化:人性化和补偿性媒介理论

美国著名媒介理论家保罗·莱文森对麦克卢汉的"媒介决定论"进行了新的发展和延伸,提出了"人性化趋势"和"补偿性媒介"理论。他指出,任何一种后继的媒介,都是对过去某一种媒介先天功能的不足所做的一种补偿。人类传播发展史上,任一新的媒介都是对旧有媒介的改进与革新。

手机电视作为一种全新的媒介,它的出现无疑是对传统电视的一种革新和补偿,它满足了人们对媒介移动化、便携性的需求。同时,手机作为一种与现实生活黏性极高的"带着体温的媒体",是对人们感官的延伸,手机电视以其独特人性化的功能和体验印证了莱文森关于媒介"人性化"与"补偿性"的理论。

五、手机电视的传播特征

手机电视作为一种全新的传播方式,一种新型的数字化电视形态,被业内许多人士誉为 3G 时代"杀手级"应用。从表面上看,它是电视和手机、广播电视网和移动通信网的结合,但实际上,手机电视借助手机所具备的新媒体特征和其特有的技术特点,其影响力越来越大,传播优势也越来越明显。尤其是 3G 的普及以及智能手机的推出,促进了手机电视不断发展与成熟。比如在 2010 年南非世界杯期间,手机电视就担当了比在北京奥运会上更为重要的角色,此次世界杯转播不仅首次为手机视频设立专用近景机位,同时还提供了手机专用信号。手机电视出现的时间虽然不长,但已经表现出勃勃的生机。和传统电视及网络电视相比,手机电视具有以下传播特征。

(一) 移动性与便携性

美国学者保罗·莱文森认为,手机媒体使我们能够跳出传统媒体设置的时空藩篱。手机媒体最独特之处就在于它的灵活小巧、方便携带,完全不受时空的限制,是一个移动性极强的伴随性媒体。现代人的生活已经离不开手机,它延伸了人类身体的功能,并更为灵活。在这样的载体之上,受众在观看手机电视时,收视环境要求低,时空约束小,走路、坐车、候机……任何时候都可以看电视。

手机电视的随身携带性、能实时接收最新的信息,是其最为突出的传播特点和优势。突发性强、讲求时效性的新闻节目、重大新闻报道、体育赛事、娱乐现场等节目都非常适合利用手机来收看。不过,由于手机为了方便携带,其屏幕尺寸不可能很大,普遍都是4~5英寸左右,分辨率也一般在 1280×720 像素左右,因此,手机电视的画面细节表现大打折扣,长时间、近距离观看容易引起人的视觉疲劳。尽管目前手机显示屏的技术日新月异,分辨率也在不断提高,但在清晰度上都比不上电视机或显示屏,这也致使手机电视的节目形式和内容与传统电视有所区别。

与此同时,高便携性的手机作为一种"带着体温的媒体",还带来了高度的个性化和私密性,使信息具有即时性、伴随性和高到达率的特征。

(二) 庞大而广泛的用户资源

3G 等移动通讯技术的迅速发展,推动互联网从以个人电脑(PC)为主导的有线互联网时代向以智能手机为主导,具有宽带化、智能化、个性化、媒体化、多功能化等特点的移动互联网时代转变。手机普及率之高远远超过电脑、电视机,手机上网引发了通讯与传播革命,是移动互联网时代到来的重要标志。手机已经不再是简单的通信工具,而成了集通信、文化信息服务、娱乐等多功能于一体的个人数字娱乐中心。

作为一种普及率极高的媒介,手机媒体比报社、电视台等传统媒体拥有更庞大的用户数量和更广泛的受众类型。截至 2014 年 5 月,中国移动通讯用户达 12.56 亿。[①] 同时因为一个人有多个手机号的现象越来越普

[①] 中华人民共和国工业和信息化部.2014 年 5 月通信业主要指标完成情况(二)[EB/OL].(2014-06-19).http://www.miit.gov.cn/n11293472/n11295057/n11298508/16036338.html.

遍,手机用户数也即将全面超过世界人口数。庞大而广泛的用户资源为手机电视业务发展提供了强有力的支持。目前手机电视业务的产业链比较明晰,但是营利模式还在探索阶段,潜在的客户资源一方面可以使之转化成忠诚用户,增加客户黏性,另一方面又可以吸引更多的广告投放,使手机电视良性发展。

(三) 个性化的多向互动

手机电视是网络音视频技术和移动通信技术发展到一定阶段的产物,在实现音视频传播的同时,还能实现交互功能。个性化的多向互动正是手机电视的重要特性和卖点。

个性化是与大众化相对的一种具有个体特性的需求或者服务,强调用户需求的独特性。手机不仅成为私人化的移动多媒体,也成了典型的身份识别系统,手机电视更是完全个人化、私人化的:看什么、不看什么都由用户自己决定;除此之外,用户看过什么,也是相对私密化的。

互动性是指手机电视的用户能够充分参与电视节目的传播过程,可以主动发表意见和想法,还能主动参与互动活动,等等。比如在国内首部手机互动情景剧《白骨精外传》播出时,用户可以通过手机发送自己的评论,相互交流,还可进行剧情预测。这种即时的沟通和反馈,是传统电视所无法企及的,而这种互动性正是未来媒介发展的重要趋势。除了参与节目互动外,手机电视还具备多向互动的特点,在观众中间实现信息分享。与互联网的环状网络不同,手机特有的星状网络使不同地方的观众可以随时随地发出和接收信息,并通过手机聚集起来相互分享和讨论,实现实时互动。手机电视进行群体间的联络灵活、平等、快速,因此还能实现群体交往,这是其他媒体都无法比拟的。

传播学理论认为,参与是受众对媒体的最高要求。手机电视这种新的传播方式的出现进一步颠覆了传统的自上而下的传播模式。尼葛洛庞帝在其所著的《数字化生存》中指出:"从前所说的'大众'传媒正演变为个人化的双向交流,信息不再被'推给'消费者,相反,人们将把所需要的信息'拉出来',并参与到创造信息的活动中。"手机媒体电视的出现就是改变了传统电视的观众和电视台的地位,他们是平等的,可以随时进行信息的交流,并与其他观众共享。

第二节 手机电视业务

如果说电视和手机分别是 20 世纪最美好的发明之一,那么到了 21 世纪,手机电视便是将这两个伟大发明融为一体的重要技术。目前,随着国内 3G 网络的完善和智能手机的大规模发展,手机电视大规模普及的条件已经逐步成熟,必将成为人们获取资讯和娱乐的重要手段。进入 2011 年,三大运营商基于 3G 网络传输的手机电视服务迎来了井喷式发展,手机电视的收入和用户一直处于稳步上升的趋势。中国互联网络信息中心(CNNIC)第 33 次《中国互联网络发展状况统计报告》显示,截至 2013 年 12 月,手机在线收看或下载视频的用户数达 2.47 亿,与 2012 年底相比,增长了 1.12 亿人,增长率高达 83.8%。电信和广电运营商在手机电视业务上已经形成了相对平衡与密切的合作关系,有效推动了手机电视业务的发展。

一、国内外手机电视业务发展概况

随着移动通信技术以及网络技术的迅速发展和手机性能的提高,手机电视作为一种全新的增值业务形态,受到各方关注和全球电信运营商的追捧,各国纷纷瞄准手机电视这块巨大的利益蛋糕,开发并推广手机电视业务。21 世纪初以来,美国、日本、韩国、欧洲等国家和地区都建立了各自的手机电视业务体系和技术标准。

2005 年,韩国数字多媒体广播业务(DMB)正式开始商业运作,这使得韩国成为世界上第一个商业化运营手机电视的国家。DMB 方案,就是利用卫星和移动网络向公众传送视频和音频节目的数字多媒体广播业务,用户可以通过移动终端或者车载终端享受通过卫星提供的多种数字多媒体广播服务。韩国 DMB 业务的主要推动者是 SK 公司。SK 作为韩国移动通信市场上的老牌公司,面对接近饱和的市场,以期通过推进 DMB 来实现新的业务增长点。为了这个计划,SK 建立了一个新的合资企业 Tu 媒体公司,并牵头组成了由 19 个手机制造厂商参加的"手机开发协议会",旨在开发多样的类型、功能及价格的终端产品。

日本的广播电信企业 2005 年 4 月推出专门针对手机的数字广播电视

节目。日本的移动运营商联合各方力量,研发能够收看数字电视节目的手机终端。日本移动通信运营商 NTT DoCoMo 和 KDDI 从 2003 年开始就推出了各自的手机电视产品计划。随后,索尼和松下也分别开发出多种数字电视调谐器,目前各国的芯片厂商正在为攻克手机电视芯片低功耗和小型化这些难题而加倍努力。

欧、美、日等发达国家力图建立起统一的手机电视技术方案——"数字广播电视网络+无线网络"。这种方式采用高带宽的数字广播电视网络下传信号,利用现有的无线网络上传信号,以保证高清晰传送电视节目之余,能利用现有的无线网络实现视频点播等多种增值业务。

我国不仅自主研发了多个手机电视传播技术标准,在手机电视芯片开发方面也有所突破。2004 年 5 月,复旦大学、清华大学和凌讯科技合作开发出高清数字电视地面传输专用芯片"中视一号",成为我国自主研发的第一款手机电视芯片。正是由于手机技术的不断发展,利用手机收看电视才成为可能,为手机电视的发展带来了契机。

2005 年 1 月 1 日,上海移动与上海文广新闻传媒集团联手推出免费试用的手机电视业务。2005 年 2 月 6 日,上海文广新闻传媒集团的下属公司东方龙移动信息公司成功推出了中国第一部手机短剧《新年星事》。2005 年 5 月上海文广新闻传媒集团获得了国家广电总局颁发的第一张全国手机电视的运营牌照之后,牵手多普达(Dopod)手机,实现了在多普达手机上可直接收看东方龙移动信息公司集成的所有电视节目。2005 年,中国联通与中央电视台新闻频道、央视 4 套、央视 9 套以及凤凰资讯台等 12 个电视频道联手推出"视讯新干线"手机视频服务。2008 年北京奥运会期间,我国的手机电视投入全面运营。

二、业务模式

手机电视从不同角度可以划分为不同的业务模式:按手机电视的接收方式主要分为直播、点播和下载;按业务的传播方式则分为单播、组播和广播。

(一)按手机电视的接收方式

1. 直播

手机电视直播,是指节目的发送与播放同步的一种电视业务。使用这种方式接收节目时,用户对内容没有选择权,控制权掌握在传播者手中,用户只能在订购电视频道或节目后才能正常在线收看。观看期间,只能对节目进行播放和停止操作。这项业务既可以基于流媒体技术完成,也可以基于数字广播网络来实现。

对移动通信和电视这两大产业来说,用手机实时观看电视业务的启用,意味着手机电视的直播时代已经来临。此后,手机电视直播业务作为有线电视的重要补充和移动通信的增值业务在欧洲和中国相继开展。

2001年11月,日本东京电视台(TBS)与NTT Docomo公司首次实现了用手机直播电视节目的公开演示,此次演示不仅开创了业内先例,更是电视传播方式的一次巨大革新。2005年是世界范围内手机电视发展"井喷"的一年,用手机实时收看电视直播成为市场主流。同年5月,法国卫星电视广播公司Canalsat和法国移动电话运营商SFR就正式开播了欧洲首个将电视信号直接发送至手机的商业频道。同年11月,英国电信巨头沃达丰集团和默多克旗下的英国天空广播公司联手宣布正式开通实时手机电视服务。根据中广传播官网针对2006年的世界杯的五国网上调查结果显示,约32%的人通过手机跟进世界杯比赛。2007年10月22日,CCTV手机电视直播第十七届中央政治局常委的中外记者见面会,"当日的直播流量达到396万次,是十七大开幕式的6.3倍,是平时的9.4倍"。而两日之后的"嫦娥一号"绕月探测卫星发射手机电视直播再掀收视高峰,收看直播的人数达到724万次。2014年3月,全国"两会"期间,CCTV手机直播26场,总时长超过1400分钟。可见,手机直播的传播价值正在得到人们的肯定,手机直播也正日益改变着人们的收视习惯。

2. 点播

手机电视点播,指用户对所要收看的内容进行选择,并在获取内容的同时进行播放的手机电视业务。点播的内容一般经过事先储存,用户对节目拥有内容选择权,点播节目在线观看期间,可以进行播放、暂停、快进、快退、停止等操作。其收费是按下载和点播时的条数计费,其互动性的优势比较明显,不过通信信道会受到用户使用量的影响。

手机电视点播业务从手机视频点播这一移动通信增值业务发展而来。中国最早的手机视频点播服务出现在2003年10月的博鳌亚洲论坛期间,海南电视台新闻中心通过移动、联通两大运营商,专门制作了近70条有关博鳌论坛的视频新闻供用户点播,短短三天时间,全国各地共有3万人次使用了这项全新的电视服务。随着广播电视网络和移动通信网络、互联网络的融合程度更为深入,手机电视点播业务也呈快速发展之势,并且为传统电视的数字化双向改造插上了双翼。在三网融合的决策发布后,我国有线电视网数字化双向改造的重点工程——中国下一代广播电视网(NGB)建设正在快马加鞭地进行,但是随着3G牌照的发放,手机电视业务最快实现了这一梦想。

手机电视点播业务相较于只能被动收看的直播业务,利用了移动通信网络的回传通道,为用户提供最个性化的观看体验,尤其在TD+CMMB协同模式出现后,手机电视业务成功实现了获取个性化用户信息的需求。手机电视点播业务相较于之前的视频点播服务,其优势还在于移动运营商不再仅限于和SP合作,而是广泛地和中央电视台、上海文广等各级电视台合作,这有效地解决了节目资源有限、节目选择单一等制约手机电视业务发展的难题。与此同时,不管是节目的声画质量、制作质量,还是节目更新速度,都比以前前进了一大步,也自然受到用户的欢迎。

3. 下载

手机电视下载,是指用户将选定的内容下载到终端上,并使用专门的播放软件,根据自己的需要在任意时间进行播放的业务。下载也是手机电视用户普遍使用的一种业务模式。

(二) 按业务的传播方式

1. 单播

单播是指"一对一"或者"点对点"的电视传播方式。用户向网络发出收看请求,服务器根据用户请求,将内容进行复制,传递给用户播放。

2. 组播

组播是指"一对多"的电视传播方式。将某一相同内容向有着需求的部分用户群组进行播放。组播介于单播和广播之间,更专注和定位于群业务。组播模式提供了更好的计费特性,包括服务订阅、接入和推出功能,需要用户签约相应组播组,进行业务激活,并产生相应的计费信息之后才能使用。在组播模式的手机电视业务进行时,当有新的用户想加入某个组播组,即告诉网络发出接收组播信息时,只需要得到鉴权,以作为计费依据后,便可接受。当某用户不再想接收组播信息时,也可以随时退出组播组。

3. 广播

广播就是"一对所有"的传播方式,它更接近于传统的数字电视业务,它不需要小区中所有用户都定制该业务便可以获得。内容服务中心通过移动通信网络或者广播网向所有的终端发送广播信号,用户接收到信号后就可收看。

第三节 手机电视的内容生产

在网络时代,内容是各种类型信息的总和,其形式有文本、图片、音频、视频和数据等。随着信息技术的发展,内容不再以数量单位计量,而是用"0"和"1"字节取而代之。移动通信技术的迅速发展和网络的革新催生了新的产业,西方七国信息会议首次提出了"内容产业"的概念。内容产业的范围极其丰富,涵盖通信网络、传媒出版、音像电影等多种媒体形态,手机电视正是属于新兴的数字化内容产业范畴。

手机电视本身就是手机媒体的一个重要的内容,手机电视内容的变化推动着手机媒体的发展和革新。而手机电视的内容和手机本身的媒介环境、媒介特性与使用者又是息息相关、相互影响的。由此,手机电视的内容既包含这种传播媒介所传播的普遍性内容,也包含手机电视特需的内容。从电视台、专业的制作公司制作的电视节目、电影电视剧、音乐MV、动漫,到非专业普通人制作的DV,再到体育赛事、演唱会等重大活动的直播,手机电视内容不断丰富,更加精彩。

一、手机电视的内容生产主体

从全球手机电视发展情况看,手机电视内容的制作主体多样化已是必然趋势。不论是专业制作机构、独立内容提供商、互联网站还是个人播客,按照内容制作主体的资质来分,分为专业与非专业;从电视内容制作的参与的多寡来分,又分为制作机构与个人。目前,全球手机电视业务中很大一部分采用的是移动通信公司和新闻机构合作,直接开辟传统电视或者有线电视的手机频道,不管是中国移动和中广传播的合作,还是沃达丰和天空集团的合作都属于这一类。但是,一些类似内容服务商的手机电视制作专门机构和非专业个人制作并传播的内容也成为手机电视内容中非常重要的组成部分。

我国的手机电视的内容制作与提供大致呈现以下五种模式。

模式一:由传统电视台将电视信号直接转变为适应于手机观看的手机电视信号,用户通过手机或移动终端进行接收。这种模式实际上就是传统电视在手机上的扩展和延伸。大多采用广播的方式实现"一对多"的传播。例如中央电视台就通过CMMB向移动手持终端传输移动电视信号。

模式二:部分SP运营商依靠传统电视台丰富的节目内容资源,以这些节目资源为基础,结合手机电视的传播特性,通过剪辑技术加大内容的信息量或弥补单纯移植带来的收视弊端。

模式三:手机电视与传统电视互动补充的模式,通过手机电视播出当天传统电视的节目预告、片花等,这种模式不妨称之为传统电视节目的咨询节目。

模式四:完全独立的社会制作公司专职、专业提供节目内容。由于电视剧的市场开放性较强,最先走入市场,因此在这些社会制作公司之中绝大多数是影视剧制作公司。通过近年来的实践来看,这些社会独立制作公司越来越倾向于根据手机电视的收视特点专门为手机电视量身定做手机电视剧。例如,上海文广集团下属的手机电视公司就制作了包括《白骨精外传》《新年星事》等在内的手机短剧。美国新闻集团制作的《富兰克林酒店》也是典型的手机电视剧。

模式五:UGC内容生产。UGC就是用户作为内容生产者通过网络自行上传,并与其他用户分享,这个概念是随着Web 2.0的提出而逐渐兴起的。在手机电视中,用户对自己的需求是最了解的,他们也最关心内容的创新和生产。用户可以自行制作节目,通过移动网络上传至共享平台,这种上传通常不但包括节目本身还包括带有明显用户个性的评论和观点。UGC的出现契合了手机电视互动性的特征,也顺应了手机电视未来窄播化传播的发展方向,将手机电视的个性媒介特征发挥到了极致,成为手机电视未来内容制作的一大最具发展前景的模式。

(一)专业电视机构及内容制作公司

传统的新闻机构占有强大的新闻资源和节目资源,而众多 SP(内容服务商)公司早在流媒体技术时期就和移动通信公司合作过新闻、视频、音乐点播服务内容,因此它们的内容都非常容易与手机电视这个新媒介"嫁接"。

手机电视最初的发展模式就是移动通信公司和专门的电视机构或者媒体合作,直接将现有的电视频道或电视节目集成移植到手机上,使手机完全成为一个缩小的可以随身携带的"小电视机",满足了人们随时随地看电视的愿望。中国联通于 2004 年 4 月 21 日正式开通以手机视频/电视业务为主要内容的"视讯新干线",其内容提供商就主要是中央电视台和新华社、凤凰卫视等专业的新闻机构和众多 SP。中国移动联合上海文广新闻传媒集团在 2005 年 9 月 28 日也推出了自己的手机电视品牌"梦视界",同样提供直播、点播和下载等各种形式的手机电视节目,其中"舞林大会"等全国备受欢迎的选秀节目也可以直接通过手机电视观看,用户不仅可以看电视,还可以参与投票。中国移动还广泛地与其他专业新闻媒体机构合作:中国移动和央视国际合作共同推出"CCTV 手机电视"、和中央国际人民广播电台合作推出"CRI 手机电视"、和上海文广东方龙合作推出"东方手机电视"。

除了从专业传媒机构或 SP 获取节目资源外,一些专门为手机电视制作的内容也应运而生,并且更加注重发挥手机的特性。2005 年 3 月,上海东方传媒集团有限公司取得了国内第一张手机电视运营牌照,作为唯一合法的内容提供商进入手机电视市场。2005 年"梦视界"推出了中国第一部手机短剧《新年星事》之后,由东方龙投资的国内首部手机高清互动情景剧《白骨精外传》也与用户见面,该部手机电视剧每集只有 5 分钟,共 365 集,从剧本立意、结构、叙述到演出都进行了适合手机载体的改造,手机用户在收看节目的同时,还能参与评论及剧情预测和设计,正是这一互动环节的设置打破了传统电视剧"你播我看"的单向传播模式,也为手机电视制作提供了一种范式参照。与此同时,乐视移动传媒、中博传媒、光线传媒等知名节目制作公司也是手机电视或视频的主要制作商。随着手机电视市场的媒体和机构的增加,手机电视内容也不断丰富。

(二)非专业电视机构及个人

手机电视日益成为手机应用的热点,用户和内容都在不断升级,内容已经成为手机电视产业链中非常重要的一部分。但受到资费和手机终端的限制,观看手机电视的观众更倾向于在手机上收看传统电视上看不到的电视节目和内容,这就为非专业电视机构和个人为主体的原创者制作内容提供了机会。

由于手机操作简单方便,具有全民参与性,随着移动宽带互联网的进一步发展,"用户生产内容"将成为手机电视中一个重要内容。人们不仅能够通过网络获取信息,而且能够参与其中创造和发布信息,并与他人共享信息。参与生产、协同生产正是当下互联网内容的产生机制。随着全球3G商用的推进和移动互联网业务的不断发展,一些移动运营商相继推出了具有 Web 2.0 特征的移动 UGC 服务。

从全球范围来看,移动 UGC 业务发展最好的国家是韩国。早在 2001 年,韩国 SK 电讯就推出了具备社交网络雏形的移动社区业务"赛我网",近两年来 SK 电讯又开始把 UGC 发展重心从移动社区网络转移到视频共享领域,实现了与 PandoraTV 等 6 家专业视频分享网站的互动,提供热门 UGC 内容在移动终端上的播放。2007 年 7 月,Verizon 无线公司与著名的视频服务公司 YouTube 签订协议,用户可向 YouTube 网站上传和下载视频片断,此外,沃达丰也与 YouTube 合作,推出了手机视频共享服务。移动运营商之所以积极试水移动 UGC 服务,一个重要原因就是 UGC 服务在互联网领域已经得到了成功应用,积聚了强大的人气,引入该服务到移动通信领域,不仅有助于移动运营商吸引巨大的潜在用户群,提高用户的忠诚度,而且有助于丰富手机电视节目内容。

此外,由于小屏幕无法展现更多信息,也较难实现复合检索,在 UGC 模式下,用户对视频内容的制作、上传、浏览、收藏、评论、打分等互动行为都起到了协助其他用户选择内容并提供更好呈现方式的作用,每个用户的参与本身就是对内容的一次投票,这改变了视频平台内容的呈现形式,最终呈现出来的平台内容是具有不同审美标准、不同趣味的不同用户行为合力作用的结果。这个结果恰恰满足了群"让合适的客户获得合适的内容"的要求。不过,目前个人视频制作的节目资源虽然数量丰富,但节目质量参差不齐,且视频格式多种多样而造成的不兼容,也在一定程度上影响了这些非专业制作的质量和制作者的积极性。

二、手机电视的内容特征

无论媒介发展到哪一阶段,依托于何种技术,手机电视的业务发展最终还是要落到"内容为王"这个策略上来。尤其是让人们逐渐摆脱免费获取电视内容的消费惯性,培养付费习惯的手机电视业务,更应该在"人无我有、人有我优"的特定内容上下工夫,满足手机电视的用户需求。手机电视内容的用户、媒介本身以及其制作方式、传播方式、接受方式和接收环境都影响着手机电视的内容构成。详细来看,手机电视的内容构成特征如下。

(一)类型:新鲜、娱乐、时尚

手机电视具有新媒体的属性,但从内容种类设置上来说,除了极少数的用户原创类视频外,手机电视仍然依循的是传统节目的类型分法。手机电视的运营商们通常依托于传统电视台或互联网网站,因此在节目类型上依照的都是固有业务的模式。运营商们通常遵循"你需要什么我就多提供什么"的思路,就目前手机电视业务节目形态来看,新闻和娱乐类型的节目占了将近九成。为什么呢?首先新闻节目具有真实性、时效性,新闻发生的不定时不定点的特征正好使手机这一移动媒体的优势得到了发挥。其次,新闻节目对于传播媒介的播放效果和收视环境等硬件设施要求相对较低,这一点又正好在另一种程度上弥补了手机电视屏幕小、收视环境不确定等劣势。

沃尔夫在《娱乐经济》一书中写道,"在这样一个消费者的时间是如此有限,他们的口味是如此易变的世界里,商家怎样才能捕捉消费者的目光吸引住他们,而且在消费者一旦拥有后,又如何在商品中增加更大的附加值去使之变得更具吸引力呢?一个简单的答案是:'娱乐内容'。"手机电视用户对娱乐节目的需求是显而易见的,这首先表现在手机作为伴侣型媒介它本身就是用户娱乐的一种方式;其次,娱乐性节目对于快节奏的都市人群来说是其寻求自我娱乐和自我释放的一大途径;再次,娱乐性节目制作相对简单,受约束较少,比较受内容生产商的青睐。

作为一种可以实时为用户推送电视内容的业务,手机电视在内容上,更加注重新鲜性、娱乐性和时尚化。据调查显示,目前中国手机电视用户最希望在手机上看到的内容依次是:新闻报道类(14%),电影电视剧和短片类(10%),直播电视频道类(9%),音乐 MTV 类(8%),生活健康类(8%)。可见新鲜的资讯内容和时尚的娱乐节目是手机电视的两大主题内容。

让手机电视在中国大放异彩的奥运盛会印证了上述调查结果。据《金融时报》报道,在北京奥运会期间,有超过 100 万人通过中国移动网络用手机欣赏精彩奥运视频,节目点击次数近 700 万,累计播放时长达 30 余万小时。体育赛事的魅力就在于能第一时间掌握比赛进程,分享体育赛事带来力与美的展示。通过手机电视关注奥运体育赛事这一事实正说明,使用手机电视的人群对手机电视内容的期待更多的是尝鲜和娱乐体验。

以影视类的手机剧为例,习惯了传统叙事故事的用户,更倾向于收看贴近自己生活的故事。目前的手机剧题材大体呈现出"白领""爱情"现象。国内首部高清手机时尚剧《白骨精外传》便以白领主角们在办公室里的生活为主题,不仅话题时尚,同时一些在年轻人中流传的最新网络笑话也被引入剧情,受到追求时尚、热衷网络生活的年轻观众们的青睐。投资高达 300 万的手机剧《约定》讲述了两个摩托车手爱上同一个女人的故事,也是一部典型的现代言情剧。随着手机剧受众群体的日渐增多,手机剧题材也逐渐丰富。由北京摩视新媒国际广告有限公司筹划、出品的系列手机剧《偷窥 801》堪称是一部警匪题材手机剧。这部共计 40 集的手机剧作,集偶像、悬疑、爱情于一体,直击公众的隐私问题。

手机电视属于新兴的手机应用,使用资费和成本还相对较高,这也就意味着经常使用手机电视的人群一般是时尚的年轻人或高收入人群。年轻人总是新潮流的引领者,他们时尚、有好奇心,因此,即时新闻资讯、最新流行音乐、情景喜剧、重大赛事、大型事件直播等方能吸引他们的眼球。

(二)长度:短小、精致

手机电视因为手机屏幕尺寸大小、显示清晰度、电池续航能力等各方面的限制以及用户使用的"短时高频"性,决定其与传统电视相比,最直观的特点就是其长度的短小、精悍。相较于其他电视,手机电视是一种"可以放在口袋里的电视",具有移动收视的特点。而这也决定了它收视的不稳定性——干扰因素多、收视时间碎片化。同时,现代生活使人们在观赏电视时越来越注重审美经济原则,希求以最少的时间获得最多的快乐,因而那些精练短小、"长话短说"的微视频、微新闻较受欢迎。电视观众通常观看每个电视系列的多个摘录,而且每次观看的时间多在 10~15 分钟,手机电视内容多是"移动短节目"(Mobile Short Program),即适合移动状态中的人们享受的、长度不超过 5 分钟的电视节目。我们现在常见的微电影,就是一种适合在手机上进行观看的视频节目。它的特点是在很短的时间内,保证了剧情的完整性,节奏比传统影视也快得多。目前,现成的短节目资源很多,如音乐 MV、Flash 故事、小品相声、精彩广告等,也有专门制作的手机短剧。

首先,单位时间内信息量传达的多少与画面大小有关。手机电视的普适性、移动性和便携性决定其屏幕不可能太大。手机电视的屏幕通常在 3 英寸以下,而普通电视机的屏幕在 5 英寸以上,其屏幕大小决定其节目制作时应当避免使用深景镜头、长镜头和字幕,应尽量使用中景、近景和特写。手机电视的狭小屏幕不适合表现宏大场面和深远的历史背景。

其次,节目长度。手机电视的分辨率由标清以上降至 QVGA 以下,画面细节的表现能力大打折扣。人们利用手机电视可以收看电视节目、播放音乐、玩游戏、上网,但手机电视资费高、耗电量大、屏幕小,且长时间观看容易引起视觉疲劳,这使得手机电视的内容只能以"短""小""精"来取胜。手机电视收视的移动性与"碎片化",要求视频的时长一般控制在 5 分钟以内。与一场 90 分钟电影、一集 45 分钟的电视剧不同,手机电视续航能力不足与观众的视觉疲劳必须引起注意,因为手机的主要功能毕竟还是通话。如何在有限的屏幕上演绎完整的故事情节,对于手机电视内容生产提出新的挑战。5 分钟以下的手机节目,应以简单明快的手法交代叙事,而不应将过多的精力放在追求叙事空间的张力、故事人物结构的庞大和精巧、故事情节的多层渲染和铺陈上。2005 年 6 月,上海文广新闻传媒集团拍摄了国内首部为手机电视量身定做的互动情景剧《白骨精外传》。这部手机剧每集五分钟,共 365 集,讲述了一群"白"领、"骨"干、"精"英的精彩生活片断,其制作过程完全是互动式的。手机电视还可以借鉴美国经典电视剧《老友记》的制作方式,节目以"天"为单位进行制作,每天播出固定的集数,第二天在征集手机用户意见的基础上续拍接下来几集的内容,依次循环制作,聚集受众。

微视频在手机电视业务中的所占比重是较大的。但是目前,手机电视的节目内容仍主要来自传统电视节目内容的平移,为了适应手机电视的媒介特性,运营商们在平移传统电视节目的同时还会对节目内容进行一定程度的改编。这种改编通常表现为将原视频进行拆分,将"长视频"分割为若干个"短视频"从而缩短单个节目的时长。

不管是哪一种形式和来源,手机视频节目都必须符合手机传播的特点,做出与传统视频不同的相应改变。这些改变可以表现在对节目内容中的字幕做适当的忽略,加重声画的比重,增加采用特定镜头的比例等方面,弥补手机电视由于受手机屏幕大小限制带来的不足。

2003年12月,韩国头号移动运营商SK电信专门为手机用户制作的数码短篇电影《异共》在其3G业务品牌"June"首映,该片由韩国20名著名电影导演完成,每部独立短片5~8分钟,共20部。2005年,中国电影界著名导演谢飞、田壮壮、李少红、顾长卫、贾樟柯、王小帅等几代电影人一起为庆祝中国电影诞生100周年拍摄了手机电影《这一刻》,该片由8部独立的短片组成,每部3分钟。2008年1月英国电信公司O2联手著名内容制造商Endemol专门为手机制作的电视剧Cell,共有20集,每集时长仅为2分钟。这类手机微电影的单集长度都不超过10分钟,人物关系少,剧情也相对简单。同时为了突破手机尺寸的播放限制,镜头大多数为近景和特写。

(三)形式:私用性、个性化

与传统的"广播"式的传播模式对应的是"窄播",就是指大众传媒在新技术、新市场的刺激下,开始改变以往传播对象模糊化和大规模复制生产的模式,转而针对不同传播受众的特点和需要,利用自身优势来生产和复制各种个性化信息的活动。手机电视不同于其他传播媒介,它又被称为"口袋电视",手机电视的窄播化特征显而易见:细分的传播对象、个性的传播内容、差异的传播通道,手机电视具备了窄播化的所有特质。手机电视业务的发展,必将能够促进整个传媒窄播化浪潮新高潮的到来。

手机电视的长足发展有赖于运营商能否真正遵循"用户的需求决定内容"的原则,充分满足用户不断增长和变化的需求,使得手机电视真正成为用户的私人频道,让用户拥有对定制内容充分的自主选择和调度权利。

从另一方面来看,窄播化也有利于运营商采集用户的使用偏好和反馈信息,从而建立起强大的数据库记录用户的产品偏好、收视习惯,并借此与用户进行互动并针对用户的偏好做定向广告投放及营销。

手机电视具有私用性、便携性、互动性和个性化特征。手机属于纯粹的个人私用物品,机主对手机电视的使用拥有绝对主导权。手机具有强烈的个人属性,因此手机电视的节目内容在形式上必须充分体现私用性和"个性化内容定制"服务的特点。私用性与公众性相对,是指手机本身是个人化的私人物品,同时手机电视内容的传播也不像传统电视的公共传播属性,是个人独享的多媒体。"个性化内容定制"服务,即各类拥有不同收视偏好的电视观众都能便捷获得想要的个性化内容产品。手机和互联网的 IP 类似,具有唯一性,后台能够点对点地对最终消费者实现直接定位,这样的优势决定了在"受众"逐渐走向"用户"的时代里,为个性化服务创造了无尽的空间。如韩国 SK 电讯早就开展了各种个性化移动数据业务的尝试,推出了号码移动性制度、NATE.com 品牌内容服务、SK 电讯昵称服务,以及 48 小时通话质量问题处理等免费服务。

按照麦克卢汉的观点"媒介形式规定着媒介内容",手机的上述私用性和个性化特点使"个性化内容定制"成为手机电视的重要特征,也成为其制胜法宝之一。一方面,手机电视提供的点播和下载服务为这种定制提供可能,另一方面,手机的及时互动性又为这种服务提供便利。东方龙推出的《白骨精外传》就是一部互动情景剧,观众可以根据自己的喜好发送自己喜欢的剧情给制作方,制作方根据观众的反馈来续写剧情,这种制作模式在传统电视和网络电视都是无法想象的。

随着手机电视内容资料库的不断丰富,多样化的内容选择满足了用户检索和观看的要求,手机电视制作商和运营商就可以通过用户交互点播、搜索的信息来对用户数据库进行深层挖掘,确定用户喜好和习惯,定期调整节目内容,使其更符合用户的口味,从而满足用户的个性化需求。

(四)受众:大众化、分众化

手机电视分为广播方式和点播方式两类提供方式。对于广播方式来说,由于手机电视的目标用户分为不同年龄、不同性别、不同职业、不同受教育程度、不同兴趣爱好等类别,因此他们对手机电视节目内容的需求类型和接受程度也各有不同,而广播方式的节目提供方式无法对他们进行区别对待,所以就需要在手机电视节目内容的选择方面强调大众化特征,主要选择多数用户喜闻乐见的通俗性节目以供广播所用。

对于点播方式来说,由于具备了个性化服务功能,因而可以面向专门人群的不同喜好制作特定的内容,以及对专业领域的内容进行深加工,使其满足那些有特殊偏好的用户需求,供其便捷地进行点播下载,比如体育爱好者、音乐爱好者、收藏爱好者,以及那些频繁在外地出差的有金融需求的用户等。一方面可以通过手机电视用户提供的个人信息,由系统对大量的新闻视频进行检索,传送符合需求的节目;另一方面可以在节目设置上针对不同的受众群体,开设"分众"传播的频道。这类节目内容需要考虑分众化的人群需求,尽量细化节目类型,以供受众有针对性地选择。

三、影响手机电视内容的因素

依据传统媒介的使用和满足理论,影响媒介内容的主要因素是受众的需求,而所谓受众就是内容的用户和内容的消费者。但是对于手机这个新兴媒介来说,用户、受众、内容生产者可以是统一的。社会学家曼纽尔·卡斯特(Manuel Castells)就认为"用户是所有媒体的内容"。他认为,用户概念在网络时代应该取代传统媒体的"观众""听众"等概念。故而在此基础之上,影响手机电视内容提供的主要因素不再只是用户的需要,还有生产者的需要和媒介本身。

(一)手机电视的媒介特性

从手机的物理特性来看,手机电池的续航能力有限,使得内容的长度、用户收视的时间长度都不会持续太久;手机屏幕的局限,使得内容主要以声画见长,文字性的信息较少;手机作为移动终端,信号接收常会遇到不稳定的状况,因此手机电视的收视也注定是一种不稳定的收视。

从手机电视的传播特征来看,手机电视作为一种新型媒介形态,继承了电视传播极强的时效性、形象性、现场感和过程感,虽然信息在传播过程中是要受传播者的控制,但是由于手机电视具有强大的交互功能,用户可以根据自己的兴趣在任何时间通过手机电视接收或者点播内容,而运营商的数据库会自动记录用户的点播或收视偏好；对于一些特定的节目，用户甚至可以参与到节目内容的制作过程中去。

手机电视的用户可以依据自己的喜好收看节目，摆脱了传统家庭收视中对遥控器的争夺，凸显了手机电视的伴侣型媒介特质。

手机电视的内容发展首先受到的是手机电视本身媒介特性的影响，这不仅是手机电视区别于其他电视或视频类媒介传播方式的物理基础，也是手机电视内容制作者、传播者首先应该考虑的问题。手机电视的私用性、便携性和移动性、多向交互性、屏幕尺寸和显示清晰度的制约以及电池的续航能力等多种因素，都会影响手机电视内容的制作和呈现。

要在手机电视的内容策略方面进行创新，不能单纯"移植"或"拷贝"传统电视节目内容，而是应该开发专门针对手机播放的特有的节目内容。这些内容应该短小，适合在车旅、休闲、公交等零散时间观看。时长二至五分钟的短片，适合以点播和打包方式下载，也便于内容更新。音乐、动画系列、幽默片、用户自制的片断等等娱乐内容，比较符合手机电视的媒介特性。

（二）用户

手机电视用户的收视习惯深刻影响着手机电视的内容提供。用户的收视习惯通常包括收视时间、收视地点、收视偏好等等。手机的移动特性在时间和空间两重维度上突破了传统媒体的局限，使得手机用户可以随时随地使用手机电视业务。也由于用户使用手机电视业务的时间通常是零碎的、不固定的以及移动信号偶尔具有的不稳定性，使得内容的生产倾向于精而短的微视频。社会学从人对时间的支配和利用的内容着眼，将人的时间分为三种：一是制约时间，主要是工作时间、在校学习时间等。在这种时间中，只能进行规定的活动，不能进行其他活动，时间的安排受制约。二是必需时间，是为了生活所必需消耗的时间，如购物、做饭、睡觉以及为了工作和学习在往返路程中所耗费的时间等。这种时间必不可少，但是在具体安排上可以具有一定的自由度。三是闲暇时间，是除了上述两种时间以外的时间。它可以由个人自行支配。从这种分类方式来看，手机电视应该争取的时间点是"必需时间"，还有一小部分的"闲暇时间"。"必需时间"内的人们一般都是处于行动过程中的，或是在车上，或是在行走中，这决定了手机电视用户的收视地点也是流动的。此外,从收视偏好来看,用户对新闻、娱乐类型节目的需求也决定着此类内容的大批量生产与供应。

其次,在新媒体时代,受众由被动接受信息变为主动索取信息,即实现了用户驱动式传播,受众将在信息传播系统中逐渐占主导地位。手机电视的互动性决定了用户同时扮演了传播中传者与受者两重角色,用户不再单纯地接收数据,他们学会了主动搜索、主动拍摄、主动发布,用户积极参与到了内容的生产与流通之中,也有效推动了手机电视的快速发展。

根据传播学使用与满足研究学派理论,了解受众、用户的媒介使用动机和需求,就能够更好地给用户、受众提供内容,使之得到娱乐、情感以及信息等需求的满足。而用户的个人特征、个人的品位和喜好、个人闲暇时间的支配情况、个人使用媒介的具体环境等各个方面都会影响用户的选择、媒介使用的忠诚度以及使用黏性,但用户的这些因素也同样会反过来影响手机电视的内容,二者相辅相成、相互影响,甚至彼此规定。

比如,受到资费和使用成本的限制,目前使用手机电视的用户一般都是年轻人和时尚成功人士,而且从性别上说,又以男性居多,他们愿意尝试新鲜事物,也愿意付费观看。而这个群体对于电视内容的要求也往往较高:他们更注重个性化和娱乐性,对快捷获取信息的需求也非常强烈,因此手机电视内容也特别偏向新闻资讯、时尚娱乐等方面的内容。再如,随着手机电视用户的增多,难以通过其他渠道接触到电视或互联网的群体,如保安、服务人员等也进入手机电视的收视群体中来。而这个群体更偏重于实用性,观念也较为传统,手机短剧便能给他们提供谈资和心理需求。

(三) 商业模式

手机电视的内容与商业模式从一开始就是一个"鸡生蛋还是蛋生鸡"的问题。因为如果不知道用户喜欢什么样的内容,商业模式最终很难确定;反过来也一样,如果不能确定商业模式,内容提供也是毫无思绪的。

媒介是一种稀缺的资源,媒介的稀缺性也就造成了媒介传输渠道即商业模式的优势地位。消费者消费的是内容,而并非传输渠道,故消费者希望将更多的金钱投到内容上,而将更少的钱花费在传输渠道上。

从目前来看,内容提供的商业模式主要有两个方案:免费模式和付费模式。免费模式,是指手机电视用户不需要为收看内容付费。然而这种商业模式需要别的方式来补偿,补偿的方式就是广告。受众免费收看媒体的内容,但他们的注意力资源能够为广告商们创造收入。媒体未能从受众那里获得的利润由广告商进行了补偿,这样媒体和广告客户之间形成了重要的商业关系。

付费模式则是指手机电视用户需要根据收看的内容支付相应的费用。通常付费模式包含两种收费模式:广电模式和电信模式。广电模式倾向于低收费,希望通过销售内容完成整个产业价值链的建设。由于手机电视的内容生产商大多来自广电业,因此内容生产商可以牢牢占据产业的上游位置,产业下游的各个环节则通过自身的增值服务完成最终的销售。电信模式倾向于高收费,信息传输的服务商是整个产业结构的核心,他们通过大规模的通信服务完成沉淀成本的分摊,通过收取传输信息的传输费用完成产业的回报。

不同的商业模式对手机电视的内容有什么影响呢?一般而言,以广告为营利模式的内容提供必须以受众的注意力资源为基础,那么内容必须是大众化的内容;而付费模式的手机电视则必须能提供分众化或者小众化的个性内容才能吸引受众的注意力。由此可以看出,如果走免费模式,则应注重对用户注意力资源的有效开采;如果走付费模式,则应注重对产品、受众的细分,实行窄播化传播。

手机电视运营的商业模式也是影响内容规定的主要因素之一。是付费收看还是免费收看、是直接用3G或GPRS网络收看还是用CMMB功能手机收看,都会影响手机电视内容。因为,考虑到用户使用成本问题,付费收看的一般都是在传统电视上看不到的节目内容,节目时长的考虑弹性较大。而免费收看的节目,一般都较短,内容和传统电视内容类似,或者是传统电视的直接植入。

如果使用CMMB功能手机观看,资费也相对低廉,那么影视类节目、新闻专题节目所占比重就可适当加大,并且还可以推出分辨率稍高的高清版本节目,专供使用大屏手机的用户观看。如果使用移动蜂窝技术收看流媒体的手机电视用户,短小、清晰度和分辨率低的新闻资讯类节目的比重更大。

第四节 手机电视的用户分析

丹尼斯·麦奎尔在其著作《受众研究》中曾对"受众概念的未来"做过这样的阐述,受众这个概念在大众传播研究初期,"是指位于线性讯息传播过程终端的、讯息的实际或计划的(两者常常同时发生)接受者。他们通常是新闻或娱乐媒介的付费公众,广告宣传的目标对象",而"在一定的社会和文化环境下,媒介接受者或多或少具有一定的主动性,能够抵御媒介的影响,而且受到他或他自身所关注内容的引导"。

一、手机电视的用户特征

随着传播媒介的改变,受众的内涵也在不断丰富。在媒介开始进入经营形态,传媒开始产业化运作的今天,受众成为媒介信息的消费者、用户。在网络媒介、手机媒介普及的今天,受众甚至还可以是信息生产者,受传者的地位可以交互,还可以互换。手机电视在全球发展来看,一直是作为通信业和传媒业新的利润点的新应用,因此,本节将受众作为一个宽泛的概念,指称那些手机电视的接收者或与之相联系的人,而用户则着重指通过付费手段使用手机电视业务的人们。

(一)年轻化的受众主体

手机是实用性的通讯工具,但它的实用性正从通讯扩展到生活服务各方面,日益变成一个时尚的集游戏机、装饰品、录像机、照相机等于一体的轻型娱乐多媒体。也正因为如此,喜欢追赶潮流的年轻人成为手机电视的消费主体。我国首部手机剧《约定》的制作方乐视传媒曾公开介绍:"从短期市场来看,手机电视剧的预期观众是一些商务人士、成功人士与追求时尚消费的人群;而从长远来看,则是一些年纪集中在25岁至45岁之间、喜好科技潮流与时尚潮流的人,以大学生和白领为主。"

不仅手机剧的观众是以白领精英和时尚青年为主的休闲一族,就是对于手机电视其他内容,如新闻、电影、体育、娱乐、购物、游戏等,他们都是消费主体。他们文化素质较高,讲究生活质量,有艺术个性和追求,比较欣赏新鲜事物,张扬个性和创造力,喜欢群体互动,偏好互动、搞笑、非主流的内容。这些都是手机电视受众的最突出的群体特征之一。

(二) 交互式的受众群体

手机电视的受众是分散在现代社会不同角落、呈现出"部落化"的个体的聚合,在形态上呈现出"网格化"和组群特征,这使得手机电视的内容在传播的过程中表现出极强的"交互性"。在手机电视信息传输网络的可视化形态上,手机电视的传输路径呈现出犬牙交错的"根茎状"(rhizome)结构,它可以是单向的,也可以是同步多向和四通八达的。手机电视信息的众多传播者和接收者交织成无数个信息节点,没有固定的中心,形成一个松散的网状结构。

按照美国传播学者保罗·莱文森的观点,手机(cell-phone)就像"细胞"(cell),无论走到哪里,它都能够生成新的社会、新的可能、新的关系。换言之,手机不仅有移动的功能,而且有生成和创造的功能。它具有强大的联络功能,使我们进入"千里一线牵"的社会,我们可以随时随地呼叫,随时随地获取信息,这些功能构成了手机传输内容的特点,也构成了手机电视的观众特征。

多源流、多渠道、多接口、多终端和多节点构成了手机电视的首要传输特征。一个手机用户就是一个终端,他们有着不同的性别比例、年龄层次、社会地位、角色定位、文化素养、政治观点和宗教观点,但相同的是,他们不仅是信息的消费者和用户,也是主动的信息生产者和建设者;他们利用手机这个移动的数字化平台,依靠现代数字传输网络,共同构建了一个比计算机互联网络更加普及的手机网络,使得手机媒体在全球范围内形成一个"实时多点对话空间",最大限度地实现新媒体资源的共享和信息资源的大众化——通向"人人都能成为艺术家"的创造之路。

(三) 分层、分众的受众市场

新媒体让这些数量、能量巨大的受众逐步放弃大众媒体,而选择以手机和网络媒体为资源,通过这些新媒体横向连接(horizontally connected),展现出"群体对群体传播"(many-to-many)的新型传播模式,形成碎片化的大众。所谓"碎片化",原意为完整的东西破成诸多零块,反映在当前传播语境中就是随着媒体数量和种类的增加,大众传播语境被打破,形成了许多分众甚至小众受众市场"碎片"。以"分众媒体"为首的新媒体,不断侵占我们的公共空间,充斥着人们生活中的每一个时间间隙和空间碎片,由此受众注意力成为一种稀缺的资源,用户对信息选择的思维模式也呈现出"碎片化"的趋势。人们不再关注长篇大论,对需要长时间注意的节目内容也毫无兴趣,只字片语、微视频、短视频反而更容易被接受。

另外,保罗·莱文森在研究其媒介进化理论的时候,提出任何一种后继的媒介,都是对过去某一种媒介先天功能不足所做的一种补偿。根据这一理论,手机电视的出现无疑也是一种媒介"补充"的结果——传统媒体限制了人们的收视空间与收视的灵活性,手机电视的出现使人们的收视空间得到前所未有的延展,让人能够在流动状态中灵活接触媒体内容。毫无疑问,手机的灵活性让手机电视用户的收视时间、空间、频率都表现出很强的"随意性"。这种"随意性"一方面表现在用户对收视节目意愿的随意,这一点注定了手机电视短期内难以实现电视媒体所追求的"用户黏性";另一方面还表现在用户尽管因设有互动平台而容易聚合,但也很容易分散于其他各处,呈现出个体的碎片化和关系的易碎化特征。

(四) 全媒体化的接收惯性

手机终端的不断发展,符号、文字、音频、视频、动画各种信息都成为手机内容不可或缺的一部分。手机功能的不断拓展,使得手机已经成为现代通信和计算机技术有机融合的个人移动多媒体,拥有丰富的内容和直观的视觉效果。手机电视用户早已习惯使用便携化、贴身化的手机做很多的事情——享受在观看手机电视之外带来的全媒体化的使用体验。用户可以使用文字、表情符号相互沟通,评论节目好坏;还可以将手机电视节目转发、分享至社交网络,抒情感、交朋友;还可以参与电视节目的互动游戏等。这种视听结合的全媒体化的接收惯性构成手机电视受众的重要特征。

二、手机电视用户对内容的需求

从传播学的"使用与满足理论"出发,手机电视这一新兴媒体所具有的收看便捷化、交流多向化以及私密个性化等特点,使其能更适应目标受众多样化的需求,削弱了人们对传统电视的依赖。因此,尽管目前手机电视业务的普及率并不高,但它依然成了通信业和广电业竞相发展的重要领域,并被普遍看好。

受众的需求和态度直接影响着新媒体形态和产品的普及和发展。受众的需求分为普遍需求和特殊需求。普遍需求是指所有的手机用户的上网诉求,特殊需求是指手机电视用户使用该业务的动因。手机电视用户对内容的需求如下。

(一) 方便快捷的信息内容

使用手机电视的用户年轻、经济基础较好,这个群体的工作生活节奏也相对较快,他们对于信息的消费更注重信息获取方式的便捷化,而手机电视的随时随地获取信息的特点,以及其短小而精悍的节目长度都非常符合这一收视群体的需求。

(二) 新闻、影视、娱乐类型内容

除了快捷方便地获取信息之外,用户对于节目类型的多样化需求也较为突出,尤其是对于新闻、影视和娱乐节目类型的需求尤为突出。根据2006年艾瑞市场咨询公司的对"用户使用手机电视的节目类型的选择偏好"的调查显示,有超过半数的用户选择了新闻资讯、电影、音乐等娱乐节目,电视剧、综艺节目、生活类和体育类节目也都是手机电视用户青睐的内容类型。

(三) 增值业务

在网络时代,互联网对于人们生活方式和消费行为有着重要的影响,大众对信息消费的行为模式发生了明显的变化,最具有代表性的就是日本电通集团(Dentsu)提出的 AISAS 模式。目前营销方式正从传统的 AIDMA 营销法则(Attention 注意,Interest 兴趣,Desire 欲望,Memory 记忆,Action 行动)逐渐向含有网络特质的 AISAS(Attention 注意,Interest 兴趣,Search 搜索,Action 行动,Share 分享)模式的转变。在全新的营销法则中,两个具备网络特质的"S"——Search(搜索),Share(分享)的出现,指出了互联网时代下搜索(Search)和分享(Share)的重要性,不能一味地向用户进行单向的内容灌输,而要充分关注人们对信息的需求和交往的需要。

手机电视的用户被手机电视节目内容引起注意、产生兴趣之后,就会主动使用搜索或菜单寻找自己感兴趣的内容。如果产生了共鸣还会分享给其他人。手机电视需要从单纯的提供影像节目向手机电视游戏、电视购物、电视交友等增值业务开拓,不仅可以扩大手机作为电视信号接收设备

的功能,更重要的是使手机电视成为一个重要的媒体平台。

(四)手机电视专门化内容

手机电视作为一种新兴媒介,与其他主流媒体相比不具有共时性的竞争优势。它在现阶段的定位依然是一种针对手机用户闲暇时间的补偿性与替代性的媒介。在没有重要的公共事件驱动的常态中,它主要是以富有个性特点的类型化节目来吸引客户。捕捉用户个性趣味中的共性因素,寻找用户的精神情感需求的"趣味共同体",以此作为媒介产品生产与创新的价值支点,方能获得经济或社会的传播效益的最大化。这就要求手机电视在节目形态的构成上,应避免综合性,侧重专门化。在节目内容上,不追求面的覆盖,而是注重点的相对深入。针对用户自我选择性强的特点和自身不具备数量优势的条件,也应与手机网络视频的点对点服务相区别,以板块型定制服务为主导。由此形成自己的媒介特色,逐渐由补充型媒介向自足型媒介发展。

三、手机电视的用户行为

正如保罗·莱文森在其《媒介进化的原理:适者生存》中所主张的,媒介进化的趋势并非具有越来越多的人化痕迹,而是越来越满足人的自然感知和自然需要。随着手机电视使用资费的降低以及内容服务商的壮大,"内容为王"同样是手机电视发展所必须面对的问题。不管是什么样的内容都要以满足用户需求和用户体验为前提。

(一)碎片化

用户使用手机电视的行为一般穿插于日常生活中,不仅容易被干扰,同时鉴于手机等终端交互性方面的局限,其单次使用时间一般也较为短暂。

除手机使用时间外,这一碎片化行为趋势还可以进一步推广至用户使用手机电视行为的其他各方面,包括获取信息的碎片化、观看体验的碎片化和消费行为的碎片化等。

(二)浅显性

用户在手机电视上的收视通常是浮于表面、不够深入的,多倾向于浅层次的信息获取,而不是深层次、系统性的知识吸收。因此,不应该期望用户花费大量时间来消化和整理移动互联网的内容信息。这使得手机电视内容需要着重注意其精悍简洁度和所要表达信息的精准性。

(三) 针对性

典型的手机电视深度用户在使用手机电视业务时往往具有较强的目的性,这不仅体现了手机电视用户对个性化、分众化节目内容的需求,还反映出在移动上网宽带资源稀缺、资费相对昂贵及手机设备交互性受限的情况下,用户期望获取精准个性化服务的强烈需求。

(四) 突发多变性

手机媒介使用的碎片化特征直接影响了用户的收视行为,用户不仅会因为个人喜好、收视环境等因素的影响出现突发的猎奇心理,还会因为社会突发事件所导致的手机电视重大事件节目的获取需要,这也体现了手机电视作为一种即时性和伴随性极强的媒介优势,然而这种需求通常随机多变,且历时短暂,难以有效把握。

第五节 手机电视发展面临的问题

当前我国手机电视发展面临的困难主要可以从技术、内容、终端、资费、经营和政策这六个方面来分析。

一、手机电视发展的技术问题

手机电视的实现首先是个技术问题。手机电视的传输需要全过程数字化技术支持,包括将数字化音视频信号进行压缩、编码、调制,最终实现高质量传输以及高功率效率和频谱效率,提供容量大、效率高、可靠性强的数据信息传送,这些技术目前已得到基本实现。但手机电视还面临诸多技术难题,包括无线信号传输环境对手机终端信号接收的影响、网络带宽和传输容量问题、信号编码压缩问题等。

无线信号通过空气进行传输,在同一时刻,来自不同路径的发射信号在空中叠加、干扰,并出现不同程度的信号损耗,导致系统性能和信号接收的下降,又称终端接收的多径问题;同时,由于手机电视用户处于不断移动中,接收方相对于发送方的运动会产生相位和频率的变化,导致为以不同速率运动的移动用户提供高质量和可靠的视频传输存在困难,又称多普勒频移。而手机电视业务需要传输视频内容,视频内容相较于文字、图片、音频等需要更为充裕的移动通信网络带宽和容量,同时也对信号编码压缩技术提出了更高的要求。

第三代移动通信技术 3G(3rd Generation)的数据传输速度将高达每秒 2MB,与第二代 GSM 移动通信技术每秒 9.6KB 的传输速度相比有了质的飞跃,第四代移动通信技术理论可达 100M bps,移动 4G 手机最高下载速度超过 80M bps。随着 4G 牌照的发放,移动网络的负荷能力和流通速度将得到极大的改善,对于流媒体等流量消耗大户类应用,也将具备承载能力,这在硬件条件上将极大改善移动设备的使用环境。3G 与 4G 网络在一定程度上解决了带宽和容量的问题,而流媒体等技术的发展也将逐步解决编码压缩等技术问题。

二、手机电视发展的内容问题

手机电视需要丰富的视频内容才能具备独特的吸引力。现阶段,由于我国电视市场影视内容仍不够发达,同时缺乏西方电视节目辛迪加模式(syndicate)[1],而手机电视节目大多出现同质化倾向,针对手机电视制作的专门性内容更是严重缺乏,影响了手机电视的进一步发展。

我国目前手机电视的内容很多是直接移植传统电视台的节目,如果两者节目形态同质化,那么人们还不如看大屏幕电视来的舒适,手机所拥有的移动便携性强、个性化互动媒介的优势将无法体现。只有充分理解手机的使用方式、手机使用的社会内涵及移动设备的局限性,人们才能最终意识到专门为手机电视制作内容的迫切需求。

要丰富手机电视内容,亟须更多具有创新性的内容提供商加入此行列,充分调动电视电影制片商、MTV 制片商甚至原创视频用户等内容提供者的积极性,合理解决知识产权及与运营商的分成模式,为手机电视业务开创源源不断的鲜活内容。

---

[1] 电视辛迪加,是一个节目分销系统,节目分销商将同一个新节目或旧节目的播出权分别卖给不同的电视台,使单个节目实现网络化播出,扩大节目影响,增加节目价值。辛迪加节目中最重要的形态是首播辛迪加节目。

三、手机电视发展的终端问题

手机作为手机电视业务的终端,存在一定的局限性,成为制约手机电视发展的瓶颈。

手机屏幕尺寸较小,且分辨率不高,限制了屏幕内信息量的承载力,成为影响手机电视收视体验的一大弊端,而近年来拥有更大屏幕尺寸和更高分辨率的平板电脑的盛行也成为手机电视的一大竞争者,这也决定了专门制作手机电视节目内容的必要性,画面清晰简洁、多运用特写和近景镜头等都是解决这一终端问题的有效手段。

手机电池续航时间也限制了手机电视用户的体验。视频内容相较语言通信、上网等手机功能需要消耗更多电量,这使得用户在电量不足或有更高优先级手机功能需求时不能随心所欲地启用手机电视业务。研制大屏高分辨率手机、研究拥有更高续航能力的电池技术都是解决手机电视终端问题的方法。

四、手机电视发展的资费问题

尽管随着3G、4G移动通信网络的普及,数据传输速率将不再是限制手机电视发展的主要因素,然而技术的提高在短期内却会造成信息资费额的上升,我国快速的移动网络建设仍相对滞后,流量资费仍在大众用户消费能力之外。

根据2014年3月联通、移动与电信的数据显示,中国联通4G资费套餐分为76元至596元8档,分别包含400MB至11GB流量;中国移动4G资费套餐有40元至280元7档,分别包含400MB至10GB流量;中国电信4G套餐目前分为70元至280元5档,分别对应1G至10G流量。

随着移动通信网络带宽的增加,用户上网浏览网页、图片、视频、下载的速度也越来越快,在一天固定的上网时长里,浏览单位内容的速度提高直接导致浏览内容数量的增加,因此在4G网络下,用户不知不觉中浏览了更多的内容,尤其是用手机看视频及下载(视频或软件等)的便捷让用户更经常性使用,耗费更多的流量,导致资费的增加。反过来,手机流量资费问题也引导了用户的使用行为,使手机电视等基于手机终端的视频服务从长远上看得不到发展。

在改善移动设备使用环境的同时,还需逐步将流量资费下调至让用户减少资费,甚至可以无所顾虑地随时接入移动网络的程度。

五、手机电视发展的经营问题

手机电视产业仍处于商业模式和营利模式摸索、产业环节构建阶段,产业链及经营模式均未完善。手机电视产业价值链涉及多方和多步环节,内容提供商把制作的内容分发给业务提供商,并由业务提供商将节目集成为适合各种网络标准的文件,分发给广播电视网络运营商、卫星网络运营商和移动网络运营商,最后分别以不同技术将内容传送到用户手机终端。

我国手机电视的营利模式、手机电视的融合业务与产业分立监管的矛盾、电信运营商与广电系统的利益冲突、手机电视产业规制、技术标准的统一等都是绕不过去的问题。最终实现媒介融合必须解决以下问题:处理广播电视产业与电信产业之间的关系;走出单一运营模式的困境,探索合作运营模式;以广告为突破口探索多种营利渠道等。

六、手机电视发展的政策问题

在国务院推进三网融合的背景下,我国手机电视发展仍面临诸多政策与行业壁垒问题,如广电业与电信业之间的行业分割、条款管理。事实上,手机电视涉及两方共有地带,广电部门掌握手机电视的运营牌照和手机电视节目版权,电信部门掌握着承载手机电视业务的移动网络。无论是广电运营商还是移动通信运营商,要想把电视内容移植到手机终端,都必须持有广电总局颁发的牌照,而至今只有上海文广新闻传媒集团、CCTV等个别单位获得中国手机电视牌照,手机电视业务受到极大限制。广电部门既没有形成属于自己的产业体系和运营体系,更没有主控的行业标准,电信部门虽已初步形成产业链条,但在涉及广电部门的内容制作和节目源方面如何把握还没有清晰的轮廓。如何使二者联合,明确管制问题,制定互惠互利的政策法规,已成为手机电视发展的关键因素。

第六节　手机电视的运营与管理

移动式和广播式是全球范围内手机电视业务的两种主要方式。在我国,最主要的手机电视模式中,3G 交互模式属于移动式业务,CMMB 广播模式属于广播式业务,而 TD+CMMB 协同模式则是二者的结合模式。在手机电视中,采用不同的技术标准意味着运营模式的不同,也导致了产业链与商业模式存在着差异性。

一、手机电视的运营

移动方式手机电视的运营主要是指移动通信运营商主导的运营模式,广播方式手机电视的运营则是指广电运营商主导的运营模式。以下内容将分别以移动式和广播式业务模式展开分析。

(一) 手机电视的产业链

移动式手机电视产业链由网络运营商、内容提供商、内容集成商、内容运营商、增值业务提供商、网络设备供应商、终端设备制造商、系统集成与软件提供商、广告商、UGC(用户自创内容)构成,其中内容产业环节与移动网络运营商构成产业链的核心。

广播式手机电视产业链由内容提供商、内容整合集成商、广播服务提供商、广播网络运营商、移动网络运营商、广告商构成,其中广播服务提供商为该产业链核心。

(二) 手机电视的商业模式

移动式手机电视的商业模式结合了已有媒体及移动业务的商业模式,综合了通信费、流量费(计次与包月费等)、信息费、广告费等多种方式,包含信息服务模式、广告模式、销售模式、上传反哺模式等多种模式,成为一个复杂的集合体。而定价方式主要有按内容定价、按时长定价、按流量定价、按事件定价和包月方式等,既可单独使用又可结合使用。近年来,不同业务的价格捆绑策略也被经常使用。

广播式手机电视的商业模式并未跳出传统电视广告模式的藩篱,主要收入为广告费用及用户开通费用。用户分别向移动运营商和手机电视运营商提供信息费、流量费和订购费,移动运营商就信息费与手机电视运营商分成,手机电视运营商要分别向广播网络运营商提供网络租用费,向内容提供商提供信息费分成和内容版权费。商家向内容提供商和手机电视运营商提供广告费。

二、手机电视的规制

广播电视作为"党和政府的喉舌""舆论宣传的重要阵地",政府对广播电视行业实行严格的进入管制,严禁私人领域、民间组织和外资涉足创办电台、电视台和有线电视网络。政府对广电业实行的市场进入管制主要着眼于结构管制和行为管制。

(一)手机影像传播的功能及其社会影响

传统电视自诞生以来,以极快的速度占领了原来由纸质媒体和广播媒体居主要地位的媒介市场,并且成为当今受众获得信息的主要也是最重要的渠道。一个重要的原因就是电视的声画特性。正是因为屏幕这种介质的存在,才使得电视作为声画媒介迅速发展,现代社会是一个影像化的生存环境。

随着手机技术的进一步发展,手机电视会将影像化的特征发挥得更加淋漓尽致。声画世界已经包围了我们每天的生活——我们上班时面对电脑屏幕,回家后面对电视屏幕,移动时面对手机屏幕。手机电视影像化的传播将更大程度地刺激我们的视觉,给予我们更强烈的纪实感、现场感和参与感。

手机电视作为一种新型的媒介形态,继承了传统媒体电视极强的传播时效性、形象性、现场感和过程感的特征,虽然信息在传播过程中是要受传播者的控制,但是由于手机电视具有强大的用户管理和点播的交互特质,用户可以根据自己的兴趣在任何时间、任何地点通过手机电视接收或者点播所需内容;并且对于一些特定的节目,用户可以参与到节目内容的制作流程,决定节目内容的生产。例如,国内首部手机互动情景剧《白骨精外传》用每天5分钟一集、全年365天每日更新的方式与观众见面,观众收看节目时,能通过网站跟踪剧本的策划、编写、拍摄全过程,也可以利用手机短信或网站方式直接参与评论,制作方将综合观众的意见和建议对剧情做出适当的修改,这一互动性突破了传统电视你播我看的单向传播模式。

值得指出的是,手机电视无与伦比的移动信息传播特质,通过手机电视,用户可以随时随地掏出手机用于收看电视,特别是在受众等车、乘坐交通工具的途中、等候会见的空暇时间等,用户可以在公共汽车站、地铁站或车辆中随时收看手机电视节目,相对于传统电视或数字电视的固定地点收看,手机电视的伴随性和可移动性成为手机用户的一大制胜法宝。手机的移动传播给人类的信息传播带来一种新的可能——移动信息传播,充分迎合了用户随时随地、自主选择的需要。

就传播学意义而言,手机电视出现的影响主要体现在以下几个方面。

第一,手机电视打破了传者和受者之间的界限,从单向线性传播走向了互动传播。传统媒体的信息传送是单向的,信息的反馈必然也是延迟滞后的,缺乏时效性和新鲜性。手机电视的出现是对传统传播格局的突破,用户可以随时随地依据需求搜索音视频内容,并能及时对内容进行评价甚至决定内容的生产,而"拍客"们更是直接成了手机电视的生产者,成为真正的"传者",用户已不再是单纯的受者了。

第二,手机电视真正实现了媒介的融合。手机电视是数字化的移动终端,能够轻而易举地既接收图片、文字,又可接收音视频数据,充分实现了各种媒介形态的融合。小小的手机集合了各大媒体的功能,成了一个全媒体的媒介。

第三,手机电视消除了信息传播在时间维度和空间维度上的限制,提供了随时随地的新媒介形态。手机电视不仅提供直播业务,还能实现节目内容的下载和点播,实现了实时传播和异时传播的共存。在空间上,由于移动通讯遍及全球,手机媒介可以打破媒介地域性的限制,用户无论在世界的哪个角落,都能获取需要的信息。

(二)国外手机电视的政府管制

在全球电信业界普遍达成"电信业还不能完全放弃管制以保证电信业持续健康发展"的清晰认识的同时,手机电视的管制仍面临着巨大的问题。这是因为,各国在广播和通信领域一般都有不同的政策,并由不同的政府部门来管理,对相应领域的企业也有着严格的限制。在已经开展了手机电视业务的国家当中,英国和韩国在处理广电业和电信业的关系上有值得我国借鉴的经验,下面简要介绍这两国在手机电视方面政府的管制措施。

英国是全球三网融合发展最快的国家之一,目前已经具备了较为科学、系统的三网融合政策体系和监管体制。

英国信息服务政策经历了一个"由分立到融合,不断促进行业竞争"的发展过程。电信服务和广播电视服务的具体监管政策的特点则可以概括为:

(1) 英国电信服务监管——打破垄断,鼓励公平、自由竞争。

(2) 英国广播电视服务监管——管制到放松管制到自我约束。

英国政府于2003年推出了新的《通信法》,并依据通信法成立了融合监管的机构——通信管理局(Office of Communication,简称OFCOM),全面负责英国电信、电视和无线电的监管,旨在打破信息领域中存在的各种管理壁垒,实现统一管理。新《通信法》的出台是英国政府在新媒体、新技术、新业务迅猛发展的背景下,为更好顺应融合的大趋势,促进产业发展,繁荣市场而制定的。新《通信法》是英国历史上第一部完全实现了广播、电视、电信业统一监管的法案,在各行业原有政策法规的基础上,进一步以"公平、开放、竞争、融合"为目标进行了调整,对于英国三网融合的快速发展具有非常重要的意义。

新《通信法》就无论是电信服务还是广播、电视服务,在OFCOM业务类型的界定上都采取了比较开放的方式,明确规定准许广电和电信的双向进入,强调了服务内容本身和服务内容承载网络的相对独立,这从根本上保证了广电业和电信业的相互融合开放。

新《通信法》规定了OFCOM的内容和文化安全管制职责:为广大观众不受冒犯性或有害内容侵害实施足够保护,为广大观众不受不公平或破坏隐私内容侵扰实施足够的保护。实际上,是将原来的《广播电视法》中规定的内容监管职能转移至OFCOM实施。OFCOM董事会中设有内容委员会,负责广播电视内容管制。内容委员会根据授权负责广播内容监管、媒体教育,并就同时涉及内容/文化方面和经济/产业方面的广播事务,向董事会提供咨询。

就融合业务的发展模式而言,"移动网络运营商提供网络平台,电视运营商提供内容"这一合作模式已经在英国开展起来,而电信业、广电业各自独立经营融合业务也已得到了稳定的发展。可以说,双向进入的模式有力地促进了英国新媒体事业的发展,特别是在手机电视领域,这种模式给广电、电信带来了和解的希望。

在政策环境建设方面,韩国无疑值得包括中国在内的新兴电信大国学习。韩国先是通过引入 CDMA 快速提升了本国电信业整体的国际竞争力,随后在 2001 年发放 3G 牌照时有意识地通过发放 WCDMA 牌照,引导本国产业资源往 GSM/WCDMA 领域延伸,而在手机电视商用方面也走在了全球前列。虽然 WiMAX 在全球范围内的大规模商用仍充满不确定性,但韩国不仅发展了自有的 WiMAX 体系标准——WiBro,而且通过发放牌照等方式鼓励运营商在 2006 年投入商用,从而抢占相关制式在国际市场的先机。

2003 年,韩国推出了"数字多媒体广播"战略,并把支持制式命名为 DMB。DMB 技术是韩国主要采用和推进的手机电视制式体系,而韩国原先的广播法并不允许电信企业通过移动广播网络传送传统的电视节目,为了推动 DMB 的发展,韩国政府修改了原先的广播法,积极推进广电与电信的融合。韩国的 DMB 制式具体分为两种:一种是 T-DMB(地面数字多媒体广播);另一种是 S-DMB(卫星数字多媒体广播),就是把卫星电视与移动通信相结合,让用户可以直接接收卫星电视信号。

统一标准,两种模式是启动 DMB 发展的"原动力"。韩国没有直接引进欧洲的 DAB 制式,而是自主研发了名为 DMB 的新模式。相比而言,T-DMB 的投资较小,适合于区域性应用;而 S-DMB 适用面比较广,甚至可以覆盖整个国家,所以投资额较大。标准统一使得 DMB 的推广更为便利,而两种模式让 DMB 的发展更为多层次。

健全的法规和政府的大力扶持是手机电视发展的保障。韩国政府对本国信息产业给予了不遗余力的支持,除了投入大量的资金外,还适时地调节政策,健全法律。这些都为韩国 DMB 的发展营造了良好的发展环境,也是它得以发展的重要因素,值得我国学习和反思。

中国电信业在改革开放前完全由国家控制,原邮电部作为政府管理机构行使经营管理职能,国家投资设立网络,对行业实行严格控制。改革开放后,政府管制发生了较大变化,并逐渐走向规范化的发展轨道。根据《中华人民共和国电信条例》,国家对电信业务经营采取市场准入制度,通过发放电信业务经营许可证对市场进入进行限制,许可证的发放机关为国务院信息产业主管部门及省级通信管理机构。管制包括两方面:一是对新企业进入基础电信业务和增值业务领域进行管制;二是对电信企业经营业务范围的限制。随着第三代移动通信技术的应用,获得移动通信经营许可证成为国内电信运营商业务发展的重要目标。

(三)手机电视的管理发展方向:融合监管

融合监管将成为中国手机电视行业的管理发展方向。数字技术的迅速发展和采用,把语音、数据和图像信号编码成统一的"0"和"1"进行传输,成为电信、计算机和有线电视的共同语言。至此,产业边界分明的电信业、广播电视网和计算机网页也由此走向了融合。

面对三网融合,中国政府管制改革需要完成以下转变:构筑政府管制的法律基础,重组管制机制,建立独立的管制机构,培育利益独立的市场竞争主体,出台科学合理的管理方法,实现管制法律和管制机构的双重融合,以融合促竞争,以竞争促融合。中国政府管制较为理想的改革路径是均衡由三网分立到三网融合的转变、由行政管理模式到现代政府管制的转变。

"三网融合"由于突破传统的产业分立局限,使得产业边界模糊,融合的产业发展趋势对通信监管体制、监管内容、监管标准、监管范围、监管手段及监管重点提出了新的要求。在市场不断快速发展变化的新时期,新的发展机遇也带来了新的监管问题。随着我国"三网融合"规划的不断推进,打破电信和广电各自为政的局面,进行业务融合已势在必行。谁将成为融合后"三网"的主导?广电还是电信?

广电率先推出 CMMB 技术标准,并加速手机电视芯片的研发以及产业链的拓宽,可以说,拥有产品内容优势的广电在这场战斗中抢得了先机。但是广电推行的标准离真正的商用标准还有一段距离并且电信业在产业链和渠道上明显占有优势,因而这场战役变得更加扑朔迷离。一位信息产业部官员曾表示:"在手机上看电视,你说它是电视业务还是电信业务?现在要做的是把该管的管住,让该发展的能够发展起来。"中国科学院声学研究所研究员侯自强更是直截了当地指出:"广电就是要自己一家来做手机电视,以获得手机电视的主导权。广电如果单纯采用 CMMB 标准开发手机电视,将导致运营成本的大幅提升,并有可能难以保证必要的服务质量水平。通过卫星广播方式单独来做手机电视是不适合的。"

随着手机电视业务市场形势发生了显著的变化,广电和电信"各自为政"的监管形式亟待被打破,而随着业务的逐渐融合,融合监管这一提议也逐渐浮出水面并显得越来越紧迫。中国网通副总经理朱立军曾在两会期间提交了全称为《关于深入推进三网融合,加快国民经济和社会信息化发展的建议》的议案。他在议案中提出,三网融合已是大势所趋,我国应统一网络的监管机构。深入推进"三网融合",应该解决政府监管机构的融合问题。除媒体内容另有监管部门外,电信与广电网络应由一个机构统一实施监管,这样网络的融合才有可能真正实现。

那么,这种融合监管具体应该如何实现呢?

从理论上来说,可以选择的路径有三条:一是由中央政府各个部门按不同职能共同监管;二是由中央政府的某一职能部门为主负责手机媒体监管工作,并负责协调其他部门来对手机媒体进行监管;三是由中央政府成立一个专门的、独立的机构全权负责对手机媒体的监管(实际上是合并原有各部门的职能)。

从目前我国手机电视的发展来看,我国主要是实行多部门监管,然而多部门监管导致执法部门过多,这样一来难免会出现职责交叉和权力的真空地带,导致监督和制约很难实现。一些发达国家的做法和经验值得我们思考,例如在美国,联邦通信委员会FCC是一个独立的美国政府机构,由美国国会法令授权创立并由国会领导,它负责规定所有的非联邦政府机构的无线电频谱使用,美国国内州际通信和所有从美国发起或在美国终结的国际通信。简而言之就是,联邦通信委员会是主管美国的广电、电信和互联网部门。1996年,联邦通信委员会通过《1996年电信法案》,解除了对电信和媒体之间的跨业经营的限制,即允许电话公司和有线电视业务领域的相互渗透,因此,美国的电信企业和广电企业都可以自由发展。

我国是否可以效仿美国,建立一个独立的监管机构,由其统一监管电信和广电部门,通过制定相应的法律、法规和监管日常事务来统筹全局,无疑能更好地促进整个产业的发展。

第五章　公交移动电视：流动社会的视听传播

　　随着现代视听传播技术的发展，人们的收视行为已经不再局限于某一空间内。现代技术帮助人们实现边走边看，突破时间与空间限制的愿望。这项技术即是日渐普及的移动电视。

　　移动电视被称为"第六媒体"，以数字技术为支撑，通过无线数字信号发射、地面数字接收的方式播放和接收电视节目。它是户外媒体和电视媒体结合的产物，使人们在外获取信息资源变得更方便，改变了以往人们在固定室内空间收视的习惯。

　　究竟什么是移动电视？从字面上来看，移动电视就是在移动中也能收看到的电视。这种理解虽然还不够精确，但已经把移动电视的一大特点概括出来了。有人在形容移动电视这一新兴媒体时，用了一句话："电视长了脚，跟着观众跑"。这句话很生动地体现了移动电视"能在移动中收视"的特点。电视不再是固定的，而是能够随着观众的需要，随时随地可以进行观看的。

　　从技术层面来说，移动电视属于地面数字电视的一个分支。根据阿米特巴·库马尔（Amitabh Kumar）的定义，移动电视是把电视节目或者视频传输到大范围内的无线设备上，节目能以广播模式传送给覆盖范围内的所有用户，或者以单传播方式传送给点播的用户，还能通过组播方式传送给一组用户的一种技术。[①] 这是一种广义上的概念，包括狭义的车载移动电视以及手机电视等。

　　上一章主要介绍了广义移动电视的一种——手机电视，本章主要了解狭义的移动电视——车载电视。

---

① 〔印度〕Amitabh Kumar. 移动电视：DVB-H、DMB、3G 系统和富媒体应用[M]. 刘荣科，孔亚萍，崔竞飞，译. 北京：机械工业出版社，2009：1.

第一节　移动电视的界定与传播特性

2001年,新加坡率先在1500辆公交车上使用移动电视。2003年1月1日,我国第一个移动电视频道——上海东方明珠移动电视开播。北京也于2004年5月28日开始使用移动电视。此后,我国的主要城市都相继在公交车、地铁与出租车上开播移动电视。2013年6月5日,央视市场研究股份有限公司(CTR)发布的中国洞察趋势报告显示,截至2011年年底,全国城市公共交通运营车辆数达41万辆,运营线路网长度近52万公里,年公共交通客运总量达743.9亿人次。形成全国联网传播优势的公交电视媒体覆盖主流消费城市共55个,公交电视终端数约33.5万屏、地铁电视终端数约6.5万屏,触达数亿受众。在公共交通工具内看到移动电视满足了人们边走边看,在移动中也能收视的愿望,人们的外出行程也变得比以往更丰富有趣。

在我国,移动电视曾在重大活动(2008年北京奥运会、2010年"两会"、上海世博会等)中发挥了重要的信息传播作用。2010年"两会"期间,北广传媒移动电视通过北京公交、出租车、地铁等交通工具上的35000余个电视终端,实况转播"两会"开幕式等重要会议议程,并对大会重要新闻进行集成报道。同时,移动电视的出现和发展也丰富了市民的日常生活,为市民的出行带来方便和乐趣。

一、移动电视的界定

(一)什么是移动电视

从名字上来看,移动电视就是在移动中也能收看到的电视。移动电视属于地面数字电视的一个分支,以数字技术为支撑,通过无线数字信号发射、地面数字接收的方式播放和接收电视节目。移动电视可以采用无线数字广播电视网(DMB),也可以采用蜂窝移动通信网、WiFi等。我国的移动电视多采用DMB和蜂窝移动通信网(GPRS或CDMA)。对"移动电视"的界定有广义与狭义之分。

1. 广义的"移动电视"

广义上"移动电视"是指一切可以以移动方式收看电视节目的技术或应用,包括狭义的移动电视、手机电视等。

2. 狭义的"移动电视"

狭义上的"移动电视",是指在公共汽车等可移动物体内、通过电视终端以接收无线信号的形式收看电视节目的一种技术或应用。

在本章里,移动电视指的是狭义的概念。"移动电视实际上是对数字电视信号在移动状态下的接收,人们可以在公交车、出租车、地铁、火车、飞机等流动人群集中的交通工具上收看到画面清晰的电视,及时获取新闻信息。"[1]简单说来,本章所说的"移动电视",就是安装在公交车、地铁、出租车、飞机、火车等公共交通工具内,供移动状态中的乘客收视使用的电视系统。

(二)移动电视与传统电视的关系

作为电视行业里一种新型媒体,从传播的时间和空间以及内容和方式上来说,移动电视都与传统电视媒体有着很大的不同。在各种新媒体涌现并且争夺市场空间的今天,移动电视以其独特的优势开拓出发展的道路。

1. 移动电视是对传统电视的补充

移动电视的出现,无论从内容上、收看时间和地点上来说,都是对传统电视没有覆盖到的空白之处的补充。它使得习惯于通过电视获取信息的我们,能够有更多机会得到更多信息,享受与传统电视不一样的电视资讯、娱乐服务。

从节目内容上来说,移动电视的节目以短小精练为原则,力图做到时长短、内容丰富、简单易懂。传统电视讲究一定的深度,大多数节目时长在15分钟以上,而且讲究一定的深度。而针对受众的流动性和收视环境,直接将传统电视节目移植到移动电视上是行不通的。所以移动电视发展过程中,必须也必然出现大量专门针对移动人群的精短节目,这是人们过去在传统电视上不能看到的。

---

[1] 张锐.什么是移动电视[J].中国记者,2005(1).

从节目类型上来说,传统电视必须顾及多层次的人群。比如在不同的时段,传统电视会有选择地播放时尚娱乐节目、老年节目、动画片等,而无法集中播放某一种类型的节目。而且县级以上电视台,不可能做到完全符合本地民生需求。移动电视的受众主体明显,可以长时段播放针对主体受众的同类型节目。同时,由于公交系统的地域性,移动电视的节目可以更地方化、民生化。

从收视时间上来说,过去人们看电视的时间主要集中在晚上 18:00 以后的休闲时段。而移动电视的收视时间则主要是人们出行的高峰期,如从家中出门,在上班途中的时间,或者是人们下班后回家路上的时间。这些时间段在移动电视和手机电视出现以前,都属于人们的空白时段。除了广播,人们很难有别的方式接收信息。而移动电视则刚好填充了人们这些空白时段和一些"时间碎片"。与传统电视正好形成互补,使人们能够收视的时间大大延长。

从收视空间上来说,移动电视的收视地点不再是一个固定空间,而是一个移动中的空间。这改变了传统电视受众只在固定室内环境中收视的情况,移动电视、手机电视、户外电视共同形成一张户外信息覆盖网络,充分填补了传统电视留下的空白空间。

2. 移动电视与传统电视的竞争

从过去的媒体发展历程中,我们可以看出,一种新媒体的盛行必然会引发受众接收信息方式的转变,对原有媒体的发展和经营构成一定的影响。移动电视这一新媒体的出现,在弥补了传统电视在收视内容、类型、时间、空间上留下的空缺的同时,也逐渐与传统电视形成竞争局面。

(1) 移动电视改变了一部分人,尤其是青壮年上班族以传统电视为主要收视方式的习惯,降低了他们对传统电视的依赖程度。当代白领一族对于互联网的依赖,已经逐渐超过对传统电视的依赖性。部分人在休闲时段选择了上网,或是外出,而非在家收看电视。移动电视的出现,使人们有了新的渠道接触电视节目,对传统电视的依赖程度会进一步降低。甚至年轻人群可能以互联网、移动电视来取代传统电视。

(2) 移动电视对传统电视的节目形态产生影响。移动电视的内容短小精悍,与传统电视有着相当大的区别。这在一定程度上会对传统电视节目的制作产生影响,使一些传统电视节目不得不一改以往长篇幅的习惯,开始尝试短小型的节目,以符合现代人的生活节奏和收视习惯。

(3)移动电视和传统电视竞争广告市场。移动电视的受众群体更为明确,广告投放更精准。同时,移动电视广告的千人成本比传统电视更低,并且由于移动电视独特的封闭性收视环境,广告具有必视性。因此移动电视将有可能分散广告商对传统电视的注意力,得到更多广告商的青睐,与传统电视争夺广告市场。

移动电视这一新兴媒体的出现,对于传统电视而言,既是一种补充,也是一种挑战。移动电视可以从传统电视的发展中借鉴到许多有意义的经验,可以利用自身的独特资源和传播特性,在传统电视已经深入人心的情况下开拓发展空间。而传统电视必须在做好原有节目的基础上,吸收新媒体的先进之处,使自身得到更进一步的发展,来面对新媒体技术日新月异的局面。

二、移动电视的优势与劣势

移动电视被称为继报纸、广播、电视、网络、视频点播之后的"第六媒体"。其传播与之前的媒体既有相同,又有不同之处。相比起其他的媒体传播,移动电视的传播有其特性,这些特性给移动电视发展带来特殊优势的同时,也给它的发展留下了诸多难题。

(一)公交移动电视传播优势

1. 数字化的传播技术

数字电视是当今电视行业发展的潮流和必然趋势。移动电视利用了数字化技术,它通过无线数字信号发射、地面数字接收的方式播放,基本能在高速移动的状态下保持画面的清晰,具有高画质、高音质、高性能的优势。从理论上讲,移动电视能够在时速120千米左右的运动状态下保持图像稳定、画面清晰的播出状态。

2. 移动封闭的收视环境

公共交通和公共场所是传统固定收视中的一大盲点,而移动电视的出现则刚好填补了这个大空缺,使电视拓展了新的竞争空间。在移动环境下,在一定时间段内,受众无法随意离开该空间。因此,这个移动的空间是相对封闭的,受众既不能随意选择去留,也不能轻易地获取外界其他媒体传播的信息。

而这种封闭的收视环境,又导致了移动电视传播的强迫性。只要受众还在这个环境内,就一定能且必须接收移动电视发出的信息。即使受众并非出于本意,或拒绝收看画面,信息仍然可以通过声音在这一空间内传播。而且移动电视频道专一,播放权掌握在公共交通的司机手中,受众无法选择是否收看、收看什么频道,因此移动的传播环境使得移动电视对于受众来说具有必视性。因此,移动电视的受众被迫接收信息的特点比其他媒体更突出。

3. 广泛的传播对象

公交移动电视的受众基数大,可以达到 2 万人/日/车。公共交通乘坐人次数量巨大,在大城市里,乘客花在公交上的时间平均在半小时以上。公交系统巨大的客流量就是移动电视惊人受众数量的来源。这些乘客既具有行动的规律性,也有足够的收视时间。随着我国公共交通事业的发展和城市的扩张,该人群数量还在进一步增加。因此,移动电视拥有广泛的受众群体。而且,传播对象范围广、人群身份多样化,这给移动电视带来巨大发展空间。

4. 公交移动电视的受众接收热情高

乘客可以在乘车的同时观看公交电视,而且由于乘车过程的无聊,寻找电视节目解闷的欲望便愈加强烈。

5. 公交移动电视信息传播的强制性

通过视觉和听觉的双重冲击,使得乘客处于一种强势媒体压制之下,被迫接受信息的状态,其好处是信息得以高度传播,但缺点也显而易见——有些节目,特别是广告,非常容易引起乘客的反感。

6. 公交移动电视的城市应急信息传播功能

除了传统的宣传和欣赏功能外,公交移动电视还具备发布诸如突发群体事件、自然灾难等城市应急信息的功能。

(二)公交移动电视传播劣势

1. 视听节目播出与收视环境影响节目的传播效果

移动电视的传播效果受到移动收视环境的严重制约。视听传播受到的噪音干扰较大,乘客不容易听清楚。公交移动电视和家庭电视还是有很多不同,受众所受到的外界干扰远远比家中大,也造成了公交车上信息传播需要更加强力的声音和更加多元化的传播方式。实际传播信号的不稳定,车厢环境的嘈杂(报站声、谈话声、乘客上下车时的声响、发动机的轰鸣声等),电视机少,屏幕过小,电视声音信号的相对弱化,电视屏幕被乘客给挡住,接受信息破碎与收视时间仓促,都会影响公交移动电视传播效果。当公交车上的乘客饱和度超过60%的时候,能看到电视的乘客,就只是坐在公交电视正对座位前5排,和插空站在这5排座位旁边的乘客。短小的电影、社区新闻和flash对画面依赖性强,但实际能清晰地看到电视画面的乘客属于少数。收视环境不佳必然会降低受众对移动电视的关注率和满意度。因此,公交移动电视实际所能影响到的受众,远远小于理论上计算出来的数目。

2. 技术瓶颈制约公交移动电视的发展

虽然移动电视技术的发展已经相对成熟,但每当公交车停止行驶时,公交电视就会卡壳,使节目停滞,或画面模糊、充满马赛克,声音被扭曲。这样的现象直到公交车再次启动后经过一到两分钟后才会消失。而鉴于公交车这一公共交通工具的特殊性质,基本上每播出十分钟节目,就会因为停靠站和等红绿灯的原因造成节目停播两三分钟。

3. 节目质量影响乘客的收视热情

移动电视的节目类型少,内容比较单一,时效性差,移植痕迹过重。

4. 受众群难以准确定位

公共交通运行时间长,所载人数总量庞大,受众种类也极为丰富。覆盖面广泛,既是公交移动电视的优点,也存在受众群难以准确定位的缺点。

(三) 移动电视"强制收视"的争议

公交移动电视主要针对的是城市公交车移动过程中短暂停留的观众,其受众数量庞大、流动性强、收视被动。传播学者麦克卢汉断言:"任何一种新兴媒介都对人类事务的尺度、进度和标准产生影响,从而强有力地改变了人类感觉的比例和感知的图式。"[1]麦克卢汉特别强调新媒介技术对个

---

[1] 张国良.20世纪传播学经典文本[M].上海:复旦大学出版社,2003:372-373.

人与社会的重要影响。移动电视改变了电视的接收方式,实现了从"固定接收"到"移动接收"的传播变革。

作为一种新兴视听媒体形态,移动电视具有覆盖广、反应迅速、移动性强的特点,具备城市应急信息发布的功能。"强迫收视"是移动电视最大的特点。有研究者认为,"传播内容的强制性有利于拓展'无聊经济'巨大利润空间","移动电视正是抓住了受众在乘车、等候电梯等短暂的无聊空间进行强制性传播,使得消费者在别无选择时被它俘获,这对于某些预设好的内容(比如广告)来说,传播效果更佳"。[①] 但也有人持相反的观点,认为"公交移动电视的强制性传播使得受众身在公交车上,没有选择电视频道的余地。这种受众被动接收状态,无疑会降低公交移动电视的收视率,然而目前尚无良策改变这种状态"[②]。

对手机、网络、公交电视、楼宇电视四种媒体的调查显示:受众对于强制性传播表现出复杂的态度,一方面,支持性的态度和行为处于较低水平;另一方面,反对性的态度和行为也不是很高。[③] 受众对强制性传播的接受度,取决于所传播的内容。强制性传播媒介应该改进传播内容和形式,尊重受众权利,增强社会责任感和公益意识。

三、移动电视的受众特征

央视市场研究(CTR)发布的"2010年度城市公交电视收视调查"显示,移动电视拥有巨大的未开发受众群体,调查显示公交人口占比城市人口70.9%。随着时代发展,这个群体的数量还在不断增加。在过去,人们在移动的空间里无法接收大量信息,而能让人们接收信息的媒体除去报纸、杂志以外,没有有声媒体。因此,移动电视和手机电视的出现,无疑使这个空白得到填补。而手机电视主要面向个人,移动电视则面向大众。因此,在移动的公交空间里,移动电视的态势是明显的。移动电视在很大程度上改变了传统电视受众以家庭为主要单位,人员固定的情况,同时也改变了

---

① 张骏德,李小翠.公交移动电视的传播学解读[J].新闻记者,2005(8):28.
② 王绪,王鸣媛.移动数字电视方兴未艾[J].今传媒,2005(10).
③ 陆地,刘洋.面对新媒体的"暴力传播",受众排斥还是接受?——上海、成都、武汉、广州四城市问卷调查结果及分析[J].视听界,2008(5).

受众的收视地点和习惯。

（一）受众人群特征

1. 基数大

传统电视是现代社会中几乎每家每户都会接触到的，因此传统电视拥有的受众最为广泛。然而近年来，随着经济的发展，人们生活方式的转变，人们出行的机会和时间已经大大增加，在外工作、学习、游玩的时间增长。而在外利用公共交通工具出行的人们必然会接触到移动电视（在公共交通上都安装了移动电视的理想状态下）。在传统电视又受到了互联网时代的冲击的情况下，移动电视正以很快的速度赶超传统电视。移动电视的受众基数虽仍略小于传统电视，但根据在上海、北京、广州、深圳四个城市的调查显示，早在2009年，户外电视的受众面已经超过了传统电视。

2. 年轻化

从受众人群构成来说，与传统电视相比，移动电视的受众人群偏年轻化。我们可以看到，在公共交通工具上，年轻人群往往远多于青少年和老年人群。尤其在上下班时间，公交系统的使用高峰期，公交乘客绝大多数为青壮年，这些人构成了移动电视受众的主体。移动电视以有一定文化水平、有固定工作、稳定收入的上班族为主要受众群，以工薪阶层和中产阶层为主。在性别上，移动电视的受众基本男女数量持平，男性略多于女性。可见，移动电视的受众构成是与我国的劳动人口成分密切相关，且构成基本一致。

3. 陌生的人际关系

移动电视的受众组成成分复杂，是偶聚在同一交通工具里的流动人群。与传统电视的受众多以家庭为单位十分相异的是，移动电视的受众大多互为陌生人。处于这种人际关系环境中，受众通常会产生自我保护意识，几乎没有机会与周围人交流，且会提高警惕，下意识隔绝周边人传播的信息以免受到干扰。在这种情况下，受众会更容易对移动电视的节目内容产生兴趣，且对节目的认知一般不会受到旁人的影响。

（二）收视环境特征

1. 移动的环境

移动电视首先是处于一个移动的环境中，不断进行空间上的位移。相对外界空间，移动电视的受众是在不断快速移动的，他们没有足够的时间来进一步关注这个移动小空间以外的大空间里正在传播的信息,通常会将长久的注意力放在这个移动的空间内。

2. 封闭的环境

由于空间的移动,随之产生的是空间的封闭性。移动电视的受众不能随意地进出这个空间,在大多数时间点里,这个移动的空间是封闭的,不能进也不能出,而且与外界信息交流甚少。受众被迫停留在这个封闭的空间,只能清晰地接收该空间内产生的信息传播,可选择性很小。

3. 紧张混乱的环境

传统电视的受众往往会选择在时间充裕的时段内,在户内的休闲轻松环境内进行收视活动。在公共交通工具里,传播环境比较混乱,收视环境十分有限,气氛相对紧张。乘客在公共交通工具上都是进行暂时性的停留,收视时间短,且随机性大。人员的流动,会影响其他受众的收视,例如地铁、公交车内乘客上下车、在车内活动,都具有随意性和随机性。受众还必须关注自己的下车时间、地点等多方向信息,不能处于完全放松状态。同时,相互陌生的人际关系也会造成一定的紧张感。所以比起传统电视受众,移动电视的受众处于一个更紧张、注意力更难以集中的环境。

（三）受众收视行为特征

传统电视受众可以根据自身喜好在多个频道之间进行选择,而移动电视通常为单一频道,同时,由司机控制着移动电视的开关,即受众既不能选择是否收看,也不能选择收看什么频道,因而,移动电视的受众的收视行为是十分被动的。

随着移动电视技术的进一步发展,受众的选择余地相对得到拓展。比如在一些出租车上安装的移动电视,可以由乘客使用触屏方式来选择观看节目。再如香港公交车上每个座位安装耳机,乘客可以选择是否接收移动电视的声音。这都使受众在频道、内容、节目类型上的选择面更广了,甚至可以选择是否接触到移动电视所传播的内容。但是相比起传统电视和手机电视,移动电视的频道更少,内容发展也稍显滞后,受众的可选择范围依然比较小。

实际上,大多数城市的移动电视频道还是单一、不可选的,受众几乎是没有选择权,而是被动收看的。

（四）受众收视心理特征

移动电视的受众和传统电视受众的一大区别在于收视环境。移动电视受众处于一个公共的环境中,而传统电视的收视环境是一个相对私密的空间。由此导致了移动电视受众的收视心理状态必然与传统电视受众的收视心理有所不同。人们在公共场所时,警惕性和自我保护意识通常都比较强,尤其是在人员流动量大的情况下。移动电视的受众,处于一个周围都是陌生人、缺少交流的紧张混乱环境里,一方面要顾忌自己在公共场合的形象,另一方面,也要顾及周边环境的变化和人群的情况。在收视时,无法做到像传统电视受众那样的完全放松。

由于收视时间大多是上下班途中、外出办事活动路上,作为公交乘客,受众必然注意下车的时间和地点,同时心情也会受到当天活动的影响,所以心理往往处于较紧张或疲倦的状态。移动电视的受众在心理状态上,是不能完全放松的。

在这样的心理状态下,受众通常对于所接收到的信息也有所筛选,不能轻易完全接受。而且容易遗漏一部分信息,注意力容易分散。

由上四点,我们可总结出表 5-1,对比移动电视受众与传统电视受众的区别。

表 5-1 移动电视受众与传统电视受众的区别

收视方式	受众构成及关系	受众收视环境	受众收视时间	受众收视方式	受众心态
传统电视	主要以家庭为单位,相互熟识,人员固定,年龄层次和性别与我国目前人口结构一致	固定、相对轻松且熟悉	较长,休闲时段,以晚上为主	主动,选择性多	放松,不易对某一特定节目产生兴趣,注意力易集中
移动电视	偶然聚合,相互陌生,人员流动性大,以青壮年劳动者为主,性别构成与我国目前人口构成一致	移动、短暂封闭、相对混乱	短暂、碎片化的时间,紧张的时段,以白天为主	被动,无选择性或选择性很小	紧张、警惕性高。易对节目产生兴趣,但注意力不容易集中

第二节 移动视频与空间的流动化

一、空间与流动空间

传统地理学里的"空间"概念,最基本描述的是一种距离。在传统社会的变迁中,地理空间对于政治、经济有着绝对的影响。我们可以将地理上的空间称为"地域""区域",在传统社会中,不同地域之间的差异是导致政治、经济、文化不同形态的根本因素。

在当今信息技术飞速发展的时代,随着信息的快速传播,距离对于人类行动的阻碍已经大幅缩减,向"地理消亡"靠近。人们不再局限于传统的活动空间,借助科技,所有社会活动都可以在地理的空间上得到延伸。传统地理学上的"空间"已经不足以概括目前我们所处的空间的全部状态。现代技术的发展,使得我们的空间可以成为一个移动的空间。同时,信息的流动,也使得各种空间得以相互转换,发生流动。

曼纽尔·卡斯特尔(Manuel Castells)对现代社会通信、信息技术发展、原有空间逻辑不足以描述和表达现有空间状况的情况,提出了"流动空间"(space of flows)一词。

在卡斯特尔的观点中,流动空间有三个层次的物质支持,即电子脉冲与高速运输的回路,节点与核心工程学系构成的网络,以及占有支配地位的精英的空间组织。[①] 我们可以简单地理解为,第一层次是人类通过信息工程实现的信息的流动,第二层次是通过物质工程实现的实质空间流动,第三层次是通过人(精英)来实现的物质、信息重组和流动。在现代信息网络构建的社会模式中,流动空间是基本的空间结构。

二、移动电视与流动空间

(一)地理空间的流动

人类技术的发展,力求空间距离的缩小。通过现代交通技术,我们可

[①] Manuel Castells. 流动空间:资讯化社会的空间理论[J]. 王志弘,译. 城市与设计学报,1997(1).

以用更短的时间进行更大程度的地理位移,逐渐实现"距离的死亡"。而移动电视,则是随着现代交通技术的发展而出现的媒体技术。人类在地理空间上的流动,导致了信息的暂时脱节,移动电视解决了这一问题,使信息空间和地理空间的流动得以统一,在地理空间的变换过程中,人们依然可以保持原有的信息空间。

(二)信息空间的流动

信息技术的发展使信息网络对于人类生活越来越重要,而交通技术的发展则削弱了传统地理学中的"空间"对于人类的影响。

信息的流动空间,较之地理的信息空间,是更具社会性的。在这一层次上,空间的重构是对控有权力的组织对于历史建立起来的社会、经济与政治控制等机制的躲避。因为我们的社会里,传统的控制机制基本都建立在"地域"的根基之上。基本上所有权力的拥有也是因为处在某地域,对该地域拥有控制权。其他权力者要逃离"地域"的影响和原有社会逻辑,获取自由,只能寄于信息的流动空间中。

在当代社会,信息对人类的影响越来越大,建立在地域基础上的原有社会机制和地域形成的差别不断缩小。移动视频的出现,实际上是流动信息的可视化。无论是影响受众的收视习惯、思维方式、生活观念,还是引导某种潮流,都是将受众从地域的限制中解放出来,纳入流动的信息空间。

信息空间比地理空间更具有流动性,可控性更小。在迅速流动的信息空间内,传播者与受众具有双重身份,在信息的获取上机会均等,倾向公平。甚至这种信息的流动也影响了传统的地域社会,打破了原有权力者的信息封锁。随着信息空间的进一步构建,流动性将更明显,这种空间内人员的平等性也将更明显地体现出来。媒体的移动化、空间的流动有可能导致传统社会中以地域为基础的社会关系的弱化或转变,呈现出一种社会关系的流动。

(三)空间属性的流动

移动媒体的出现,使得我们传统的信息传递方式改变。传统媒体时代,可以用"公共空间—私人空间"划分受众所处的空间状态。但这种界限,随着移动媒体的出现而被打破。随之出现的是三种新空间,即公共空间里的私人空间(private-in-public)、私人空间里的公共空间(public-in-private)以及深度私人空间(deepened private)。① 同时移动媒体导致了空间属性的流动化,即三种空间的流动性。

在此,私人空间一般指家庭一类私密的、私人的空间,公共空间则以我们通常认为的公共场所、非私人空间为基本。

移动电视的收视环境是人口偶然聚集的开放式公众空间,按传统地理学的地域范围定义,属于公共空间。其受众是在公共空间内聚集的人群,即是公众。但是因为移动传媒的介入,受众得以构建隐形的私人空间。

图 5-1 中可以看到,在移动视频出现后,空间与空间之间出现交叉。而这种交叉又必然导致空间的相互转换和流动。

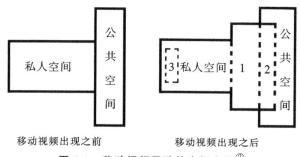

图 5-1 移动视频导致的空间交叉②

注:1—私人空间里的公共空间(public-in-private);2—公共空间里的私人空间(private-in-public);3—深度私人空间(deepened private)。

我们假定受众是公交车或地铁上的乘客,这种空间属性的流动就能明显地表现出来。当受众处于陌生环境或陌生人群中,被迫与陌生人(其他乘客)产生身体上的接近时,自然会提高心理的警惕性,自我保护意识上升,对于构建私人空间的需求也随之提升。在没有外界帮助的情况下,人会在无形中树立起私人空间的围墙,最常见的情况是同一个车厢内的乘客相互之间没有任何交流。

---

① 雷蔚真,王天娇.移动视频与空间流动化——简论收视行为变化及其影响[J].国际新闻界,2009(8).

② 雷蔚真,王天娇.移动视频与空间流动化——简论收视行为变化及其影响[J].国际新闻界,2009(8).

而媒体可以帮助自己转移注意力,构建起私人空间。在公交车内,有些人会一直低头看报纸,对周围人事表现出不关心的态度。通常人们在这种状态下需要媒体或某种介质来存放注意力,不仅是因为在这段空白的时间里感到无聊,需要打发时间,很多时候,还存在着自我隔离或是使自己"看起来不那么孤单"的目的。传统的报纸、书刊都能帮助实现私人空间的构建,然而效果都不及移动电视。

移动电视在视觉、听觉上都能有效地吸引受众注意力。移动电视的节目内容是针对在流动状态下的公共空间内的受众制作的,相对报纸、书刊,移动电视的内容通常较浅显、信息量适中,更容易被受众所接受。视觉和听觉作为双重支点,能更有效地将私人空间从公共的空间中剥离出来。

同时,移动电视可以创造"社群感",这是报纸、杂志、书刊等平面无声媒体,以及手机电视等个人手持媒体所无法达到的效果。移动电视的收视环境始终在一个公共空间中,而且无法避免的是这一空间内所有受众都同时收视。即受众是处于共享同一视觉、听觉信息的状态。这使得受众产生一种自己和周围人之间没有差别的社群感。

因此,移动电视所创造出来的信息空间,既不完全是公共的,也不完全是私人的。私人空间能够镶嵌在公共空间中,而公共空间又在私人空间中得到体现。

这种公共空间中的私人空间,以及私人空间中创造出的公共空间与传统公共—私人空间有一个很大区别,即它的临时性。这种私人空间和公共空间是可以很随意转换流动的,并且这种流动是不需意识控制、十分迅速的。

乘客在车内收看移动电视时,无意识地进行了自我隔离。然而这种隔离并不完全,乘客在收视的同时,必须注意周边情况,例如下车或周围人的一些举动、语言。这时,私人空间与公共空间就在不经意间发生了流动。但是乘客可以很快地再将注意力恢复到移动电视上,空间属性再次转变。

第三节　移动电视的传播效果分析及影响因素

一、移动电视节目形式影响传播效果

（一）节目时长的影响

移动电视节目的时长对于受众接收信息的程度有着极大的影响。由于乘客在车上的时间有限，移动电视受众流动性大，接触移动电视的时间是有限的。移动电视要做的就是在有限的时间内，传播一定的信息量。时长直接影响着受众对节目的满意程度。适当的节目时长能够使受众对于节目本身有比较全面大体的印象，对节目的内涵也可以较好地理解。反之，时长太短，内容不够丰富，或是内容不完整，得不到受众的认可。而时长太长，受众没有足够时间去接收信息，更无法将内容消化和理解，这也会影响受众对移动电视节目的认可程度。

（二）节目内涵的影响

移动电视的节目内容应通俗易懂。不同于报纸、传统电视的节目，移动电视的节目没有过多时间展开，并且受到收视环境和受众心理状态的制约，受众在这种状况下很难集中注意力进行全面的、深度的思考和理解。节目内容过于深化，一是会影响节目时长，使节目花费的时间难以控制在一定范围内；二是受众可能没办法在短时间内将节目的内涵消化，出现无法完全理解，或信息片面吸收的情况。这都将影响移动电视的信息传播效果。

（三）传播频率的影响

移动电视节目不仅要"平"，还要"频"。与传统电视不同的是，由于移动电视的受众是流动的，即不同时间点上，受众不是同一人。因此移动电视可以反复传播某些信息，而不必担心受众的反感。同时，反复传播还能使不同批次的受众都能接受到同样的信息，或是弥补受众因之前环境不理想而造成的信息不完整的情况，使传播效果能够最大化。

（四）节目风格的影响

移动电视的受众，往往处于疲惫或紧张状态，对于没有营养却不断重

复的节目内容,极易产生反感心理。而沉闷的节目风格,也很难引起人们的关注,不适合受众在混乱紧张的环境中去冷静体会和思考。内容必须能够对受众产生一定的视觉、听觉、情感刺激,更容易使受众将注意力集中在移动电视上,在这种状况下信息的传播效果也更好。

  影响移动电视的信息内容传播效果的因素是多方面的。要想达到最佳的传播效果,最基本的是要针对受众群体的特点和移动电视本身的传播特性。"短、平、频"是基本的原则,以新闻节目为例,重大事件的报道中,报纸、电视可以对该事件进行深度的专题报道,从各个视角全方面进行点评剖析。而移动电视应该追求的则是尽可能将事件报道给更多受众。如果要进行深层次的点评、剖析,受众没有足够时间将所有观点吸收。同时收视环境的不理想,也不利于受众深层次思考。而长时间的深层次点评则影响将消息尽快传达给下一批受众。综上,节目时长、内容风格、深浅度是制作移动视频时应注意的基本点,同时,还应注意信息传播的频率。各方面都符合受众的需求,才能有良好的传播效果。

二、移动电视的收视环境影响传播效果

  在本章第一节中,曾提到移动电视的受众处在封闭、混乱的收视环境中。封闭的环境是指由于交通工具的移动,乘客不得不在一定时间段内停留在这一空间内。而这个时间段里,乘客无法接触外面的世界,车内唯一的公共媒体,将成为乘客在此时间段内消磨无聊时间的有效工具。由于这样的封闭环境,移动电视得以强力锁定受众群体,极易促成受众的主动收视。同时,由于这种封闭性,公共交通工具内的乘客没有更多机会接收来自其他媒体的信息。移动电视有效地避开了与传统媒体的竞争,形成自己独立的有效传播空间。在不受其他媒体信息干扰的情况下,移动电视播放的内容很容易吸引受众注意力,并且在没有对比的状态下得到认可。在这种环境下,如果移动电视播放的内容十分精彩,就会引起这一封闭空间内受众的强烈兴趣,给人留下深刻印象,带来良好的播放效果。

  另一方面,由于公共交通工具内人多口杂,且人员流动性大,环境较为混乱,这在很大程度上,会影响到受众的收视情绪,分散他们的注意力。受众在这样的环境下很难接受内容过深、风格沉闷或时长太长的节目。针对移动电视的收视环境,移动电视节目在制作中应注意与传统电视镜头画面的区别、字幕的运用等问题,使传播效果在能够控制的范围内最大化。

三、受众特征影响传播效果

随着城市公交事业的发展,移动电视的受众量不断扩大。移动电视庞大的收视群体为信息的有效传播和大批量传播创造了良好条件。参与传播的人越多,信息的传播范围就越广,流动越快。至2010年,我国车载移动电视的受众关注度在户外电视中居于首位,受众接触率也仅低于传统电视。

移动电视的受众在年龄层次上,以青壮年为主。在性别构成上与我国目前人口情况相似。在受众文化背景上,以受过高等教育者居多。受过高等教育的青壮年相互之间信息传播速度快,对新事物容易接受,对于即时信息也更容易消化理解。移动电视这一新兴媒体,首先得到年轻人的认可,并影响年轻人的收视习惯。而通过移动电视传播的信息,也最主要影响着青壮年人群。信息被有一定教育背景的青壮年人群接收并消化后,在人群中再次传播,无形之中扩大了移动电视所传播的信息的传播范围和传播速度。

第四节　"使用与满足"视域下移动电视的发展前景

一、移动电视的经营市场

移动电视在我国发展迅速,我国最大的移动电视媒体世通华纳的经营范围已经覆盖了国内34个主流城市,在广州、武汉等大城市都拥有独立资源,在北京、上海拥有合作资源。移动电视借自身的传播优势,获得了很大的市场和广告主的青睐。

从广告方面来说,移动电视特有的封闭式传播空间对广告商家具有很大的吸引力。它能保证广告在受众群体内有效传播,使受众无法避免地接触到广告信息。由于移动电视的收视时间大多是受众空白无聊的时间碎片,受众比在家中收视时更容易接受这个时间段的广告。而且受众选择性小,无论是否喜好,都无法作出别的选择,广告收视具有强制性。内容的单一性和传播强制性,将给广告商带来巨大利润空间,这是其他媒体的广告无法比拟的传播效果。

移动电视不仅可以播放传统硬广告,还可以将节目的制作和广告结合。在时尚节目或是生活服务节目中,贴合当地人的消费及商家的情况,专门制作推介节目。节目制作成本由广告商承担,解决传媒的资金周转问题。目前已经有不少城市的移动电视实现了这种节目制作模式。

从移动电视自身的经营来说,移动电视不像家庭数字电视那样,收取固定信息费用。但它的营利模式可以是多样化的。移动电视的一大收入来自于广告,同时还可以通过业务拓展,针对受众为乘客这一点,为受众提供有偿的信息服务,例如交通导航、餐饮旅游服务或是娱乐功能等。现在公交车和地铁的移动电视还难以实现这种创收,但在一些地方的出租车上这种营利模式已经投入运用。随着技术的发展,移动电视可以逐渐加强与受众的互动,并且在互动中拓宽创收渠道。

二、移动电视传播应契合受众需求

由于处于封闭的传播环境,受众不得不接收移动电视播放的信息。但是受众被迫接受无营养的信息对于受众和传播者都无益处,甚至会起相反作用。在移动电视的发展过程中,传播内容应注重契合受众需求,拓展节目类型,丰富内容,使受众的被动收视转变为主动收视。这样才能使移动电视得到更多认可,形成广泛稳定的收视群体。

(一)节目类型的多样化

目前我国大多数移动电视的节目多为新闻、广告、音乐或电影的剪辑片段,多属于短小、片段、反复重复的节目类型,而且在内容上较多出现信息不够完整的问题。这些内容在与受众初次接触时可能引起受众注意,但是长时间重复后,大多数人都会选择忽视,不仅传播效果极差,移动电视的功能也无法发挥。因此,移动电视要发展,首先要使节目类型多样化与个性化。

根据移动电视的主要受众群体特征,我们可以相应地调整节目类型。移动电视的节目类型应体现出民生、时尚的感觉。可以适当增添娱乐类、时尚类或生活服务类节目,用光鲜时尚的节目包装来吸引年轻受众的注意。也可以尽量贴近当地人的日常生活,或是提供外出路途上的一些信息服务,贴近主体受众的日常生活,满足受众收视需求。

另外,移动电视的节目类型不能完全照搬传统电视节目。传统电视节目从受众定位、时长和节目成本上,都和移动电视有所差异。移动电视播出的节目都应以"精和短"为最基本的原则,需要较长时间播出的节目类型应尽量缩小篇幅,甚至是减少这一类型节目的应用。节目的类型安排,应符合移动电视自身的特性。

(二)节目内容的丰富性

移动电视与传统电视相比,其收视环境并不理想。要使人们在这样人员流动频繁、易受各种因素干扰的环境下对移动电视的节目产生兴趣,必须秉持"内容为王"的原则,节目本身必须具备魅力。考虑到受众的收视环境、时间,有吸引力的移动电视节目既应具备浅显、易懂的特点,使受众在注意力容易分散且时间并不充足的情况下,也能很好地吸收理解节目内容。另一方面,由于受众的主体人群是具备一定文化水平的,在制作节目时应考虑到节目的艺术性。

借鉴传统电视,电视剧、现场直播、重要信息公布等内容也可以在移动电视上播放。然而电视剧也同样要坚持精短的原则,在情节的编排上要注重故事的短小和完整性,以及内容的丰富性;在拍摄手法上,应特别注意到移动电视的屏幕与传统电视屏幕大小的区别以及收视环境的区别,减少细微镜头的运用。考虑到移动电视的收视环境特点,在移动电视上播出的节目应适当增加字幕,弥补环境不佳造成的声音混乱的情况。

甚至于广告的编排,也不能和传统电视一样,反复播放语言直接、毫无艺术价值的硬广告。移动电视的受众很多时候处于紧张时段混乱的收视环境中,且是因环境的封闭性而被动收视,没有更多的收视选择。在这样的状况下,过于粗俗的节目内容、广告内容都十分容易引起受众的反感。在传统电视中,植入式广告也逐渐兴起,移动电视也可以借鉴这一点,在节目制作上使广告与节目内容结合,使节目内容更加丰富创新,既可以避免受众对硬广告的反感,也可以使移动电视得到更多商家青睐。

由于大城市和中小城市里移动电视主要受众的收入、文化背景实际上还存在一定差别,大城市与中小城市移动电视在节目内容和定位上也应该随之调整,不能一概而论。例如,在普遍教育水平发达、人们收入和消费都较高的城市,移动电视的节目可以是时尚的、与国际接轨的,并且可以重点传播一些会引起人们讨论的大事件,或是传播一些新的理念。在小型城市,则要贴近当地人生活,做到符合当地受众的生活水平和消费习惯。

移动电视真正的发展,必须依靠内容吸引受众。使受众能从迫于封闭环境的被动收视转变成主动收视。只有受众愿意主动收视,移动电视的认可度才能提高。

(三)受众的自主选择权利

移动电视受到技术以及收视环境的限制,目前普遍存在节目频道单一、节目类型较少的问题。移动电视的控制权通常在受众所乘的交通工具的司机手里。受众既不能依照自主意愿关闭或打开电视,也不能像传统电视的观众那样选择收视频道,这就有可能侵犯乘客的私人空间。

随着技术的进一步发展,移动电视有希望做到像传统电视一样,给予受众一定的自主选择权。在一些出租车上已经安装了触屏式移动电视,乘客可按需求和喜好在几个节目版块中进行选择,接收旅游、餐饮、娱乐、公共生活服务等不同方面的信息。然而由于节目更新缓慢、节目类型较少、内容不够丰富,所以受众可选择面还是很小,且难以接收最及时的信息。

大多数城市的移动电视节目都没有竞争对手,在当地处于垄断地位。受众只有机会接收一家移动媒体提供的内容,没有同行业之间的对比。媒体公司也因没有竞争对手而降低对节目的要求,减缓了当地移动电视的发展速度。如果能够促进移动媒体产业的发展,形成良性竞争,根据受众的反响来对移动媒体进行评估和选择,受众的主动性会大大增强。

要扩大受众的自主选择权利,最基本的是要解决技术上的问题,实现人与移动电视的交互。促进移动传媒公司之间的良性竞争,提高节目质量,也是扩大受众自主选择权的重要途径。

三、移动电视的发展前景

(一)移动电视的优势

1. "短、频、快"的传播优势

与传统电视相比,移动电视的一大优势体现在它时长"短",制作成本相对较低,且更容易被受众完整地获取,信息的流动速度也较快。移动电视受众流动性强,客观上需要节目的频繁播放。同时,移动电视的出现,也解决了人们在路途中有可能错过一些突发电视新闻的问题。它使人们能够在第一时间内,最快获得相关信息。

2. 强制性传播

相对封闭的收视环境使受众无法避免接收信息。即便受众不主动观看图像,也会收到声音传递的信息。这样的强制收视是其他媒体无法比拟的。同时强制性地重复播出广告,对于广告商也具有很大的吸引力。

3. 与传统电视收视时间、空间互补

传统电视发展多年,几乎成为每家每户必不可缺的。人们的收视习惯,基本上也都由传统电视培养而成。要想在传统电视霸占市场的情况下,拉拢受众,竞争是难以避免的。但移动电视与传统电视的收视高峰期刚好错开。传统电视的收视高峰在晚上18:00以后的休闲时间,而移动电视的收视高峰则在人们外出上班、活动的碎片化时间段。人们不必在同一时间内作出收看传统电视还是移动电视的选择。另外,移动电视的收视空间是户外公共交通工具中,这是传统电视在收视空间上的一个空白空间。它使人们在无法收看传统电视的户外也能进行收视。收视时间、空间上,移动电视都与传统电视形成互补。对于出现较晚的移动电视而言,也就避免了和早已深入人心、养成人们现有收视习惯的传统电视直接竞争的局面。

4. 年轻化的主体受众群

新媒体的受众普遍年轻化,移动电视的受众主体是有固定工作、稳定收入、受过教育的年轻人。年轻人对传统媒体的依赖程度较低、生活节奏快、时间碎片化且与传统媒体接触的时间有限。所以他们能够认可移动电视。

(二) 移动电视面临的问题

移动电视目前在世界范围内都有着广阔的发展前景。它自身的优势也使它能较快被主体受众接受,避开了和传统媒体的直接竞争。现在我国的移动电视发展迅速,已经从大城市覆盖到中小型城市。但是在移动电视发展过程中所遇到的一些问题至今没有得到解决。

1. 收视环境的改善

移动电视的收视空间是在移动的交通工具中。交通工具内部的环境好坏直接影响收视环境和受众心理。在公交车内,外部干扰过大,街道上车辆、行人、商店发出的声音,以及公交车本身运行发出的声音、车内乘客的声音,都会使移动电视的内容传播效果大打折扣。如遇上路面状况不理想、人员流动量较大、屏幕反光等情况,公交车内受众很难将注意力集中,收视也十分困难。相对而言,地铁和出租车收视环境相对较好。

2. 信号终端的改进

交通状况还影响着移动电视信号的接收。高层建筑、高架桥、隧道等路面情况,都有可能阻碍移动电视的信号,影响画面质量或直接阻碍收视。由于移动电视长期处于随着交通工具在路面高速行驶的状态,其接收设备必须具有抗震效果,否则接收设备在使用一段时间后极易出现信号接收不良,或者屏幕老化而使画面不清等问题。

3. 电视节目的改进

目前移动电视的内容制作与传统电视存在一定的差距。其主要原因在于:第一,移动电视的出现比传统电视晚,还需要一些时间来进一步探索发展。第二,移动电视的产业还不如传统电视完善,在经营模式方面还存在一些问题,其资金不如传统电视台的运作资金充足,因而不得不降低节目制作成本。另外,由于一些中小城市里移动电视还未能形成自身的稳定受众群,节目类型和定位也一直摇摆不定,也影响了节目的质量。

4. 标准体制的确立

在我国还存在着各移动电视网络之间无法共享资源的问题。各移动传媒拥有独立资源,独立完成从技术到内容一系列操作。然而却没有一个有效的平台,使各大传媒得以交流、互通有无。与此同时,地域性垄断经营,严重影响了我国移动传媒的发展。建立一个有效的交流平台,使各大移动传媒能够互通有无,或是在节目制作上进一步明确分工,做到专业细化,能促进移动电视的进一步发展。

此外,没有统一标准的地面数字电视的播出信号是一块很大的"绊脚石"。这种情况使得安装移动电视时在没有统一标准的规定下,接收端的机顶盒和改造单频网的发射机要付出巨额的资金代价。目前美国、日本、欧洲都已经建立统一标准方案,分别是美国的 ATSC、日本的 ISBT-T、欧洲的 DVB-T。我国目前运用较多的是欧洲的 DVB-T,以及自主研发的清华 DMB-T、上海交大的 ADTB-T。经过几年发展,我国移动电视的数项技术标准已经完成,但完全的规范化和标准统一还需一段时间。

从媒介生态学的视角来看,生态位的重叠必然加剧视听新媒体与传统电视的资源争夺和市场竞争。"竞争战略之父"迈克尔·波特(Michael E. Porter)指出:"合适竞争对手的存在,可以带来许多战略上的好处,他们可归入以下四个基本类型:增加竞争优势,改善当前产业结构,有助于市场开发,以及扼制进入。"[1]视听新媒体丰富和完善了传统电视的生态链结构,促进了电视群落间的"协同进化",从而推动视听媒体向更加科技化、人性化的方向发展。

新媒体以信息传播形态的变革为标志,不仅引发信息传播领域的巨大变革,还以潜移默化的方式改变、重组人类原有的社会环境和文化生态,并影响其思考方式与认知逻辑。[2] 仅就电视而言,"任何一种形式的传播总是随着技术变革而演变,而传播领域的技术变革又总是会引发一系列深刻的社会变化"[3]。

---

[1] 〔美〕迈克尔·波特.竞争优势[M].陈小悦,译.北京:华夏出版社,1997:209.
[2] Patricia Holland. The Television Handbook[M]. New York:Routledge,2000:12.
[3] 〔英〕艾伦·格里菲思.数字电视战略:商业挑战与机遇[M].罗伟兰,译.北京:中国传媒大学出版社,2006:1.

第六章　户外电视：视听媒介的产业延伸与现代都市空间建构

户外电视改善了传统电视的空间缺陷,弥补了户外不能接收电视的空白。

广义的户外电视,是相对于传统电视,在楼宇、大型卖场、车站、银行、医院、公交车等公共场所接收和播放节目和信息的视频终端。[①] 因此,楼宇电视、手机电视与公交移动电视等视听媒体也属于广义的户外电视。随着户外广告业的兴起和视频传输技术的日益发展,我国户外电视媒体的形式不断丰富。其主要形式包括三类,交通工具类电视、楼宇电视和户外大屏幕电视。交通工具类电视主要包括在火车、空港、公交车及地铁播放的电视等;楼宇电视类则包括在商业楼宇、医疗健康领域、金融领域、餐饮领域、高档小区、大型卖场以及 KTV 等娱乐场所所播放的电视。

狭义的户外电视主要是指楼宇电视和户外大屏幕电视。由于本书中将公交车和地铁站上的电视播放终端统一称为移动电视,并且分别单独一章进行讨论,所以在本章中的户外电视仅指楼宇电视和户外大屏幕电视。

一般而言,移动电视或公共视听载体可以提供节目播放的服务,但根据广电行政部门相关规定,采用人工更换硬盘(CF 卡、DVD)方式,在公共交通工具、楼宇内及户外设置的广告发布平台,只限于播放广告内容,不得播放新闻和其他各类视听节目。[②]

从新媒体本质特征来看,楼宇电视和户外液晶大屏幕电视都不是严格意义上的视听新媒体,但是,这种新兴的屏幕文化不仅延伸了视听媒体概念的外延,拓展了视听媒介产业的新领域,还建构了现代城市空间并激发了国际都市的想象力。因此,在文化、产业与都市空间建构等不同维度上,

---

① 陆地,高菲.新媒体的强制性传播研究[M].北京:人民出版社,2010:107.
② 庞井君.中国视听新媒体发展报告(2011)[M].北京:社会科学文献出版社,2011:156.

本书依然将它们纳入其中。

户外电视业的发展可以说就是户外广告业发展的重要体现。随着我国城市化进程的加剧,大量人群涌入城市寻求发展,城市规模急剧增大,商圈逐渐增多,上班族业已为城市发展的主力军,人们待在室外的时间也相应增长。从早餐开始,上下班、拜访客户、聚餐、娱乐休闲,人们将大量的时间花在了路途中和公共场所。传统户外广告形式,如路牌、灯箱、单立柱、滚动字幕和横幅等,因其形式、内容单一,画面质量差,信息量单薄,早已无法满足受众和商家对信息获取的需求。这种需求缺口无疑给竞争激烈的户外广告界找到了巨大的市场空白,同时户外媒体技术创新对传统户外媒体缺陷的弥补和对新媒体运用的强力推动,让户外电视业迎来了自身发展的春天。

第一节 楼宇电视

在商厦与公寓常常能看见挂在大厅或电梯口的显示屏,上面滚动播放着各类广告或电视节目,这就是近年来兴起的新媒体类型——楼宇电视。楼宇电视是最早出现的户外电视形式之一,是在商业楼宇进行多媒体信息发布的液晶电视传播网络和新型媒体形态。

一、楼宇电视的界定及其发展历史

楼宇电视是传统电视媒体的变种,它通常是指安装在高档写字楼、商厦、高级公寓、影院、餐厅、大型超市等公共场所,以液晶显示屏为视频终端,播放商业广告、电视节目、政府信息公告等内容的新型媒体形态。随着楼宇电视的推广普及、视频联播技术的不断发展,以及楼宇电视产业的迅速膨胀,现在国内各大中城市已初步形成液晶楼宇电视联播网的基本覆盖。

楼宇电视设定在较高档、人群集中的受众生活圈,所在环境如图6-1所示。其主要受众为商务人士、都市白领、高档小区住户等中高收入阶层。他们普遍具有高学历、高收入,是大众消费的主力军。播放频次为每天近60次,播放内容包括商业广告、电视节目和社会公益宣传片等,广告所宣传的多为高档消费品,与所针对的受众层次相符。

图 6-1　商厦内的楼宇电视

楼宇电视最早出现在 1995 年的加拿大,其创始者是加拿大 Captivte Network Inc.公司。2002 年,这一媒体模式传入中国,并在不到一年的时间内迅速在全国扩展开来。2003 年 5 月,分众传媒(Focus Media)的创立标志着楼宇电视这一新型媒体形态在中国的产业化,而聚众传媒(Target Media)紧随其后,于 2003 年 7 月成立。两家公司迅速在全国各大、中城市展开"圈地"攻势,成为楼宇电视市场的两大行业巨头。至 2005 年 9 月,分众传媒已覆盖全国 54 个城市,3.5 万块显示屏,聚众传媒已覆盖全国 43 个城市,2.5 万块显示屏。[①]

2005 年 7 月,分众传媒在美国纳斯达克成功上市,成为第一个走向世界股市的中国纯广告企业。2006 年 1 月,分众传媒以 2.5 亿美元的价格合并中国第二大楼宇视频媒体运营商——聚众传媒,从而以 75 个城市的覆盖度进一步巩固了其在该领域的领导地位。而与此同时,北广传媒等楼宇数字电视也开始进入楼宇电视市场,出现了楼宇数字电视和楼宇广告电视的区分。楼宇数字电视除播放广告外,还获得授权可播出新闻、体育、财经和娱乐等电视节目,楼宇数字电视的出现,使得分众传媒等楼宇广告电视面临严峻考验。

随着金融危机的肆虐,2008 年 12 月,新浪公司和分众传媒宣布双方达成协议,根据协议,新浪将增发 4700 支普通股用于购买分众传媒旗下的楼

[①] 宫承波.新媒体产业论[M].北京:中国广播电视出版社,2010:330.

第六章 户外电视：视听媒介的产业延伸与现代都市空间建构

宇电视、框架广告、卖场广告等业务的相关资产，至此，分众传媒的楼宇电视被新浪以股票置换的方式收购。

新浪并购分众传媒后，分众传媒高层通过得到市盈率更高的新浪股票从而收益颇丰；另一方面，这也显示走下坡路的分众传媒虽然基本垄断了楼宇电视市场，但是其原本的户外媒体行业龙头的地位岌岌可危。与此同时，以北广传媒、上海东方明珠、世通华纳等企业为代表的城市电视新媒体企业发展壮大，这使得原本就竞争激烈的户外新媒体市场更加充满变数。

二、楼宇电视的分类：楼宇数字电视与楼宇广告电视

2005年7月，以东方公众和北广传媒为代表的城市电视开始逐步进入楼宇电视领域，从而出现了楼宇数字电视和楼宇广告电视的区分。这两种楼宇电视由于企业性质和所占资源的不同而有着较大的区别。

从企业性质来讲，目前的楼宇电视市场已经形成国有与民营两大部分，国有主要是广电机构运营的数字电视，又称楼宇数字电视。这一类电视经由各地广电系统直接管辖，所采用的技术主要是通过数字电视地面广播技术，统一发射信号，各终端利用机顶盒统一接收。采用这类技术方式需要拥有无线频率资源，因而这一类电视能够依托广电系统和政府支持，不仅在播放内容上和播放技术上获得唯一授权，并且还相继获准进入政府机关、国企总部等场所，在这类场所中具有唯一性和排他性。这类电视所播放的内容更加丰富，不再只是广告，节目内容还包括新闻、娱乐、资讯、气象和交通路况等。由于在节目中间穿插广告，因而传播效果较好。

目前在全国范围内由广电机构运营的楼宇电视较多，包括：北京北广城市电视、深圳移动视讯、云南省楼宇电视"七彩频道"、厦门广播电视数字传媒有限公司等。但是，由于民营企业早在2002年就进驻楼宇电视市场，并且至今已发展到一定规模。因而直到2011年，广电机构的楼宇数字电视还未能在楼宇电视市场上与民营企业相抗衡。目前仅北京和深圳等少数城市具备一定的规模，广电总局发展研究中心课题组研究结果显示，截至2009年9月，北京北广城市电视的终端电视屏约有1.1万块，在北京市场基本能与分众传媒抗衡；深圳移动视讯的终端电视屏共覆盖全区400多

个场所,共有 2000 余块电视屏。①

民营企业由于没有播放新闻资讯的授权,主要以播放广告为主,因而又被称为楼宇广告电视。这一类电视所采用的技术主要是人工更换硬盘(DVD/CF 卡),其硬件设施还具有定时自动开关的功能,并配有无线同步追踪技术,形成同步联播网。楼宇广告电视的内容以全天候滚动播出商业性广告为主,同时还附带一些政府公告、物业通知、公益性滚动字幕等内容,其传播效果由于只播放广告而有所影响。

主要的民营企业包括分众传媒、融科传媒,以及以医院和药业为主的互力健康传媒、炎黄健康传媒等。在楼宇电视市场上,民营企业占有绝对优势。同时,在民营企业市场内部也呈现了细分化的分类发展格局。各机构在播放场所和播放内容上各有优势和特点,各占有一方市场。如炎黄健康传媒和互力健康传媒,主要传播场所在医院和药店,其播放内容除了广告外还有一定数量的医药节目;融科传媒则是主要针对银行营业厅等理财场所,其播放内容除广告外还包括理财和娱乐节目。

三、楼宇电视的传播特征

(一)受众:分众、精准、三高人群

楼宇电视的领航者分众传媒打造了分众传播这种全新的传播商业模式,这种商业模式依托日新月异的技术革新,采用目标营销的方式,瞄准的是当下社会的主流消费群体。在高档写字楼、公寓、高尔夫球场、影院、大型卖场、高档餐厅、KTV、酒吧等具备不同性质的公共场所均能见到楼宇电视的踪影,这类地点流动人口众多,并且这些流动的人群在某些方面具有一定的共性,这就是分众传播理念的现实依据。

分众化传播瞄准中高端受众,在受众分析上做到了分众、精准和高度的针对性。中高端受众一般从事比较体面的工作,拥有相对稳定和中等偏上的收入,负担较小,处于中青年的年龄段,对于新事物接受较快,并且有较好的品牌消费意识,是典型的三高人群:高学历、高收入、高消费,也是商家,尤其是高档品牌商家所追逐的消费群体。针对这样高品质的消费群

---

① 庞井君.中国视听新媒体发展报告(2011)[M].北京:社会科学文献出版社,2011:163.

体,按照物业的性质和用途分类,可以在特定的楼盘中找到具有一定共性的消费群体,从而在相应的楼宇电视中因地制宜地投放不同的广告。楼宇电视经营者通过对楼宇物业的调查和分析,找到目标受众后再联系商家投放广告,可以说在此意义上楼宇电视真正做到了小众和分众。

以分众传媒为例,在通过对目标受众群的研究和超细分之后,分众传媒相继推出了不同的楼宇电视联播网以应对不同的消费群体。具体包括:商务楼宇联播网、卖场终端联播网、公寓电梯联播网、商旅人士联播网、城市彩屏联播网、银幕巨阵和影院广告等。每种不同的联播网针对的受众不同,覆盖的范围不同,硬件配置也不尽相同。例如,卖场终端联播网锁定的就是家庭快速消费品的购买决策者,配置的是17英寸的液晶屏幕和30W的扬声器,显示屏的放置密度是以全程覆盖消费者的购物过程为标准,从入口、各消费品摆放区到收银台,一路都能看到显示屏在滚动播放卖场内某品牌的广告,可以说做到了全覆盖和精准化,在促进消费者做出购买决策的过程中起到了重要的影响。

(二) 内容:单一性、重复播出、稀缺

楼宇广告电视主要以全天滚动播放广告为主,内容呈现明显的单一性,广告多为1~3分钟,由于多次重复和单一节目时间短,可以说电视播放的内容除了强烈的商业性外毫无营养,楼宇广告电视在内容上呈现了一种严重的单薄和稀缺。内容上的不足可以说是楼宇电视发展的重要短板。由于消费者普遍具有对新事物好奇的心理,因此初次接触楼宇电视,消费者可能将注意力放在播放的内容上,并且无意识地记住所播放的广告品牌。但是随着接触的时间越来越长,并且在任意场合都能看到楼宇电视,消费者一方面可能会对众多的楼宇电视目不暇接,另一方面,楼宇电视可能成为消费者生活中熟悉的一个部分,成为消费者不会再花更多的注意力关注的一个习惯性场景,因而电视上播放什么内容,消费者都不会去留意。

目前我国楼宇电视产业普遍出现一种热衷于跑马圈地,占据渠道先机的竞争趋势,大部分民营企业对内容不够重视,甚至根本不进行内容制作,只重复播放广告商家送来的样片。虽然在内容的制作上民营的楼宇电视经营者有诸多的政策限制,但是这并不是经营者忽视内容的足够理由。占据渠道在看重覆盖率的户外媒体中非常重要,但是传媒产业发展决不能只

依靠对渠道的占有,内容必须是传媒产业核心竞争力的最重要组成部分。内容和渠道共同发展才能促进楼宇电视产业的良性发展与繁荣。

相比之下,新兴的楼宇数字电视由于其先天的资源优势,在播放内容上更多地考虑了受众的心理需求,主要播放新闻资讯、体育娱乐、气象路况等更具有内涵的电视内容,在这些内容之间安插广告。这种播放方式可能在短期内需要更多的制作成本,但是从长期来看,必将吸引更多的受众,从而提升广告到达率,增加营利。

(三) 传播模式:强制性、分众化、单向性

分众传媒是第一个在国内用"强制性"作为最大卖点的传媒企业,在分众传媒的官网上,它列出的第一条媒体优势就是"强制性"[1],其CEO江南春也最早提出了"网点多元化,围绕生活圈"这一媒介经营模式。可以说这非常形象地刻画了楼宇电视传播模式的特点。

在当前不存在其他竞争性信息的传播载体的被动无聊环境中,人们很容易被唯一的传播载体所吸引,甚至可以说在等候的无聊时间中,人们的注意力找不到落脚点,这唯一的传播载体就会强制地对处在这一空间的人们进行内容的传播和灌输。

强制性、分众化是楼宇电视最主要的传播特性。收看的强制性与观看内容的强制性是楼宇电视接收的主要特征。人们在"等候"期间难以接触到其他电视媒体,因此,楼宇电视成为他们观看电视的唯一选择。楼宇电视节目内容的唯一性与单向传播特征,决定受众无法更换频道和自由选择电视节目。同时,楼宇电视在观看内容上也具有强制性。与传统电视不同,人们无法自主选择电视频道和所观看的内容,只能按照电视的节目安排依次观看。在受众等待的时间和空间内,人们处于一种无准备的状态,在这个注意力空虚的等待时刻,楼宇电视的播放内容无疑是一个重要的信息刺激源,受众很难不对其产生注意。可以说,受众在楼宇电视面前是完全处于被动接受的状态。正如分众传媒官网上所描述的:"人们可以不看电视,不看报纸,不坐公交,不坐地铁,但一定要回家,一定要上班,一定会等电梯坐电梯,一定要看电梯广告。"正是由于楼宇电视在传播信息上具有

---

[1] 汪青云,陈轶群.楼宇电视的困境与出路[J].东南传播,2011(7):65.

其他媒介所不具备的强制性,使其不需要做其他方面的努力便可以获取受众的注意力,因此,楼宇电视广告成了商家青睐的广告投放宝地。

从收视人群看,如表6-1所示,传统电视的受众以家庭为单位且比较固定;手机电视的受众是拥有手机的个人;公交移动电视和楼宇电视的受众是偶聚在同一空间的流动人群。户外电视受众具有基数大、流动性强的特点。

表6-1 传统电视与户外电视的受众比较[①]

类别 比较项	传统电视	户外电视		
		手机电视	公交移动电视	楼宇电视
收视人群	以家庭为单位固定	个人	匿名、聚合、流动	匿名、聚合、流动
收视空间	固定的家庭空间	任何空间	开放移动空间	开放空间
收视时间	主动、较长	主动、较长	被动、较短	被动、较短
收视方式	主动、选择性多	主动、互动	被动、无选择性	被动、无选择性

移动互联网与手机媒体的快速发展,解构了楼宇电视的"强制性传播"优势。楼宇电视统治者——分众传媒于2008年也被新浪收购。从消费者行为学的维度来看,一个细分市场应包括心理定位、行为定位、需求定位、人口定位、地域定位等几个维度。因此,楼宇电视难以做到真正的受众细分。[②] 除了强制性,楼宇电视等公共视听载体都具有一个重要的共同特征,即传播内容的单向性。楼宇电视的垄断性传播使得受众基本处于被动接受的地位,没有受众的及时反馈和参与互动,因此,这种传播是一种缺乏交互性的单向线性传播。这种传播模式没有考虑受众的接收需求和周边环境的影响,在缺乏反馈的情况下,一方面传播并不是良性的互动,传播者很难真正了解传播的效果,另一方面,这种单向的线性传播也极易受到周边环境的影响,产生信息传播的断裂。在大众传播媒介纷纷从单向传播转向交互式传播的当下,楼宇电视逆向而为,这极有可能遭到受众的反感和抛弃。

---

① 范轶阳.户外电视的传播学分析[J].山西广播电视大学学报,2011(4).
② 刘强.新媒体视频内容的柔性生产方式[J].世界广播电视,2009(11).

第二节 户外 LED 屏

LED 为 Light Emitting Diode 的缩写,又称发光二极管,是可以直接把电转化为光的一种固态的半导体器件,而 LED 显示屏是一种通过控制半导体发光二极管的显示方式,来显示文字、影像的显示屏幕。户外 LED 显示屏又称城市大屏幕或者城市彩屏,主要是指以采用国际上最先进的 LED 制作技术,由数万乃至数百万的 LED 像素灯组成的点阵像素,高密度清晰,能够强烈刺激目标人群视野,且具有支持多种播放格式、流动速度可调节等功能的户外大型传播媒体。[①] 作为一种大型商业终端广告系统,LED 屏可应用于商业中心或悬挂于楼宇之上,一般面积超过 100 平方米。其主要特点是画面色彩鲜艳,可播放视频影像,尺寸大,亮度高,目前被广泛运用于商业广告的户外发布。

一、户外 LED 屏的发展历程及现状

相对于其他类型的广告媒体,户外 LED 屏幕的发展历史并不久远。1893 年,霓虹灯作为新发明首次出现在芝加哥世博会上。1910 年,第一支商业霓虹灯于巴黎皇宫大厦亮相。1962 年,美国通用电气公司职员尼克·何伦亚克(Nick Holonyak Jr.)制成了世界上第一支红光 LED。到了 20 世纪 70 年代,低发光效率的 LED 开始运用于指示灯、数字和文字显示。1993 年,日本科学家中村修二发明了蓝光 LED,使得 LED 全彩显示屏的生产成为可能。随着 LED 技术的普及和制作成本的降低,LED 全彩显示屏作为户外广告发布的最佳载体在全球迅速发展起来。[②] 20 世纪 90 年代初,户外大屏幕这种广告模式也逐步被复制到中国市场。近年来,LED 显示屏在国内发展迅速,至 2006 年中国显示屏市场销售额达到 40.5 亿元,其中户外广告和体育馆领域全彩屏销售额达到 12.7 亿元,占全彩显示屏市场的 74.3%。[③] 目前,LED 大屏幕在上海、北京、广州等一线大城市的商

[①] 宫承波.新媒体产业论[M].北京:中国广播电视出版社,2010:308.
[②] 朱磊,李素倩.户外 LED 屏幕的媒体特性及其发展趋势[J].传媒,2012(7):10.
[③] 汤筠冰.LED 广告的视觉传播形态、特征及趋势[J].现代传播,2008(1):112.

第六章 户外电视：视听媒介的产业延伸与现代都市空间建构

圈已经随处可见，成为城市发展的新景观。

户外大屏幕作为户外新媒体的一种，其运营商与楼宇电视一样，有国有和民营的区分。国有主体包括广电机构、新华社、报业集团等，民营主体包括凤凰都市传媒、郁金香传媒等。其中，广电机构在区域市场上占有一定份额，新华社、凤凰都市传媒、郁金香传媒在跨区域市场上占有明显优势。而从终端拥有量来讲，在这一市场上，国有与民营主体市场份额的差距较小。① 所播放的内容也有国有和民营的重要区别，国有主体所播放的内容主要是电视节目加广告的形式，其中，新华社所拥有的大屏幕主要是播放新闻加广告，而民营机构依然没有获得播放节目的授权，其所播放的内容全为广告。在技术上，国有和民营也有不同，国有机构如北广城市电视，主要运用的技术为租用歌华有线专用数据网，并且加入 IP 电视功能，可以实现分屏播出，新华社则租用电信专线传送信号。民营目前所使用的技术因机构的不同而有差异，凤凰都市传媒运用的是互联网播放节目，而郁金香传媒信号传送则使用光盘及电脑控制技术。

不同于规格大致相同的楼宇电视，城市大屏幕的大小、像素、使用和位置都有所不同，而这四者之间又是息息相关的。其中，大屏幕的像素、大小与运营商的财力及所运用的技术产品密不可分，而大屏幕的用途因其所摆放位置的不同又有着功能上的重大差异。在中国，城市大屏幕主要运用于户外广告市场，许多大品牌都通过这些平台推出广为人知的广告活动，而这些屏幕也主要被安放在都市商圈和人流聚集地。公共服务也是大屏幕的重要功能，这些大屏幕多播放政府宣传片、公益广告和新闻等，被主要放置在广场、公园、体育馆、火车站等公益性公共场所。大屏幕也被经常用于表演和展示，例如 2008 年北京奥运会的开幕式，巨大的 LED 数字屏幕"画轴"演出各种变幻绚丽的画面，体现着技术和艺术的完美结合。在国外，如美国拉斯维加斯的 Fremont 街，有着世界上最大的天幕显示屏幕和光线表演，这也是大屏幕用于娱乐表演的代表。另外，还有部分大型企业通过在公司总部铸造媒体墙的形式用巨大屏幕来宣传自己，这一类屏幕的使用在国内比较少见，而在国外，如鹿特丹和首尔，各个国家的国家电讯公司的总

---

① 庞井君.中国视听新媒体发展报告(2011)[M].北京:社会科学文献出版社,2011:164.

部——在 Kop van Zuid 码头区的 KPN 大厦以及仁寺洞艺术区附近的 SK 电讯大厦——都有可以远距离观看的媒体墙和巨大屏幕。

二、户外 LED 大屏的传播特征

(一) 传播形式多样

城市大屏幕的传播形式多样可以体现在两个不同的层面。首先,从硬件层面看,大屏幕作为传播载体,它的形态是多样的,除了普遍的长方形和正方形,它还可以根据空间需求制作成异型屏,目前的技术可以支持的屏幕类型包括曲面屏、环形屏、凸面屏、波浪屏等多种形式的 LED 屏幕。多样的外形可以适应不同的放置地点和背景风格,融合于都市夜景的异形 LED 屏幕既成了城市的魅力景观,又能带给受众形式多变和新颖的感官体验,其传播效果也大有提升(见图 6-2)。

图 6-2 位于武汉光谷步行街的球状 LED 屏幕

其次,从 LED 屏幕所播放的内容形式来看,它有着多种表现形式,可塑性强。LED 屏幕利用其高超的声光科技,通过电脑控制,可以展现各种图文动画,利用各种形式进行广告和其他信息展示;既可以展示静态画面,又可以展示动态画面;既可以展示二维画面,也可以展示三维立体画面。[①] 同时,LED 户外屏还通过配上密封外壳来适应雨雪沙尘、严寒酷暑的户外恶劣环境,保证了大屏幕的全天候长时间工作。

---

① 朱磊,李素倩.户外 LED 屏幕的媒体特性及其发展趋势[J].传媒,2012(7):10.

（二）传播内容多样，广告以品牌传播为主

户外LED屏幕的播放内容多样，包括公共信息的发布，如天气预报、交通资讯、城市形象宣传片的播放、政府公告等，尤其是设置于公园、休闲广场、体育馆等公益性公共场所的大屏幕，其播放内容更需以公益内容为主，广告要尽量减少。而对于部分名气较小的中小型城市而言，在主要交通干线如国道、省道、高速公路路口等地设置大屏幕滚动播放城市宣传片，则能获得显著的传播效果。从这一层面说，城市大屏幕因其所处位置和辐射范围的特殊性担当着公共媒体的职责。另外，国有广电系统下的城市大屏还有播放电视节目的权利，主要播放的节目包括新闻资讯类、体育赛事类等。当然，作为户外传媒的重要形式，城市大屏主要的播放内容还是广告。其中，在世界杯、奥运会等体育赛事集中的特殊时期，城市大屏播放体育赛事能显著吸引受众的注意力，在赛事中间穿插的广告则能达到更好的传播效果。

与一般的户外广告传媒不同，城市大屏所播放的广告有其特殊性。城市大屏面积从1平方米到几千平方米，适合大面积视频广告的发布，其位置主要是繁华商业街区或广场，区位优势突出，辐射人群众多，尤其主要辐射的是主流消费群体。而从技术上来讲，目前的城市大屏可以做到静态和动态的播放，以后二维和三维的播放也将普及，这是其他传媒形态所不能比的。另外，由于户外广告黄金地段的优势，其较为昂贵的广告投放价格本身就使得大批小型企业无法涉及。因而综合来讲，城市大屏有着占据优势区位和先进技术的先天优势，与楼宇电视等户外广告媒体以量取胜不同，城市大屏必须走优质传播的路线，坚持在都市主流商圈中做品牌传播。

目前的户外LED广告主要为汽车、房地产、化妆品、金融业等大型广告主所垄断，部分地区的广告投放还包括电影上映信息、活动促销信息等。据了解，城市大屏的广告投放价格限制较大。同时，因其广告主多为大型品牌商家，因而所播放的广告质量也较高，许多广告除了简单的宣传信息外还带有一定的观赏价值，因而相对于其他城市广告，户外LED大屏明显走的是高端户外媒体路线，坚持着品牌传播的方向。

而相对其他户外广告媒体而言，动态LED广告可以实现分时广告投放。大部分大屏幕为15秒和30秒广告循环播放，每天可以循环播放60～

80次,其广告投放时段可以随意配置,甚至可以接受以天为单位的订单。①销售方式的灵活性是其他同样黄金位置的户外广告所不能比的,而这也使得城市大屏的平均成本要低于同一地段的其他静态媒体。

(三) 传播劣势:瞬时接触、声音传播缺陷

户外大屏幕的传播优势不言而喻,屏大、醒目、画面表现力强、黄金地段、内容播放形式多样等,然而作为一种新兴媒体,城市大屏也有着无法忽视的缺陷。

首先,LED屏主要被放置在公共场所,如繁华商业街路口、大型商场等。这样放置的优势在于它能最大限度地辐射更多的行动人群,覆盖人们日常出行的行动路径,尤其是在商圈内的大屏幕,可以直接影响具有消费能力和消费行为的主流受众。但是始终面对的是行动中的受众,这也不可避免地降低了大屏幕的传播效果。对于行动中的人群而言,他们是有目的性地在行走,大屏幕上播放的内容对他们而言只是一种瞬时性的接触,短暂时间内的关注并不能在受众脑海中留下多深刻的印象,信息量稍大的大屏幕内容就会引起受众的选择性忽视。因此,大屏幕运营商应当思考的是如何在最短的时间内传送出最核心而精练的信息量,并且使得广告循环播放的节奏能够契合行走中的人们的行为特征。在这两方面改进将可以显著提高收视效果。

其次,虽然户外LED屏的播放形式多样,既可以动态播放也可以静态播放,其画面清晰醒目,表现力非常强,但是大屏幕不可避免地存在"声音传播"的缺陷。大屏幕本身所有的音响设施其传播范围非常小,远不如画面所传达的范围广,同时,大屏幕的放置地点多在人流众多、声音嘈杂、干扰因素大的主流商圈,车水马龙的喧嚣环境使得本身就不够大的声音传播显得更加鸡肋。因此,可以说城市大屏幕主要依赖的是画面的信息推送,声音所传达的信息量由于外在环境的影响而大打折扣。从传播效果的改进来说,大屏幕上所播放的广告必须通过更具有叙述性的画面来传达信息,以弥补声音传播的不足。

---

① 汤筠冰.LED广告的视觉传播形态、特征及趋势[J].现代传播,2008(1):113.

第三节　户外视听新媒体与现代都市空间建构

一、楼宇电视：无聊经济学与私人空间

（一）注意力经济

当今社会是一个信息无处不在，极大丰富甚至泛滥的信息时代，相对于无限、海量而庞杂的信息，受众的注意力是有限的，因而在网络时代，真正有价值的是受众的注意力。注意力早已成为一种稀缺的资源，而注意力经济也已成为传媒界和经济学界都非常关注的热门词汇，虽然"注意力经济"目前还不能作为通用的经济分析概念，但是它可以用来解释目前很多的传媒现象和经济现象。

注意力经济是最热门的一个经济词汇，也可以说是一个新信息词汇。把这个词汇推上历史舞台的是一位美国学者米歇尔·戈德哈伯（Micheal H. Goldhaber），1997年他在美国著名杂志《热线》（*Hot Wired*）上，发表了一篇名为《注意力购买者》（*Attention Shoppers*!）的文章。随后，这个概念逐渐传入我国，受到了广告、媒体、公关业界的关注。注意力经济是基于注意力这种稀缺资源的生产、加工、分配、交换和消费的新兴经济形态；[①]是以注意力资源的生产和分配为基础所形成的经济关系以及商业模式。

其实注意力经济就是我们常谈到的眼球经济，这种经济类型以注意力资源的占有为基础，关注的是如何通过更多的媒介形式，更有吸引力的媒介内容，对公众时间空间的更充分利用来吸引更多的注意力，从而通过注意力的获取来达到信息传播的目的。在网络时代，信息的制作和发布早已不成问题，信息高速公路的建成也使得公众能以最低的成本和最快的速度获取自己想获取的信息。因而，现在问题的关键是所传播的信息如何能在海量的信息仓库里得到受众的注意。

在我国，传统媒介如电视、广播和报刊等，因其自身国有化的性质和相

[①] 吴晓平.凝视，被凝视？——注意力经济的隐私新视角[J].青年记者，2009(15):92.

关政策性的规定,其商业化程度一度并不高。广播、电视、报刊在我国一直属于党政机关管辖,其发布的信息和制作的节目要求具有权威性和健康的审美性,所承担的功能更多地以社会公益为主。因而在过去,获取商业利益和眼球关注并不是它们的目标;另一方面,过去由于网络并不发达,观众所接触到的信息十分有限,广播、电视、报刊几乎成为人们获取信息的唯一渠道,因而,广播、电视、报刊等传统媒体也并没有想方设法获取观众注意力的动力。所以,长期以来,我国的传统媒体并没有特别重视注意力资源的获取。然而,随着网络的进一步普及和我国商品经济的进一步繁荣,媒体的外部竞争环境不断加剧,广播、电视、报刊系统内部的竞争也日益激烈,现在我国的传统媒体也越来越看重收视率、收听率和畅销程度等市场数字指标。如何在政策法规内,制作出更有吸引力的内容从而获取更多受众的注意力成为传统媒体关注的重点。

逐渐发展壮大的户外新媒体更将注意力资源的获取作为抢占市场的重中之重,在商业化程度高、竞争惨烈的我国户外新媒体市场上,可以说,渠道占有和受众的关注度决定一个传媒企业的生死存亡。与传统媒体不同,户外新媒体多是民营企业,是以营利为最主要目的的商业机构,因而它们有十足的动力去不断创新和改革,以获取更多的市场份额。同时,户外新媒体市场内,最初国有资本的进驻并不多,某种程度上讲,大家属于站在同一起跑线上,更能产生良性的竞争,促进产业的良性发展。另一方面,与传统媒体不同的是,民营的户外新媒体至今未获得可制作节目的授权,他们所播放的内容几乎全部是广告,播放内容来自广告商家。因而通过内容的制作创新来在广告市场上出奇制胜是非常困难的。最后,这也加速了户外新媒体对于传播技术的创新应用和推广。在内容比较难以突破的情况下,新兴传播技术的运用以及渠道资源的占有成了户外新媒体抢占市场的决定性因素。激烈的市场竞争使得传媒企业不断加强新技术的运用和渠道的占有,同时还不断地挖掘市场的潜力和空白,这也使得户外新媒体的呈现形式越来越丰富。

(二)楼宇电视与无聊经济学

为了在营利丰厚的户外新媒体市场上分一杯羹,传媒企业纷纷绞尽脑汁,抢占市场空白,如何在合适的时间和空间内高效地传播信息成了业界

第六章 户外电视：视听媒介的产业延伸与现代都市空间建构

思考的关键。从渠道占有的角度出现了种类繁多、铺天盖地的户外新媒体形式，例如覆盖人们出行网的公交移动电视、空港电视、出租车电视等。而分众传媒的总裁江南春则另辟蹊径，从受众自身注意力的发掘来分析受众注意力的分布规律，从信息传播的维度盯住了人们百无聊赖的等候时间，提出了"无聊经济学"这一崭新的概念，即"人们处于比广告更无聊的时间例如等电梯时，就会对这一空间内传播的信息有所关注"，继而开发出楼宇电视这一新兴的户外媒体传播形态，变受众的主动关注为被动关注，至此，无聊经济学和楼宇电视便应运而生了。

"无聊经济学"是一种新型的营销手段，所瞄准的是无干扰、无防范、无竞争的无聊时间，所针对的是人们日益碎片化的生活方式，在受众无防备、无抵触的无聊时间内进行信息传播。在注意力资源匮乏的今天，人们在无聊时几乎处于真空状态的注意力无疑是非常宝贵的眼球资源。现今，已有非常多的传媒商家瞄准了人们的无聊时间，并尽可能地压榨这一无聊时间内所能产生的经济效益。比如等电话时的手机彩铃业务，公交地铁上的广告以及占据了人们大量无聊时间的电脑游戏等。而最早将这一概念发挥得淋漓尽致，并且也获取了巨大经济效益的是分众传媒的总裁江南春，他将无聊经济学注解为"生活圈媒体"，意为"关注你的生活"，将城市生活中必然会经历的等电梯的无聊环节的经济效益发挥到巨大。江南春认为在等电梯这样的无聊环节中，人们不可能不对这一无聊时空内所出现的广告信息产生关注，而只要关注，就获取了人们的注意力资源，就取得了广告传播中的初次胜利。而人们长期在同一时间段同一地点等同一班电梯，多次循环播放的电梯广告则必然会被等电梯的人所记住。这也是分众传媒在户外媒体竞争市场上初战告捷的重要因素。

楼宇电视行业能够如此成功地运用无聊经济学理论，主要原因在于他们对受众的注意习惯有着深入的观察。人类作为有意识的社会存在，最惧怕的就是无意义感和无价值感，人们会习惯性地防御"无聊"，千方百计地使自己不觉得无聊。无聊越是折磨人，人就越表现出对那些特别的、能够消除无聊感的事物的渴求。在人们被动无聊地等电梯过程中，心智最容易受到诱惑，会对信息产生需求感。需求就意味着市场，而这种因无聊而产生的需求感则蕴涵着巨大的商机。[①]同时,人们的注意力还有非常重要的特点,即短暂注意。在毫无目的的无聊状态中,人们眼睛总是从某一无意义事物很快地转向另一无意义事物,他们所需要的只是一个注意力的暂时安放点,而这种转瞬即逝的关注是不会在人的大脑内留下什么印象的,在这种时刻,电梯内出现的引人注意的电梯广告则契合了人们注意力的无处不在和跳跃性,相对于那些无意义事物,电梯广告必然会取得更好的传播效果。另外,楼宇电视所运用的不仅只是无聊经济学,它还很好地解决了人们社交过程中的些许尴尬。例如,一趟空电梯内如果只有一男一女,而碰巧要乘梯的时间又比较长,那么气氛必然会有尴尬的意味,男性的眼球放在任何地方似乎都显得不太自然,而此时出现的电梯广告则很好地消除了尴尬的气氛,眼睛盯着人看或者电梯按钮看都不太好,但是观看电梯内的广告则是顺其自然的,因而,从尴尬经济学的角度,楼宇电视也能很好地抓住人们的心理进行高效的传播。

(三) 楼宇电视与私人空间

楼宇电视以一种全新事物的姿态在户外媒体市场内叱咤风云,它有着很多优点,然而不可避免也有着自身非常重要的缺陷,可以说这些缺陷一定程度上抑制了楼宇电视的传播效果,成了楼宇电视发展的重要瓶颈。

首先,作为一种"生活圈媒体",楼宇电视在人们的日常生活中扮演着无处不在但却并不讨喜的角色,因为它的无处不在而产生了较高的广告效益,但也正是这种带有强行进入姿态的"无处不在"构成了对公共私人空间的侵犯。虽然楼宇电视在一定程度上降低了人们搭乘电梯时的无聊感,但是观看电视里所播放的广告也并没有比无聊更有意义。对于反而非常珍惜这种大脑真空状态的人群来说,楼宇电视所播放的广告则有着非常强的破坏性。可以说无论从哪个角度,楼宇电视试图强行进入人们的生活,强行占有人们的注意力资源都是会招致受众反感的,而这种反感必然会降低传播的效果。

其次,从法律的角度来说,在小区这样的私人空间内,不经得所有住户

[①] 王波伟.浅析无聊经济催生的新广告媒体面临的挑战[J].新闻知识,2012(2):55.

的同意就在公共区域内安置楼宇电视,这是否违反《物权法》还有待商榷。楼宇电视商家和业主的矛盾也已经凸显,而按照我国法制建设重视人权的发展轨迹,楼宇电视发展将会存在一定隐患。

最后,楼宇电视内容上的缺失不可忽视。任何一种媒体,无论是新兴媒体,还是传统媒体,无论其所占有的渠道有多么重要,在跑马圈地获得了量的积累之后,质的提升必须跟上节奏。内容依旧是媒体产业链上最具有价值的一环,"内容为王"的价值观念永远不会过时。楼宇电视广告非常重要的特点就是短时性,为了配合人们等电梯的短时间,楼宇电视的广告往往只有1~3分钟,同时为了保证广告效果,楼宇电视往往是重复地播放单独的广告信息。这种枯燥无聊的内容和广告播放器的传播方式必然会招致受众的反感。而现在广电系统还没有给予民营媒体电视节目和新闻播放的权利,在单纯的广告已经难以达到传播效果,同时又无法播放其他节目的现在,楼宇电视如何采取措施提升其内容影响力是考验楼宇电视继续发展的重要课题。

二、户外LED屏:屏幕文化与现代都市

(一)现代城市形象及其特点

城市形象是指一个城市的内部公众与外部公众对该地区的内在综合实力、外显表象活力和未来发展前景的具体感知、总体看法和综合评价。城市形象是一个城市的名片,是一个城市的经济实力、政治素养、审美水平、文明程度和现代化程度的集中体现,是城市精神、城市底蕴、城市文化的综合反映,既包括外在的城市景观,又包括内在的精神文化。良好的城市形象特色鲜明、积极向上、美观大方,能够在众多城市中独树一帜,给人留下深刻印象;不仅能为城市的经济社会发展提供源源不断的内在推动力,还能对内增强城市的内部凝聚力,对外创造城市的外部影响力。甚至好的城市形象就是一部生动、优质的城市形象宣传片,是吸引游客和发展旅游资源的关键因素。可以说,好的城市形象就是城市最重要的无形资产,是先进的生产力。

城市形象是一个由各种自然因素、人工因素和社会因素共同构成的一个有机整体,具备以下几个特点。

首先,城市形象具有一定的综合性,包含着城市的各个发展领域,各领域之间相互作用、相互依赖。一般而言,对一个城市的形象进行评价必须综合多个方面才能得出结论。然而,大多数情况下,公众多半不能如此宏观地去考察一个城市的所有方面,他能接触的仅仅是少数几个不同的侧面,因而,城市形象的建设必须面面俱到,重视综合性城市形象的细节。

其次,城市形象具有一定的特色性。每个城市的发展,自然条件、文化传统、历史沿革都各有差异,而这些差异也正是构成具有特色的城市形象的重要基础,城市形象的最大魅力来自与众不同。城市的特色具有很强的地域环境和文化的根植性,不易被其他城市模仿和"拷贝",城市特色作为复合资本,是城市竞争资本的核心组成部分。城市形象的重要功能是为复杂的城市系统提供一种经过升华凝练的印象标志,使人们透过现象把握本质特征,把一个城市与其他城市区别开来。因此需要找到能代表这个城市形象的重要特色标志,这种标志需要鲜明、简单,易于识别,又内涵丰富,容易使人留下印象。

最后,城市形象必须呈现人文性和包容性。城市形象归根到底是这座城市的人民生于斯长于斯的鲜活记录,城市形象无论多立体多宏观,它也依旧是由这座城市中每一代生活于此的人们共同积淀下来的,可以说,城市形象就是这座城市的人们生活的剪影。因此,城市的形象必然有着强烈的人文气息,必然能辐射到这座城市中的每一个个体,体现这座城市居民的共同特质。同时,作为一个现代化的城市,包容性又是必不可少的,随着城市化进程的加剧,城市流动人口的增加,曾经固有的城乡二元制格局也在逐渐瓦解,城市再也不是曾经封闭的空间,它应该具备强大的包容性和开放性,城市原本的精神特质应得以保存和沿袭,而时代赋予城市的新职能与新事物,城市也应加以包容和内化,使城市的形象与时俱进,更加丰富和具有时代感。

城市形象主要由外在的城市景观和内在的精神底蕴构成,二者密不可分。城市内在的精神底蕴源远流长,与城市的历史、区位、自然景观、社会地位息息相关。城市的内在决定着城市的特色与风貌,在一定程度上也表现在城市景观的设置上。由城市景观带给人们的一系列视觉感受是城市形象最直观的部分，一切视觉景观都可以是城市形象的直接体现，建筑物景观、道路交通景观、自然山水景观、历史人文景观、基础设施景观甚至人群景观等，都是城市形象的特色基础。

（二）户外LED屏塑造城市之美

随着经济的发展，户外广告已经以一种无孔不入的姿态出现在人们的生活中，在城市的街头巷尾都可以看到它的踪迹。户外广告对于一个城市的现代化是不可缺少的，发达地区城市与落后地区城市的区别往往直接并残酷地写在户外广告上。美化市容市貌，已经成为一个城市重要的人文景观。户外广告与城市形象的建设关系密切，而户外LED屏则以醒目的大屏、鲜亮的色调和动态的视觉冲击力，在城市形象的塑造上更有着不可小觑的重要作用。整体协调统一、符合审美需求的LED大屏，对于塑造现代城市形象有着显著的积极作用。

首先，户外大屏幕外形靓丽，科技含量高，总是高居在城市的繁华街头和大厦墙体上，播放的商业广告极具时尚和高端气息，动态和静态的内容自由穿插，每一个因素都向人们呈现着它作为高科技产品的鲜活现代感和广告承载媒体的浓厚商业气息。户外大屏幕似乎天生就是为商业化大都市所服务，它的气质和功能与大都市的风貌契合得如此自然，设置得当的户外大屏幕无疑能显著提升城市的现代感。现代城市和传统城市在景观上的重大区别一定程度地体现在都市灯光与屏幕的占有量上，现代化的国际大都市是有一定的共同点的，它们必定都有着发达的贸易经济，川流不息的人群，便利的交通，高耸入云的建筑群，以及建筑群之间如钻石般闪耀，播放着最新潮流广告的户外大屏幕。

其次，户外广告抛开其商业性不说，画面的张力和色彩的表现力就足以使得广告呈现出一种有目的的审美创造活动的特质。从审美的角度来说，占据高科技先机的户外大屏幕有着更多的渠道去展现美，它高居在大厦墙体上，辐射范围广，高像素的屏幕闪烁着鲜亮的色泽和清晰醒目的内容，在钢筋水泥的银灰色城市建筑群中，它是那么的显眼和美丽，让人无法忽视。作为现代城市中一道亮丽的风景线，户外大屏幕能带给人舒适的审美愉悦感，对城市起着重要的美化作用。

最后，色泽鲜明的户外大屏幕也成了夜间城市景色的重要支撑，它亮化城市的作用不可小觑。一到夜间,上海、北京等繁华都市在各类霓虹灯和大屏幕的交相辉映下流光溢彩,绚丽多姿;而一些中小城市到了夜间只有简单的路灯作为基本照明,部分城区还漆黑一片,毫无美感可言。正如美国学者丹尼尔·贝尔(Daniel Bell)所言:"如果没有灯光标牌,什么才能作为大城市的标志呢?人们乘飞机掠过市区时,可以看到夜幕的背景上,一丛丛五彩缤纷的灯光广告在闪烁不停,宛如晶莹的宝石。在大都市的中心——泰晤士广场、皮卡迪利大街、香榭丽舍大街、银座等——人们攒聚到闪耀着霓虹灯的广告下,汇入熙来攘往的人流中,分享都市的活力。"[①]灯火辉煌的美丽夜景,可以说是城市的魅力所在。

(三) 户外LED屏健全城市功能

现代城市正在进入高速发展的轨道,借力于技术进步和经济发展,城市的建设越来越全面,要衡量一个城市的发展水平或评价一个城市的城市形象,相对于市容市貌或者经济实力,一个城市的人文关怀和文化底蕴则更显其重要。越是在成熟阶段的现代城市,其发展、建设和管理的过程中越注重对城市个体居民的关注,体现出一种现代化的人性关怀。构建服务型城市成为越来越多城市规划者的共识,因此,城市功能的优化和提升越来越受到学界和城市管理者的重视。户外LED屏作为城市景观中不可或缺的要素,其发展也能够有力地推动城市功能的优化和提升。

户外大屏幕显性的功能在于作为商品广告的承载体适时地传达出最新最近的商品消费信息,进行商业推广,宣传企业文化,宣传新的消费观念,以影响人们的消费行为,继而引导一个城市的消费潮流。因而它能够提升一个城市的消费功能,刺激城市的经济发展。另外,户外大屏幕并不仅仅只是商业性信息的传播,作为公众传播载体,它还传达了许多与人们的日常工作和生活联系紧密的公益性信息和资讯,从这一角度而言,大屏幕还弥补了传统媒体和部分静态媒体传播信息的不足,健全了城市的信息传导系统。

户外大屏幕在点亮夜间城市,增加城市美感的同时,还有着非常重要的功能,即照亮黑暗中的城市,带给人们以安全感,有助于维护治安。从这

---

① 〔美〕丹尼尔·贝尔.资本主义文化矛盾[M].赵一凡,等译.北京:生活·读书·新知三联书店,1989:115.

一角度来讲,户外大屏幕可称作是无声的保卫,而同时,设置合理的户外大屏幕还可充当城市无声的管理者,例如火车站的乘车信息大屏幕,交通干道上滚动提示的交通标识等。

户外大屏幕因其安放地点的不同而有着截然不同的用途和功能:在商业区传达商业信息,增进商业区的繁华;在写字楼墙体宣传企业文化;在公园传达公益信息,播放体育赛事;在交通干线上提示路况和天气变化。户外大屏幕所选择的位置与其展现的功能契合紧密,这也体现了户外大屏幕在标明城市区域的功能上的区分作用,同时大屏幕以其鲜明的特色充当着醒目的城市新地标,因为大屏幕所播放内容的不同,人们能很清晰地感受自己所处的城市功能区域,实时滚动播放的内容与流动的都市生活相映成趣。大屏幕同时还为普通百姓提供了一种新的将私人生活植入公共场所的可能性,其中最典型的就是利用大屏幕求婚。①

---

① 陆晔,邓之湄.户外电子媒介的文化意义与市场前景——以LED大屏幕为例[J].电视研究,2009(10):44.

第七章 数字化广播：多元化的音频传播

第一节 音频广播新媒体化

一、播客

"播客"（Podcast 或 Podcasting）的概念最早出现在 2004 年 2 月 12 日英国《卫报》的一篇题为《听觉革命：在线广播遍地开花》的文章中。Podcast 是一种在网络上发布声音与影像文件，并允许用户通过 RSS 聚合技术订阅，以同步更新到使用端的 Web 2.0 技术。2004 年 8 月 13 日，IPod 的发明者美国人亚当·科利开通了世界首家播客网站——"每日源代码"（www.dailysourcecode.com），亚当·科利也因此被称为"播客之父"。2004 年 9 月，美国苹果公司发布 iPodder，被认为是播客出现的标志。

播客的定义目前仍在争论中，比较有代表性的说法有以下三种：（1）瑟尔斯（Searls）博士将 Podcast 界定为"Personal Option Digital"（个人数字选择）。Podcast 是自助广播，属于全新的广播形式。收听传统广播时，我们是被动收听我们想听的节目，而 Podcast 则是我们选择收听的内容、收听的时间以及用何种方式，并且让其他人也有机会收听。（2）戴维·舒舍尔（Dave Shusher）认为 Podcast 必须具备三个要件：必须是一个独立的、可下载的媒体文件；该文件的发布格式为 RSS 2.0 enclosure feed；接收端能自动接收、下载并将文件转至需要的地方，放置于播放器的节目单中。他认为可下载 MP3 不是 Podcast——这是充分但不是必要条件。"能下载固然不错，但能自动出现供你播放，而无须你关照才是关键。这才是 Podcast。"（3）《现代汉语词典》（第七版）将播客定义为：①个人运用数字广播技术制作的在互联网上传播的声频、视频内容；②指在互联网上传播声频、视频内容的人。播客与其他音频内容传送的区别在于其订阅模式,它使用 RSS 2.0 文件格式传送信息。该技术允许个人进行创建与发布,这种新的传播方式使得人人可以说出他们想说的话。

Podcast 具有以下特点:①订阅功能。Podcast 是可订阅的,透过网络,各式各样的播客会分享制作丰富的 Podcast 节目,提供多元的选择性,阅听者可以依照自己的喜好订阅节目,就是所谓"随选"(on demand)的概念。②移动性。便捷的移动性是 Podcast 最为显著的特征。Podcast 录制的是网络广播节目,网友可将网上的广播节目下载到自己的 iPod、MP3 播放器或其他行动载具,不必一直坐在计算机前,也不必实时收听,享受随时随地的自由。③参与性与共享性。Podcast 是开放性的,每位用户都可以免费获得自己的空间,可以制作音视频节目并将其上传到网站上与他人分享,也可以选择或订阅别人提供的音视频节目并下载到移动终端随时收听。这种开放与共享的机制使得每一个人既是资源共享的受益者又是资源的创造和提供者。此外,Podcast 还具有个人性(personal)、数字的(digital)、随选的(on demand)、便携的(portable)的特征。便携式数码播放器的快速普及、宽带互联网的发展与 Blog 社群力量的壮大,促使全球 Podcast 迅速蹿红。Podcast 主要用于个人、传统媒体、教育教学、文化艺术、商业等方面。

"播客"颠覆了被动收听广播的方式,使听众成为主动参与者。传统广播由各级广播电台行政主管部门建立和管理,听众通过收音机被动接收收听。Podcast 录制的是网络广播或类似的网络声讯节目,网友可将网上的广播节目下载到自己的 iPod、MP3 播放器或其他便携式数码声讯播放器中随身收听,享受随时随地的收听自由。同传统主流媒体音频不同的是,播客节目不是实时收听的,而是独立的、可以下载并复制的媒体文件,故而可以自行选择收听的时间与方式。而且,网民还可以自己制作声音节目,并将其上传到网上与广大网友分享。订阅播客节目可以使用相应的播客软件。这种软件可以定期检查并下载新内容,并与用户的便携式音乐播放器同步内容。任何数字音频播放器或拥有适当软件的电脑都可以播放播客节目。

目前,许多世界国际广电媒体网站甚至报刊网站,如美国迪士尼、ABC

News、ESPN、美国公众电台(WGBH)、加拿大广播公司(CBC)、英国国家广播公司(BBC)等均已提供播客平台。

自2004年年底至今,国内出现了一批播客站点,土豆网、播客中国、播客天下等网站先后推出播客服务,一批富有个性的音视频节目在互联网上广泛传播。播客在互联网上产生的影响甚至波及传统媒体,上海东方广播电台推出了《波歌播客秀》节目,北京文艺台推出了《播客风暴》节目,"播客"概念一时间沸沸扬扬。

二、网播

(一) 定义

在通信中,"网播"或"网络广播"(Webcast)是利用因特网向用户递送内容的新兴业务,有时与广播非常相似。联合国世界知识产权组织(WIPO)认为,"网播"系指以有线或无线的方式,通过计算机网络,使公众能基本同时得到所播送的声音、图像,或图像和声音,或图像和声音表现物。此种播送如果加密,只要网播组织或经其同意向公众提供解密的手段,即应被视为"网播"[1]。在WIPO看来,声音或图像通过电信渠道的播送,只要是属于由接收者可以来激活或启动的实时网流,都可以称为"网播"。因此,"网播"大致可以包括以下几种情形。[2]

第一,狭义的网络广播,即网播组织在预定的时间通过信息网络向公众播出节目。像传统广播一样,用户在登录后只能在线收听或收看到网播组织实时播出的节目,而无法自行选择节目。比如,网络直播、网络视频会议等都可以属于这种形式;更多见的是像PPlive网络电视平台中,许多网播组织自己编排节目,然后按照节目时间表通过信息网络向公众播送视听节目。

第二,同步转播(simulcast),即网播组织将传统广播媒体(无线或者有

---

[1] 联合国世界知识产权组织(WIPO)版权及相关权常设委员会主席与秘书处.关于保护广播组织的条约合并案文(SCCR/11/3)[EB/OL].(2004-02-29)[2014-03-30].http://www.wipo.int/edocs/mdocs/copyright/zh/sccr_12/sccr_12_2.pdf.

[2] 张伟君.网播:广播、信息网络传播抑或向公众传播?——兼评我国《著作权法》的信息网络传播权[EB/OL].(2007-07-31)[2014-03-31].http://blog.sina.com.cn/s/blog_4da63f41010009wj.html.

线广播电视台)正在播出的广播节目信号通过信息网络同时向公众传播。比如,中央电视台网站同时播出它正在播出的节目信号,观众通过网络几乎可以同步收看到按照节目时间表正在播出的节目。这实际上就是传统广播电视在网络上的再现。

第三,网络点播,即互联网站将录制好的视听节目置于网站中供用户"点播",用户可以在其选定的时间收看或收听到该节目,不受该节目播出时间的限制。

美国传播学者哈筱盈(Louisa S. Ha)和理查德·甘地(Richard J. Ganahl)在《全球网播》(*Webcasting Worldwide*)一书中指出,网播即视频与音频内容通过互联网的传播。[①] 目前,网络视频大体上分为两种类型:一种是视频直播类,即网络电视,例如 PPstream、PPlive 等都属于这种;另一种叫做视频分享类,即微视频,为用户提供视频上传、播放和分享服务,操作简单,传播方便,加上视频本身能带来丰富的用户体验,因而受到了广泛欢迎。如美国 YouTube 网站与我国的优酷网、六间房、我乐网、比酷网、酷6网、土豆网等。

目前网络视频的运营成本支出主要由带宽、服务器、市场推广三部分构成,其中以带宽花钱最多。以优酷网为例,它每月的带宽费用是 2400 万元左右,每年超过 2.9 亿元。资金不充裕、烧钱太快却又缺乏成功营利模式,以及在带宽、版权等成本的加大和牌照等政策性问题的影响下,主要靠风险投资支撑的视频网站被认为是眼下最容易倒闭的四类网站之一,其余三类网站分别是 SNS 社交网站、生活搜索和网页游戏。

(二) 规制

"网上音视频内容"或"网播"(Webcast)的环境包括技术、市场与政策三个层面。从传播技术来看,网络媒体是技术媒体,下一代互联网与带宽变化直接影响"网播"的发展。从传播市场来看,内容版权、市场营销、营利模式等问题制约了市场的发展。促进了版权保护,政府要加强网上音视频内容监管,技术服务商升级数字版权管理系统(DRM),网站强化网络数字版权意识,用户逐步树立付费消费习惯,将有助于数字内容版权保护。从

[①] 〔美〕哈筱盈,〔美〕理查德·甘那.全球网播:新媒介商业运营模式[M].杭敏,刘丽群,编译.北京:清华大学出版社,2009:3.

传播政策来看,音视频内容的网络传播,由中央授权国家广播电影电视总局负责。

1. "网播"的发展与我国规制的变革

广电总局管理办法频繁修订,反映了技术发展、法律调整带来"网播"状况不断变化。1999年10月发布的《关于加强通过信息网络向公众传播广播电影电视类节目管理的通告》,明确规定:在境内通过包括国际互联网络在内的各种信息网络传播广播电影电视类节目,须报国家广播电影电视总局批准;在境内通过信息网络传播广播电影电视类节目,不得擅自使用"网络广播电台""网络中心""网络电视"等称谓;经批准通过信息网络传播的广播电视新闻类节目(包括新闻和新闻类专题),必须是境内广播电台、电视台制作、播放的节目。同年11月,发布了《网上播出前端的设立审批管理暂行办法》。2000年4月,发布了《信息网络传播广播电影电视类节目监督管理暂行办法》。2001年12月,发布了《关于加强网上传播广播电影电视类节目监督管理的实施细则(试行)》。2003年1月,发布了《互联网等信息网络传播视听节目管理办法》(总局15号令,2003年2月10日起施行)。2004年7月发布了《互联网等信息网络传播视听节目管理办法》(总局39号令,新的管理办法自2004年10月11日起施行)。2007年12月21日,广电总局与信息产业部联合发布《互联网视听节目服务管理规定》。

《互联网等信息网络传播视听节目管理办法》(2004)第二条指出:"本办法适用于以互联网协议(IP)作为主要技术形态,以计算机、电视机、手机等各类电子设备为接收终端,通过移动通信网、固定通信网、微波通信网、有线电视网、卫星或其他城域网、广域网、局域网等信息网络,从事开办、播放(含点播、转播、直播)、集成、传输、下载视听节目服务等活动。""本办法所称视听节目(包括影视类音像制品),是指利用摄影机、摄像机、录音机和其他视音频摄制设备拍摄、录制的,由可连续运动的图像或可连续收听的声音组成的视音频节目。""国家对从事信息网络传播视听节目业务实行许可制度","《信息网络传播视听节目许可证》由广电总局按照信息网络传播视听节目的业务类别、接收终端、传输网络等项目分类核发",并规定"外商独资、中外合资、中外合作机构,不得从事信息网络传播视听节目业务"。

《互联网视听节目服务管理规定》(2007)明确:"互联网视听节目服务,

是指制作、编辑、集成并通过互联网向公众提供视音频节目,以及为他人提供上载传播视听节目服务的活动。""从事互联网视听节目服务,应当依照本规定取得广播电影电视主管部门颁发的《信息网络传播视听节目许可证》(以下简称《许可证》)或履行备案手续。"申请从事互联网视听节目服务的应"具备法人资格,为国有独资或国有控股单位,且在申请之日前三年内无违法违规记录"。

广电总局的规制运作具有以下特点:①前置审批(许可证制)、总量控制;②本系统网站及新闻网站获取牌照的占绝对数量;③对网上音视频内容管理最为严格的部分是时政新闻。获得新闻类内容许可的更是少数网站,且网站播放的音视频新闻,必须是国内广播电台、电视台播放的新闻报道。管理与发展的矛盾,系统内与系统外的矛盾表现得十分突出。广电部门认为,网络电视不仅涉及意识形态,而且涉及本土文化及广电产业的保护,如果对网络电视采取完全开放的政策,势必就会导致对传统广播电视节目内容及其上网传播的冲击,而形成不同媒介形态间不公平竞争的状况。[①]为此,对网络电视(IPTV)牌照的发放十分谨慎。

2."网播"的法律规制:广播权与信息网络传播权

网播组织在网播的过程中,必然会使用著作权人的作品(如音乐作品、电影作品等)、表演者的表演以及录制者录制的录音录像等受《著作权法》保护的客体。那么,网播是受《著作权法》规定的什么财产权利所控制的行为呢?从现有立法的规定来看,只有两个权利是与网播有关的:一个是广播权;另一个是信息网络传播权。那么,网播是属于广播,还是属于信息网络传播呢?或者既不是广播,也不是信息网络传播,而是两者之外的另一种向公众传播的行为?

著作权人无法依据我国《著作权法》规定的广播权和信息网络传播权全面地对网播行为主张著作权,因为我国《著作权法》规定的信息网络传播权不同于WCT[②]规定的向公众传播权,信息网络传播权不能涵盖全部的

[①] 杨斌艳,闵大洪.音视频内容在互联网上的传播解析——网民使用音视频内容状况调查[EB/OL].(2005-04-11)[2014-03-30]. http://info.broadcast.hc360.com/2005/04/11184877364.shtml.

[②] 《世界知识产权组织版权条约》(World Intellectual Property Organization Copyright Treaty,简称WCT)。

"网播"行为。因此,为了在互联网环境下更加全面地保护著作权人的权利,我国《著作权法》关于信息网络传播权的规定应该遵循 WCT 关于向公众传播权的规定,以有效地保护著作权人的网播权利。另外,如果我国《著作权法》规定了向公众传播权后,还可以弥补现行《著作权法》另一个不足:《伯尔尼公约》规定的有线播送权没有在《著作权法》中得到明确规定,仅仅是一些权威解释对此进行了肯定。① 而向公众传播权是可以涵盖有线播送的行为的。

"通过计算机网络定时播放作品"属于在互联网上进行的、单向的、"点对多"的作品传播方式。这种传播方式既不同于"信息网络传播权"所控制的行为,又超出了传统"广播权"所涵盖的行为,带来了法律适用上的疑难。依照"同等事物,相同对待"的基本法理,在未来立法的调整上,宜将该行为纳入广播权调整的范围。在现阶段的法律适用上,可以类推适用广播权的有关规定。②

(三) 应用

1. 早期的网络广播

网络广播是出现最早的网络视听新媒体形态之一。它是指采用 IP 协议、通过互联网、以计算机为终端的音频传播业务。网络的出现给广播带来了新的发展契机。网络广播改变了传统广播线性的传播方式,打破了受众被动收听的局面,其传播途径、播放和接收终端、收听场合和范围等,呈现多样化特征,交互性不断加强。网络广播让所有的互联网用户都成为潜在消费者,并且能够做到随点随播、随时保存,从而获得网民的青睐。

由于网络广播具有门槛低、占带宽资源少的特点,自 1996 年广东珠江经济广播电台在网上开播以来发展很快,截至 2010 年年底,全国省级电台已经全部提供网上广播服务,提供网上广播的地市级电台超过 110 家。

网络广播的开办主体也分为传统媒体和商业公司两大类,但与网络电视不同的是,传统媒体开办的音频网站占据优势。中央人民广播电台主办

---

① 胡康生.中华人民共和国著作权法释义[M].北京:法律出版社,2002:63-65.
② 刘军华.论"通过计算机网络定时播放作品"行为的权利属性与侵权之法律适用——兼论传播权立法之完善[J].东方法学,2009(1);焦和平.论我国《著作权法》上"信息网络传播权"的完善——以"非交互式"网络传播行为侵权认定为视角[J].法律科学,2009(6).

的"中国广播网"是目前国内最大的音频网站。其网站音频数据总量超过2TB,内容包括中央人民广播电台9套节目的网上直播、270多个重点栏目的在线点播。由该网开办的主要为青少年服务的"银河网络电台"已成为国内最有影响的网络电台之一。截至2006年11月,银河网络电台的日均浏览量达到1841600人次,同时在线独立IP达到19190个,常规互动人群达到1900人。中国国际广播电台主办的"国际在线"已在线播出43种语言的广播节目,同时开播了9种语言的环球网络电台。在内地地方电台中,目前除西藏、甘肃外,全国有29个省级广播电台、总台开办了网络广播业务,共有167套广播频率实现网上直播。全国有123个地市级广播电台开办了广播网站,已有158套广播频率实现网上直播。另外,北京广播网与北京团市委合作开办了纯公益性的"青檬网络电台",以首都高校在校大学生为目标受众群体,目前在高校学生中已经形成一定的影响。由北京"听盟"与团中央合作开办的中国青少年广播网已整合100多所高校网络电台的上传节目内容。在商业音频网站中,有少数较为活跃,基于即时聊天工具和论坛的音频网站竞争力较强,如猫扑音频网站、QQ网络电台等。

网络广播存在的主要问题首先是缺乏营利模式。广告是互联网的主要营利模式,但网络广播还没有插播广告的成功案例;对于互联网的另一大营利模式——手机短信互动,有调查显示,用户在收听网络广播时,一般不太愿意发送短信参与某个节目中。其次是受终端制约。调查显示,近年来收听广播的人数在逐年减少,特别是青少年群体,而且用户更习惯于在移动时收听广播,而网络广播必须通过电脑固定终端接收,因此在很大程度上限制了用户的发展。其三是商业网站的节目资源缺乏。虽然网络电台的进入门槛较低,但商业网站普遍缺乏制作广播节目的专业人才,很难生产出大家喜闻乐见的节目;另外,由于网络电台很少能带来直接的经济效益,商业网站在购买广播节目时,也非常慎重。

从发展趋势看,传统广播媒体开办的音频网站将继续占据主导地位。因为传统广播媒体拥有丰富的节目资源,而且拥有专门的广播节目制作队伍,公信力强。特别是随着媒体体制、机制改革的不断深入,网络广播传播理念和节目形态的不断创新,传统广播与网络广播通过联动来提升双方的价值将变得越来越普遍,传统广播媒体在运营网络广播方面的优势将更加明显。

2. 三种类型的网络电台

业界习惯于将提供网络广播业务的音频网站叫做网络电台。实际上，2003年网络电台才开始作为独立的形态出现。与传统广播的网络版不同，它有自己原创的节目及独有的互动方式，RSS及播客技术的应用使得其发展空间空前广大。

目前中国国内的网络电台主要分为三种类型，一为政府网络电台，二为商业网络电台，三为个人网络电台。国内有代表性的个人网络电台主要有"萤火虫网络电台""天网网络电台"。个人网络电台主要着重于个人对于社会公共事务的参与，它的繁荣一方面得益于科技发展带来的广播技术门槛降低；一方面反映出它是社会宽容与民间思想活跃的产物。商业网络电台大多依托于其强大的商业网站，是由原有商业网站的音频服务发展而来的，后来独立出来成为现在的商业网络电台，比如21CN网络电台、QQ网络电台与猫扑电台、新浪电台等。商业网络电台主要着重于探索网络的多元化营利途径，为当下中国网络电台的市场运营积累了经验。政府网络电台主要是指依托国家级媒体网站或各地方政府媒体网站发展起来的网络广播，有代表性的是中广网银河台、国际台Inet Radio。它们更多的是政策的产物，着重于占领青少年的舆论阵地，提供多元化的娱乐服务，是国家媒介体系中不可或缺的一环。

网络电台的发展正是这三类电台平衡与合作的结果，它的未来发展有两种模式。一为"兼容"模式，主要是指政府网络电台能够起到容纳与联合个人网络电台的作用，从而实现了"精英平台"与"大众平台"的完美融合；二为"联合"模式，主要是指政府网络电台与商业网络电台的联合策略，从而实现"公共服务"与"商业服务"的有机结合。

由于网络广播仅有音频服务，在众多网络多媒体中并不具有太多优势，目前，众多网络广播主体都在向网络音视频业务运营商转型。2010年8月，国家广电总局批准中央人民广播电台建设"央广广播电视网络台"（CNBN），标志着中央级网络广播电视台开始进军电视和新媒体领域，这个有着70年历史的传统广播媒体正在向全业务媒体转型。

3. 流行的手机广播

手机是继报刊、电视、广播、网络后的第五大媒体，成为覆盖率越来越高的贴身媒体,因其制作技术的不断提高,逐渐成为整合各媒介功能的、最为常用的媒体。手机广播基于庞大的手机网民和资源优厚的传统广播,成为传统广播网络化的一个新方向。手机广播可从移动媒体与音频媒介的自身定位出发,对传统广播的内容和形式进行全方位改造,将会增加广播节目的外延,扩展传统广播的生存空间,为传统广播提供新的发展机遇。

手机广播是利用具有收音和上网功能的智能手机收听广播,具体途径有以下两种:一是在手机中内置了FM广播调谐器,用手机可以直接收听电台广播节目;二是随着GPRS、3G、WAP等无线通信技术和服务的发展、完善,依托于移动通讯网络和互联网络,用手机上网实时收听或点播网络广播节目。[①]

目前,手机广播的存在形式有以下三种:一是手机广播应用。通过手机应用程序,在手机上听广播,这是传统广播网络化的一种方式,例如北京人民广播电台推出了适用于苹果和安卓系统的手机应用"北京广播在线",手机用户可免费下载安装,通过网络在线收听北京人民广播电台的16个频率,并且能够浏览每个频率每天播出的节目时间表。但这种形式大都是将传统广播直接搬上手机平台,并没有根据手机媒体的特性进行内容再加工,属于广播网络化的一种初级模式。二是电台相关网页。听众利用手机浏览器,登录电台的有关网页,点击在线直播、广播回放或者免费下载节目收听。三是有声手机报。利用传统广播权威、丰富的新闻资讯内容,根据用户需求定时推送语音资讯。[②]

(1)手机广播的伴随性

移动互联网终端即手机的便携性决定了用户可以高效地在碎片化的时间里接收信息,而零散枯燥的等待和路途上的时间也需要信息内容予以填充。手机广播基于"贴身媒体"手机的平台,将广播伴随性收听的优势最大化,填充了用户的碎片时间。同时,手机广播传播的内容是声音,不需要用眼睛翻阅和观看,在众多手机媒体中拥有竞争力。

(2)手机广播的互动性

手机广播相对传统媒体,具有多向跨媒体信息互动的传播优势。用户

---

① 金震茅.手机广播:引领媒介时尚的"贴身媒体"[J].视听界,2008(3).
② 郭倩.手机广播——传统广播网络化的新方向[J].今传媒,2013(4).

可以随时随地边听广播,边通过手机发短信、打热线电话参与广播节目,可以登录广播网站或相关论坛与电台或受众互动。

随着手机媒体技术的更新和手机各类即时通信社交软件的流行,手机广播的互动方式也在不断发展。目前,中央人民广播电台中国之声的新闻节目已经引入微信互动,听众通过手机微信发表自己的观点,编辑筛选后,将听众的语音留言在节目中播出。

(3) 手机广播的个性化定制

手机广播充分体现了个性化信息服务的传播特点,最大限度地满足不同类型的用户需求,使大众传媒和个性化传播实现完美结合。移动互联网上的受众分化趋势更明显,受众不再被动地接收广播内容,而是利用手机定制自己喜欢的节目,按照自己的意愿随时上网点播节目。手机广播在节目内容上也更加具有指向性和针对性。

从广播到窄播,再到手机广播的个播,受众需求多样化,受众市场更加细分。根据不同受众个性化的节目定制,广播电台开始为手机广播定做节目,成为手机广播内容供应商。因此,手机广播在受众接受率与信息有效利用率方面比其他大众媒介更占优势。

第二节 广播电台新媒体化

一、广播电台的新媒体平台

进入数字化时代,新媒体正在深刻地改变人们的生活与观念。新媒体在对传统媒体构成了巨大冲击和挑战的同时,也为传统媒体提供了新的发展思路、制作技术、信息来源和市场资源。广播非常适合新媒体化,数字化后的声音和音乐便于在网络、手机等多平台间移动,有利于发展新一代受众。在全球数字化、网络化、信息化的大背景下,广播媒体也在不断地完善和更新,建立广播新媒体平台是媒介融合大背景下必然的趋势。广播电台新媒体化体现在以下几方面。

(一) 多元化传播渠道

传统广播电台是以收音机、车载收音机等为终端,传播渠道单一。随着媒介融合与广播新媒体平台建立,传统广播电台实现了"一个源头、多个流向"的最大传播效应,除了收音机以外,还增加了基于网络、手机,甚至电视的用户终端。面向各终端将统一的内容与服务进行同步分发,做到广播节目内容在全媒体下最大化的传播效应。人们不再需要专门购置收音机,便可在网络广播、手机收音软件等现代人更为常用的媒介上收听广播节目。原本被新兴媒体抢占了的用户可以再次通过这类新媒体回流广播节目中。借用新媒体的平台优势,广播节目可以再次扩大传播范围,提高影响力,创造几倍于原本单一传播方式的最大化效应。

2011年5月10日新浪微博推出全新应用"微电台",网友在浏览微博的同时可以在线收听电台。微电台是频率实时在线播出的平台,主要功能是为用户提供边听边聊的微博平台,展示节目官博、主持人DJ微博,向用户推荐优秀节目等功能。这一全新广播形式深度整合了传统广播和社交网站,打破了传统广播媒体的终端限制;微电台还实现了边听边聊的交互传播,打破了传统广播单向传播的方式。用户能在在线DJ微博下进行评论、转发,大大提高了互动效率和到达率,有效地增强了用户黏性。[①]

(二)多元化节目内容

随着网络和移动无线通讯技术的发展,广播可以在无线信号覆盖的任何角落随时发回现场报道,使广播信息更加具有及时性和现场感。同时网络为电台提供了丰富的信息来源。传统信息采集方式,不仅时效性低,还会造成人力物力资源成本的高耗费,而网络信息资料之丰富前所未有,从现场报道、背景资料到深度分析评论,从历史记录到未来趋势应有尽有,且时效性高,获取成本低廉。尤其是近年来微博逐渐成为突发新闻事件、重大社会议题及民众舆论的汇集平台,以其及时性和社交性成为广播电台新闻资讯尤其是滚动突发新闻的有效信息来源。

除了电台"自采内容"更趋多元化,广播网络平台的运用还能吸引到大量来自民间的"原创内容",原创内容有利于增加用户黏度和用户体验指数,无论从数量、质量还是观点与意见的多元性方面都较以往的广播内容更为丰富。

---

① 邓庆旭.大广播 微电台——微博时代下广播业务的新机遇[J].中国广播,2012(6).

(三) 个性化受众与定制化内容

面对电视与报纸的双重挑战,细分市场的类型化广播开始出现,传统电台由"广播"向"窄播"转变。移动互联使广播发展到"微播"阶段,即"点对面,点对点,多点对多点"的复合传播方式。"微播"让广播从单向性向双向性与多向性过渡,一种"去中心主义化"的全新传播方式开始了。"微播"是深度个性化定制的"私人电台",用户可以通过订阅的方式选择收听自己感兴趣的有声资讯,在手机客户端根据自己的需求添加订阅内容,还可将自己的意见表达通过微播平台传递出去。

广播受众从最早需要被动接收"我播你听"的"听众"状态逐渐过渡到"微众"阶段,随着微博、微信等社交网络信息平台的出现,"微众"获取信息的渠道不再限于传统广播通路,而是微平台。他们还是微信息的提供者,贡献微内容,发表微评论,传达微情绪,进行微支付。①

(四) 节目受众互动化

从听众与节目的互动来看,传统广播节目互动方式多为现场电话连线和观众来信。由于节目时间有限,现场电话连线不仅占用时间较长,还限制了其他听众与节目进行互动的机会;节目结束后,观众想继续参与节目话题讨论与互动只能采取来信的方式,由此,话题探讨的及时性将大大降低,互动效果与体验都不佳。而随着广播网络平台的建立和移动无线通讯技术的发展,线上更多元快捷,线下也有平台可以留言互动。听众在听广播之余,在节目期间或线下时间都可以通过在节目留言讨论区与主持人交流,听众不但接收资讯也分享资讯,听众参与程度高,令节目内容更丰富。如各类交通广播电台借用网络信息平台,不仅能及时了解较过去更多更全的路况消息,还能通过听众短信、网络留言、微博评论等途径获取更多即时讯息,而主持人通过核对、汇总各类有效信息,将资讯再次传达给更多的听众,一个信息互动的良性循环由此形成。

从听众与听众的互动来看,传统广播节目除了通过主持人选取并读出听众来电、来信内容外,听众之间无法直接互动。而广播分众化的特性其实将各类拥有共同兴趣爱好的听众汇聚在一起,因此提供给听众间互动和

---

① 栾轶玫.大音频:后广播时代的新命题[J].视听界,2013(2).

交流的平台尤为重要。在节目新媒体平台下,听众的互动信息公开化,拥有相同兴趣的听众在线上及线下都可进行实时互动。

(五)突破时间的局限

广播新媒体平台的出现,使传统电台将自身拥有的资源优势与网络等新媒体传播结合起来,突破了广播单一收听、线性传播的局限,实现了节目在互联网上的共享、点播和下载。

传统广播节目与电视节目一样,都是转瞬即逝的,用户如果不实时进行录制,将无法进行重复收听和收看,无法调出过往节目内容;同时,广播按照时间顺序传播,受众处于被动收听的状态,无法在同一时间自由选择节目。这要求听众必须准点、一期不落地收听,这不仅对听众造成不便,也不利于节目在更大范围的传播。然而随着网络广播平台的建立,电台可以将每期节目上传至云端,听众可以即时收听,也可以点播错过收听的节目,可以下载喜爱的某期节目反复收听,也可以在社交网络上对节目进行评论和分享。

当广播突破了时间局限,成为网络云端上"永恒的存在",听众不再为了错过某期节目而遗憾,广播节目也可利用网上平台进行二次甚至多次传播。

(六)突破空间的局限

传统广播是通过有线、无线或卫星等方式传输将广播节目信号传递给用户接收设备的"区域性媒介"。由于广播电台基站的限制,广播的传播范围受制于电台的发射功率,同一套节目需要使用不同的调频和波段才能在不同省市落地,因此,广播节目具有一定的地域限制,听众基本是以区域为划分。

互联网数据传输方式的出现让广播打破地域局限。利用互联网和手机移动网络覆盖面的优势,通过网络广播平台和手机广播客户端,同一套节目可以为在全国乃至全世界范围内的所有用户终端同步播放,听众可以实时或点播收听来自世界各地的广播节目,突破了传统广播的地域限制。

"新媒体化"后的广播突出"用户"特性,通过 SNS 等网络听友会的建立,将有着同一爱好、同一兴趣的人集合在一起,使得广播从"区域媒介"走向"趣缘媒介",增强广播与网络用户的黏度。

(七)建立内容数据库

广播电台基于网络平台可以建立起节目内容和用户行为数据库。听众可以从中获取节目内容在纵向时空和横向拓展的信息;节目也可以通过新媒体的特殊性质,运用大数据分析、了解听众的兴趣爱好,根据听众收听行为及互动评论进行分析,并将其主要受众群的喜好元素加入电台节目中,让节目更具吸引力,扩大受众范围。

此举还可以为节目内容和广告商提供精准的受众数据,便于其有针对性地向分众化的受众提供广告和服务,达到更好的营销效果,充分挖掘末端市场的营销优势。

二、媒介融合下广播的电视化趋势

媒介融合是未来媒体发展的必然趋势,各种媒体在形态上将趋向多媒体化。广播新媒体化顺应了媒介融合的大趋势。广播从"只闻其声,不见其人"的单一听觉系统传播,向与新媒体、新技术融合实现听觉与视觉系统相结合的可视化传播,是媒介融合环境下广播媒体不断发展的必然选择。

为了应对竞争激烈的国际传媒环境、优化行业内部结构、提高自身竞争力,我国广播电视行业正在进行产业优化调整——走集团化道路。推进媒介集团化改革,有效整合了广播电视媒体的资源,同时为广播节目电视化的再发展创造了条件。

可视化发展弥补了广播"只闻其声,不见其人"和"稍纵即逝"的先天缺陷,整合图、文、影、视、音等信息传播形态,将直播间内主持人与嘉宾的实时画面展现给受众,使受众通过透明化的直播间了解广播过程,通过图文化的阅读看到所谈内容。广播可视化增强了节目与受众的贴近性和现场感,拓宽了广播的宣传渠道,提高了广播的收听率和覆盖范围。

电视化是未来广播的主要发展趋势。广播在电视或网络视频上的播出,不是简单地"把广播搬到电视上和网络上",而是按照电视和网络的特点不断丰富广播的形式和内容,从而拓宽传播渠道,符合我国大力推进广电媒体整合资源、融合发展的要求。

(一)广播节目"可视化"

1. 萌芽:透明直播间

20世纪90年代,广播节目直播间开始走出电台大楼,走进社会。广播节目借着广播直播车和透明直播间等形式,让主持人、嘉宾与听众实现面对面交流,扩大受众面、提高广播的社会影响力。广播收听率、影响力和广告创收通过这一类大型外场直播活动逐年提高(如图 7-1 至图 7-3 所示)。

图 7-1　中央人民广播电台直播车①

图 7-2　郑州人民广播电台透明直播间②　　图 7-3　郑州电台西元国际广场透明直播间③

广播透明直播间,除了能与现场受众零距离互动外,还可以设置摄像机录制节目并在电视和网络上同步播出,为更大范围内的受众提供无差别直播或点播。让听众看见广播制作全过程,加深节目与听众的联系。

2. 广播图文化

广播图文化即将广播的音频内容通过现场速记的方式并配以现场图片,第一时间上传到网络、手机平台供用户选择,将声音内容通过文字、图片等形式"重点强调"。④

---

①　图 7-1 来源于中国广播网:http://www.cnr.cn/.
②　图 7-2 来源于郑州广播在线:http://www.zzradio.cn/.
③　图 7-3 来源于"城市 889 西元国际广场透明直播间开播":http://www.zzradio.cn/index/2013-07/23/cms113330article.shtml.
④　栾轶玫.传统广播"新媒体化"的途径[J].现代视听,2009(4).

广播图文化为电台网站充实了内容,改变了广播节目"稍纵即逝"的流质形态,为受众提供了相对稳定的节目信源,有利于广播节目进行多次传播。听众在广播网络或手机客户端平台上可以看到以文字和图像形式呈现的节目内容、主持人介绍以及通过链接可获取相关背景资料,并能与其他受众进行互动交流(如图7-4所示)。

广播图文化整合了多种信息传播形态,反映了大众传播时代不同媒体技术相互交叉、借鉴和补充的技术融合趋势。

图7-4 中央广播电台《做客中央台》两会访谈图文实录①

3. 广播可视化

广播可视化,即以摄像机拍摄直播间广播节目,通过视频形式传送至网络或手机平台,受众可以通过视频直播、点播或下载的方式观看广播节目。

广东电台FM103.6城市之声于2005年率先启用网上视频直播。延边电台在2003年开办了电台网站——延边信息港,网站在开办之初仅作为广播之外的补充,内容以图文信息为主。在经历网络点播、在线直播两个阶段后,延边电台于2010年实现网络可视化播出,节目在广播平台播出的同时也在网络平台以图文和视频形式同步直播。

2014年两会期间,《做客中央台》采用广播"可视化"做法,先后对政府高官与企业高管进行了演播室专访或直播间视频新闻,并在中国之声、中

---

① 图7-4来源于中央广播电台2014年两会专题《做客中央台》网站:http://news.cnr.cn/special/2014lh/jcz/zk10/.

广网视频、中国之声微电台同步播出，实现了"广播、网络、手机"多平台、"音频、图文、网络视频、手机视频"多形式的传播（如图7-5所示）。

图7-5　中央广播电台中国之声《做客中央台》两会访谈视频直播①

（二）广播节目"电视化"

广播作为一种非视觉的单一声音媒介，在信息化和网络化时代中，逐步向"可视化""电视化"的多媒体形态发展。可视化广播是传统单一听觉系统广播向听觉与视觉系统相结合发展的广播新媒体形态，它整合了广播与网络、手机等新媒体平台，拓宽了广播媒体的传播渠道，扩大了节目覆盖面和影响力，提升了节目质量。而广播节目"电视化"则有效整合了广播与电视的资源优势，"一个节目，两种渠道"，在降低节目成本的同时也增强了传播效果。广播与电视在联动合作中互补互利。

广播"电视化"并不是简单地将广播节目放在电视上播出，而是在资源共享和整合的前提下，使广播节目在保留自身独特性前提下，具备电视节目的特质，力求让广播和电视两种传统媒体共同发展。传统媒介的缺陷被

---

① 图7-5来源于中央广播电台2014年两会专题《做客中央台》网站：http://news.cnr.cn/special/2014lh/.

逐渐模糊,复合成为新广播的独特优势。广播节目"电视化"主要有两种形式。

1. 广播电台与电视台合作同步直播节目

传统合作形式是与电视台联合举办大型户外演出或文艺晚会,并在两台同步播出。广播利用其便携性和伴随性获得一部分受众,与电视优势互补。然而,这样的合作形式仍是以电视节目形态为主,大部分受众仍被电视所占据,广播只能吸引少数无法在固定场所收看电视的受众。基于电视庞大的收视群,这种形式的广播"电视化"中,与其说是两者间合作,广播更像是电视的补偿性媒介,被动性依然很明显。

2. 广播节目搬上电视荧屏

对当地电台知名品牌节目进行改版,并在广播和电视上同时直播。广播作为地域性媒介,节目易受当地群众的欢迎,各电台将品牌节目"电视化",可以实现多渠道传播的最大化效果。广播节目的电视直播弥补了广播有声无形的先天缺陷,将主持人、嘉宾以及直播间的画面实时通过电视展现给受众,满足了广播听众对广播制作播出过程和主持人、嘉宾神秘感的探究,使节目播出形式更加丰富,内容更加饱满。[①]

2006年7月10日,钱江频道联手浙江电台文艺台,在午夜档推出浙江省内首档电视夜谈节目《万峰时间》,将镜头直接对向广播节目的直播间,通过电视剪辑制作手法,成功地实现了广播节目"电视化"。

《笑天时间》是吉林市"都市110"广播电台的王牌栏目,受到大量听众的喜爱,同时段收听率甚至超过当地电视台的品牌栏目。吉林市电视台在保持节目内容不变的前提下,将《笑天时间》"电视化",并在本地娱乐频道播出。自播出后,除了原有的忠实广播老听众转化为电视节目观众外,还发展了一批新的电视忠实观众,一跃成为当地最受欢迎的直播互动聊天电视栏目。电视台和电台得到了"双赢"。

---

① 李树和,官建国.打开电视看广播——延边电台汉语频道实现数字图文电视直播[J].中国广播,2010(5).

第八章　媒介融合下的视听新媒体发展战略

第一节　视听新媒体内容生产的创新

一、视听新媒体内容创新

麦克卢汉曾说，媒体的形式规定着媒体的内容。由于信息符号、传输技术、接收终端不同，视听新媒体自身的媒介特性决定了它将承载着不同于传统媒介的内容。一方面，视听新媒体将改变传统广播电视的节目形态；另一方面，视听新媒体的创新集中体现在内容服务上——为受众提供个性化的服务。

（一）视听新媒体与广电节目形态的变化

何为节目形态？目前国内学者对节目形态的定义尚有争论。有人认为，节目形态是节目形式的自然延伸和个性化拓展，亦即由节目的形式、内容、气质和神韵构成的节目设计模板。① 传统意义上的节目形态，即广播电视媒体组织传播活动的基本形式和播出方式。②

在新媒体时代，广播电视节目形态的变化可以用一句话概括：数字化使现有单一媒体播出平台的纯节目形态向未来多元化交互式播出终端的全节目形态转化。③ 具体而言，传统的广电节目形态转变表现在这四大方面：节目传播的非线性、节目的双向互动、节目传播的跨平台性、节目的个性化。

节目传播的非线性，是指节目突破了以往的线性传播模式，不用再遵循播出时间的线性顺序。当节目资源推出之后，受众可以根据自己的喜

---

① 孙宝国.关于电视节目形态的创新[J].现代传播，2007(2).
② 李立.认识当代电视节目形态[J].新闻界，2006(1).
③ 高子华.数字化变革中的广电渠道整合[J].中国记者，2007(1).

好、需要等选择是否观看、何时观看以及如何观看等,享受充分的自主权。从这一层意义上讲,以往的媒体播出环节被大大延伸了,媒体将节目制作完毕后,节目就会上线,而其播出情况将取决于观众,媒体不再能够进行"强制性"的播出。

节目的双向互动,即媒体与受众之间"你来我往"的互动,从而使受众的参与感得到更大满足。受众不仅可以自主选择节目内容,与其他收看同一节目的受众进行实时交流,甚至还可以按照自己的意愿和喜好,参与到节目设计中。而这种交互性的实践是建立在较完善的受众反馈机制的基础上的。在视听新媒体时代,"数据分析统计化"不再是天方夜谭。每个用户的每个选择、每个收看动作都被专用的日志记录服务器记录下来,并提交到专用的数据统计服务器。① 传统的受众抽样调查不可避免地存在一定的误差,而数据分析统计化可以进行"受众跟踪",意味着媒体可以更加准确地掌握受众收视情况,与观众形成良好互动,从而更准确地把握受众市场。

节目传播的跨平台性。后电视传播形态开始全新的网络化生存,多终端的环境赋予了受众前所未有的选择自由。网络照搬电视的节目内容,这种跨平台的雏形是由于内容产业尚未完善。今后,将根据不同平台的特点,为不同平台设计和研发其专有节目,以适应不同平台和终端的收视环境和特点。此外,跨平台性还表现在不同平台之间形成的内在联动,不同平台播出的节目形式和内容都有所差异,但节目之间却又密切关联,从而增强传播效应。

节目的个性化。在媒介技术的支撑下,受众可以获得个性化的信息接收方式,媒体通过各种增值业务和内容定制传播的方式使受众获得个性化的体验。影响受众信息选择的重要因素就是节目自身的个性特征。当前,节目产品市场竞争处于一片红海,如果节目被赋予个性化特征,创意新颖,定位明确,就自然能脱颖而出,获得受众青睐。因此,不少媒体从自身角度出发,开始注重节目类型和品种的创新与个性化。新媒体剧就是类型创新的例子,它是一种多在流媒体平台(网络、手机等)和地铁、公交、车站、机

---

① 王明轩.即将消亡的电视:网络化与互动视频时代的到来[M].北京:中国传媒大学出版社,2009:184.

场、KTV等公共场所播出的小型连续剧,近年来在国内不断走俏。为了进一步彰显个性,针对现在年轻人快节奏的生活特点,网络门户剧又应运而生了。总之,节目个性化的特征会越来越明显。

(二) 传统内容的快速索引与精确定制

随着信息社会的到来,海量信息铺天盖地,当现实中个体面对大量复杂的信息时,很容易产生"信息恐慌"心理,即害怕自己所知道的东西越来越赶不上自己认为应该知道的东西,使个体产生"信息超载"现象。学者沃尔曼在《信息焦虑》一书中提出用"信息焦虑"的概念来表现信息使用者在大量信息面前缺乏抽取所需信息的能力。他认为"信息焦虑"源于我们所理解的内容与我们期望自己应该理解的内容之间的差距,由于缺乏时间反思,"信息超载"会将人们变为机械的信息查询者。[1] 心理学的研究结果表明,人的信息加工能力与呈现在他面前的信息量之间是一个倒置的U型关系。即当人们必须加工的信息量增多时,人们加工信息的能力会发挥到最大的限度,而当信息量再增多时,会产生"信息超载"现象,这时人们加工信息的能力将迅速下降。这表明,人们的有效加工信息的能力是有限的。

要减轻或者解除人们的这种信息焦虑,除了提高受众的媒介素养,媒体自身还应该人性化地为受众梳理信息,确保受众在海量信息中快速找到自己之所需。学者施拉姆在20世纪50年代就提出了选择或然率公式:选择的或然率=报偿的保证/费力程度。换言之,人们总是倾向于选择最能充分满足其需要并能够最方便而迅速得到满足的途径。费力程度就是人们的任何信息行为所伴随的信息成本,即人们在获取和利用信息过程中所花费的精力、物力和财力等,其中包括信息采集成本和信息甄别成本。[2] 媒体若能从"报偿的保证"和"费力程度"上为受众考虑,尽可能降低受众的信息成本,就能赢得受众和市场。所以,在视听新媒体环境中,一种能使受众毫不费力地提取欲求信息,提高信息针对性和有效性的方法——内容资源的快速索引与精确定制,成为一种必需。

内容资源的快速索引依赖于搜索引擎技术的进步。当前,Google等搜索引擎虽然为信息检索提供了很大的便利,但是当用户向搜索引擎提交查

---

[1] 刘君.后信息时代的信息超载与信息焦虑[J].电视工程,2004(1).
[2] 雷赫.互联网搜索引擎的传播学意义[J].青年记者,2006(10).

找要求后,往往得到数量很多但与需求无关的信息。视频搜索引擎是当前搜索引擎技术的一大跨越,其主要特征是智能化搜索。视频搜索引擎不仅涵盖了各种信息形式的搜索,而且其搜索方式更加多样化和人性化,它能够对用户的搜索需求进行智能化分析,搜索出最贴近用户需求的信息条目,实现快速索引。

学者雷赫认为视频搜索引擎是人类大脑的延伸,他这样描述说:

> 当数字化技术把一切视频、音频和文本都融入电脑时,这些外在的电脑终端就等同于人体的耳朵、眼睛和鼻子,连接其间的这些内在的网络就等同于人体的中枢神经系统,而以海量的数字化信息为知识库和以智能化的搜索方式为运作基础的互联网搜索引擎就是掌控所有网络和电脑终端,为受众个体提供各种信息服务的网络大脑。①

营销学中有定制营销的概念。一般而言,一个企业越能在大规模的基础上提供定制化的产品,就越有竞争优势。约瑟夫·派恩描述道:大规模定制是两个长期竞争的管理模式的综合——个性化定制产品和服务的大规模生产,它以大规模生产的价格实现产品的多样化甚至个性化的定制。②所以,精确定制是一种大规模的定制,它将规模生产和定制生产这两种看似矛盾的生产模式的优势有机结合起来,在不牺牲经济效益的前提下,满足单个客户的需求。

在媒介市场中,精确定制是受众细分、数字技术进步的产物。在传统经济条件下,精确定制的成本极高,不具备推广价值。只有当媒介技术的进步使专门为单个用户生产的小批量个性化产品的成本降到足够低时,大规模定制就成为一种可能。内容的大规模定制包括两种方式:第一种是受众在海量的内容产品中选择一类自己所需的内容;第二种是指内容产品的平台可以自己去满足受众的需求,也就让受众可以根据自己需要使用某种媒介。同时,受众不仅可以在内容产品的"大超市"中挑选节目,还可以主动反映自己的需求,让"超市的负责人",即内容提供商、集成商洞悉受众自

---

① 雷赫.互联网搜索引擎的传播学意义[J].青年记者,2006(10).
② 〔美〕约瑟夫·派恩.大规模定制:企业竞争的新前沿[M].操云甫,等译.北京:中国人民大学出版社,2000:45.

己的个性化所需,以一种"下订单"的方式影响内容制作环节,获得定制的内容产品。总之,在面对海量信息时,"定制"成为将"规模化生产"转化为"个性化消费"的必然手段。通过"定制"解决了"大生产"与"分众化"的矛盾冲突。①

(三)创新内容的节目研发和用户生成

在渠道四通八达的时代,内容的重要性进一步凸显。当前内容资源的匮乏迫切需要我们加快创新内容的节目研发,建立并完善节目研发机制。

首先,建立节目的柔性化生产机制。内容产品的柔性化生产是指媒体在提供基本产品的基础上,根据受众的需求对产品进行分层开发和结构性再造,为受众提供多元化的增值产品和服务。一方面,媒体应注重内容的层级开发,即多层次、多角度地发掘信息资源,从而形成不同介质和不同表现形式的初级内容信息产品。随后在编辑和加工层面对初级内容产品信息进行整合与梳理,使文字信息与影像信息、图片信息、声音信息交叉组合,从而在原有初级内容信息产品的基础上产生新的形态。② 另一方面,在数字新媒体时代,简单地将传统媒体的节目内容平移,只是一种"泛电视化"的做法,无法真正发挥视听新媒体的特性,也无法满足受众的收视期待。因此,在节目生产的初级阶段,媒体还应依据不同平台的特征定制节目内容。例如手机电视、楼宇电视、移动电视等,不同的平台有着不同的终端载体特征和传播环境,适合不同的节目内容。以手机媒体为例,手机媒体偏向于短小化、系列化,内容轻松娱乐,以近景和特写镜头为主的节目,因此,我们需要针对平台来"量身定做",实现创新内容的定制研发。

其次,建立节目的类型化生产机制。内容产品的类型化是不同媒介的内容表达类别,每一种类别都有自己的特色和统一的格式化元素——某种类型的惯例。③ 我们可以将节目类型化生产理解为:对节目生产从创意策划到拍摄制作等一系列生产流程进行整合,并以"程式化"的模式固定下来的节目生产机制。这一机制首先要建立于对受众需求充分认知的基础上。

---

① 王菲.媒介大融合:数字媒体时代下的媒介融合论[M].广州:南方日报出版社,2007:161.
② 曾祥敏,孙羽.论媒介融合背景下的电视内容产品生产与集成[J].电视研究,2010(4).
③ 〔美〕斯坦利·J.巴伦.大众传播概论:媒介认知与文化[M].刘鸿英,译.北京:中国人民大学出版社,2005:64.

只有符合受众的审美习惯和偏好,节目的特定制作流程和模式才会被保留下来。当然,类型化生产机制并不是一成不变、机械地复制内容生产的旧有模式,它需要时时检测受众的收视情况,一旦某一类型的节目的目标受众大量流失,不再有市场,内容制作者就会跟进创新。因此,类型化生产是一种效益较高的内容创新机制。

最后,以数据库为基础的内容集成。内容的数字化集成是未来内容产业化的关键步骤,是实现信息定制和快速索引的前提。内容集成意味着媒体可以自由选择订购的选项或不同数量的内容素材资源来生产内容产品,通过丰富的内容基础和强有力的品牌,向用户提供丰富的内容服务。在数字新媒体中,由于数字模式可以建立跨媒体的服务平台,各种软件开发商提供了大量可以用来编辑和调整数字内容的工具,大大降低了数字内容制作和集成的成本。① 同时,个性产品的集成是数字内容集成中的重要一环。用户制作的内容因其原创性、草根性而具有创新内容的特质。所以,媒体一方面创建"自媒体"平台,对用户原创内容进行数字化,建立用户内容资源数据库,将微内容集纳到特定平台。用户制作的原创内容可以供受众自行观看、下载,并使其获得参与感和互动感,由此实现了"自媒体传播"。另一方面,媒体也会积极关注自媒体平台上的实时动态,寻找受众的兴趣点,作为其内容创新的灵感来源,成为专业产品的有益补充。

二、视听新媒体内容生产的流程再造

流程再造是管理学的理论。所谓的流程再造是指针对企业业务流程的基本问题进行反思,并对它进行彻底的重新设计,以便在成本、质量、服务和速度等当前衡量企业业绩的这些重要的尺度上取得显著的进展。目前,流程再造理论已在多种行业应用,并获得了较高的生产效率和综合效益。一般而言,在设计新的流程改进方案时,必须考虑以下几个问题:①将现有的数项业务或工作进行整合;②工作流程的各个步骤按其自然顺序进行;③给予员工参与决策的权利;④为同一种工作流程设置若干种进行方式;⑤工作应当超越组织的界限,在最适当的场所进行;⑥尽量减少检查、

---

① 张文俊.数字新媒体概论[M].上海:复旦大学出版社,2009:274.

控制、训练等管理工作;⑦设置项目负责人。

媒介内容生产工作流程的再造,可以理解为媒体内容生产环节的"瓦解"和"重新捆绑"。在媒介融合大背景下,视听新媒体对传统媒体的内容生产流程提出了挑战。视听新媒体同传统媒体一样,其内容生产都包括了节目制作、编排节目播出时间和传送三大步骤。但不同的是,在新的媒介环境里,这三大步骤将被拆分和重组。数字化、技术融合和管制松懈使得每一步流程中可供选择的对象的数量以及提供这种选择的组织的数量都成倍增长,①而这正是流程再造的空间所在。

(一) 宏内容的生产流程再造

所谓的宏内容是指由专业人员在专业机构中制作的,并由专门渠道发布的信息产品。② 面对媒介融合的大趋势,专业内容在制作流程上需要有新突破,以提高生产效率。

1. 媒体机构的内容生产流程再造

为了提高生产效率,我们可以设立一个媒体中心来统筹不同的子媒体,实现资源优化。媒体中心下设总编部、业务部和数据部:总编部在中心内部起指挥作用;业务部根据总编部的调度,安排各个记者组开展具体业务,负责视频信息采集;数据部主要采集各种背景资料,包括音视频、文字等,作为业务部采集内容的补充,同时,数据部又下设两个小组分工合作,一个小组搜集该电视媒体之外的现有背景资料,另一个小组调度属于该电视媒体自身的用户管理中心下的信息库内容。于是,一条内容生产线就生成了:在总编部的统一安排下,媒体中心的业务部组织人员出去采集信息,数据部也在同一时间调度现有的一切背景资料。在这些工作完成后,网站、电视台和其他的子媒体机构就可以根据自身需要,将信息资料调过去,进行二次加工,形成富有自身特色的内容产品。可以说,媒体中心相当于一个"内部通讯社"③,这样的设置实现了信息一次采集多介质发布,从而节约了成本。同时,为了进一步扩展产品的产业链,这些初级信息还可以作

---

① 〔美〕露西·金-尚克尔曼.透视 BBC 与 CNN:媒介组织管理[M].彭泰权,译.北京:清华大学出版社,2004:46.
② 石磊.新媒体概论[M].北京:中国传媒大学出版社,2009:161.
③ 新华社新闻研究所课题组.中国传媒全媒体发展研究报告[J].科技传播,2010(4).

为商品销售出去,这也就是电视媒体将内容资源向电视内容资产转化的过程。

当然,为了保持旗下不同媒体机构内容的异质性,单单靠这样的二次编辑显然过于单薄。各个媒体除了利用媒体中心提供的"大杂烩"之外,还应该有自己的一套生产流水线,也就是说根据传播介质和接收终端的不同而设计独特的内容产品。在媒介融合的背景下,传播渠道和接收终端不断多元化,"内部通讯社"在一定程度上可以减轻不同媒介依据接收终端设计内容的生产成本,但是不容忽视的问题是:在后期加工时各个媒体如何再根据自身特点进行加工处理,例如手机电视接收终端的特质要求其内容偏于轻松娱乐和资讯化;节目的短小化与系列化;镜头运用上以特写和近景为主,声效清晰简单。因此,手机电视媒体要如何套用"内部通讯社"的初级产品还是个难题。正如有学者所说的,目前的内容平台还远不能生产出真正媒介融合时代的融合新闻,适应融合新闻媒介的融合新闻还未现出真身![1] 不过,传播介质的统一化趋势预示着这并非是技术发展所不能解决的难题。

2. 记者工作流程再造

媒介融合下的记者将从单质性媒介记者转化为多媒体记者,这一点已成为共识。在网络时代,数字技术使得媒体工作者的传统职业划分或技能分工逐步消失。记者必须熟悉不同媒体的风格,掌握文字、音频、视频等不同媒介的运用技能,并在日常新闻产品的生产过程中能为不同介质的媒体从不同角度、不同风格撰写同一题材的新闻报道。这意味着今后媒体单位对于"背包型"记者的需求将越来越大。所谓的"背包"记者就是指一专多能、熟练掌握各种媒介技术并能够采集各种媒介信息的记者人才,其中的一大特征就是拥有移动记者工作台。移动记者工作台的设备包括数字音频和视频装置,以及新一代的所谓百万像素的相机。[2] 移动记者工作台就是记者的全套采访设备,记者可以依靠这些技术设备而完全在现场工作,包括采写和编辑,无须再赶回编辑室抢发新闻。由此,记者的工作流程与以往相比将会有所不同。

---

[1] 王佳航.媒介融合视野下的内容生产流程创新——透析烟台日报传媒集团的全媒体探索[J].新闻与写作,2009(7).

[2] 〔美〕约翰·帕夫利克.新闻业与新媒介[M].张军芳,译.北京:新华出版社,2005:59.

今后记者将工作在移动记者平台上。数字音频设备可以帮助记者记录现场同期声,并自动产生相应的文本,还可以根据记者需要(男声、女声等),为解说词配音。视频装置可以在拍摄之后直接连接到网络,实现即时编辑。此外,每位记者都有一个内部账号,可以随时进入后台数据库查询到相关事件的背景资料,使记者能够迅速反应、捕捉新闻点并核查相关信息。当记者完成采编后,只要轻轻点击鼠标,就能快速将视频作品传回总部编辑室。至此,记者的一次任务就完成了。在新技术的帮助下,节目的采集流程将更加顺畅,同时减少了传统的业务程序,提高了工作效率。

美国学者约翰·帕夫利克在其《新闻业与新媒介》一书中,谈到了"记者:濒危物种"这一残酷的现实问题。随着新媒体技术和人工智能的不断发展,传统新闻业的记者面临不小的挑战,因为集文字处理、语法、拼写和检测等功能于一身的软件包实际上已经能够写出新闻报道了。约翰·帕夫利克更提到,在体育和经济报道领域,许多报道是根据具体统计资料(如赛事比分、股市变化等)得来的程式写出来的。这样的软件包只需要导入各种不同的新闻来源便可直接获取电子资料,随即自动编写报道。当然,目前由软件包编写出的报道还不成熟,在报道风格上远不如人工报道得活灵活现,似乎只适合于常规性的简单报道,但这对于新闻记者来说无疑是个令人恐慌的趋势,也鞭策着记者们提高新闻采写的能力。

(二)微内容的流程化处理

微内容是相对于宏内容而言的,是受众创造的内容,通常需要媒体予以二次加工。在媒介融合的时代,微内容是媒体实行"蓝海战略"的有力武器。媒介融合带来媒体资源的整合传播,各种媒介之间的界限更加模糊,而保持媒体个性的一个重要源泉就是媒体自身的忠实受众以及受众贡献的内容。因此,我们有必要为微内容设计一条流水线,以最大限度地挖掘微内容的价值,同时通过用户制作内容平台,用户的主动选择权得到满足,用户同网络平台之间、用户与用户之间都可以实现交流互动。[①]

遵照以上的设计理念,我们可以设立用户管理部门,专门处理受众创作的内容,它下设三个流程小组。

---

① 田智辉.新媒体传播:基于用户制作内容的研究[M].北京:中国传媒大学出版社,2008:77.

（1）数据输入组。此组负责微内容数据的输入与管理。受众可以通过在线上传或者开通个人视频主页等，分享自己的创作，这与目前的视频分享网站的不同在于，多种媒介形式、多种传输介质均可以提供该服务，媒体与受众的互动更加频繁和便利，这在一定程度上又依赖于技术的进步。而数据输入组在提供用户服务的同时，也要对这些内容进行必要的把关，维护网络信息安全与健康，实现内容上传的审查化。

（2）数据分析组。此组负责对数据库搜集到的用户贡献内容进行分类的归纳整理，具体可以按题材或者风格等划分不同的用户子数据库以便于素材随时检索和用户数据分析，这些数据同时可以作为专业内容生产时创意的来源和背景资料的补充。分布式的数据库通过宽带网络连接在一起，将内容原创的单个数据库、基础的分类素材数据库、应用层面的数据库以及消费者消费用途的数据库连接在一起，构成内容产业的整个企业组织形态。① 不过，对如此海量的视频内容进行编码处理是一个劳动量很大的过程。工作人员不得不浏览所有的视频内容并作出恰当的文本描述。但随着技术的不断发展，数字视频图片处理技术的进步可以使人们不必再对内容做索引而可以自动地做索引和检索视频内容，并且索引的内容更加广泛。②

（3）数据处理组。此组负责对受众创作的内容进行优化筛选。上传到用户子数据库里的微内容可以直接置于微内容视频分享平台。例如Myspace，不仅提供受众免费上传、转载、下载内容的服务，为受众提供了一个展示自我的内容发布平台，Myspace还成立了自己的音乐品牌，并同环球音乐合作出版发行了首张由用户自己上传的歌曲组成的专辑。③ 诸如这样的分享平台是增强媒体与受众互动的最佳渠道。因为 UGC 更强调的是"UG"（用户产生），而不是"Content"（内容），就是说，如何通过 UG 模式"创制"且"运营"用户是 UGC 最为重要的一面。④ 而且，我们还可以在用户数据库里挑选部分有一定质量的作品，进行进一步优化处理，再传输到下一

---

① 张文俊.数字新媒体概论[M].上海：复旦大学出版社，2009：276.
② 〔美〕约翰·帕夫利克.新闻业与新媒介[M].张军芳，译.北京：新华出版社，2005：130.
③ 张文俊.数字新媒体概论[M].上海：复旦大学出版社，2009：272.
④ 栾轶玫.融媒体时代新闻生产的流程再造[J].视听界，2010(1)：26.

个编辑中心,由编辑把关,作为宏内容库的补充。

图 8-1 为电视媒体内容生产流程图,在图中,微内容与宏内容两条线并行,相应地,媒体中心与用户管理中心同时进行工作。在媒体中心下,业务部和数据部属于平行的工作小组,可以同时分工合作,争取最有效率地完成每一次任务。数据部下属的多媒体数据搜集小组和用户管理部数据搜集小组也可以并行不悖。可见,这样的流程设置至少可以实现局部的并行运作。

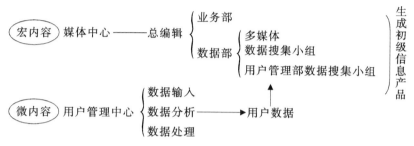

图 8-1 电视媒体内容生产流程图

三、提高视听新媒体内容生产能力的路径

当前,内容生产能力是视听新媒体发展的最大瓶颈。增强内容生产能力的关键是打造一条新传媒产业链,依靠产业链各个环节的合作。

(一)建立合理的利益分成模式

视听新媒体在不断摸索营利渠道的基础上,应建立合理的利益分成模式。在传统媒体的营利模式中,广告收入是主要的利润来源。电视台作为播出平台占据了垄断性地位,因而坐享其成,成了最大赢家。而其他的节目制作商处于被宰割的不利地位,他们依赖于电视台而存活,往往收入甚微,这严重挫伤了其创造新产品的积极性。由于不合理的利益分成,内容生产就进入了恶性循环,一蹶不振。然而,如今的媒介生态环境逐渐改变,渠道的多样化削弱了电视台"一家独大"的格局。并且受众对低质内容产品的忍耐也已经达到了极限,所以,受众对高品质的内容产品的需求增强了内容提供商的议价能力。为了使新媒体能够迸发出区别于传统媒体的内容优势,我们必须改变这种不平等的利益分配格局。而在某种程度上,这种利益格局的转变也是现实趋势使然。

在视听新媒体时代,媒介卖方市场上主要有五种角色:内容提供商、内容集成商、服务提供商、平台运营商、终端制造商。内容提供商处于产业链最上游,专注于打造内容产品,目前主要包括传统媒体的节目制作机构以及新兴的节目制作商两大类内容原创性的机构。内容集成商相当于分销商,它先将内容提供商的内容产品集纳进来,一方面根据受众需求将内容进行分类、编辑、压缩、储存,一方面将加工过的内容销售给不同的媒介运营商,将内容数据库直接连入运营商的服务接口,通过智能搜索引擎满足"碎片"用户的个性化定制需求。服务提供商充当着受众和内容集成商之间的沟通桥梁,它为用户提供付费下载、互动等增值服务。平台运营商承担着内容传输的任务,在产业链中占有重要地位,它是受众接触内容产品并进行反馈的传播通道。终端制造商就是生产各种终端设备的企业,终端设备不断多样化、人性化,当技术成为内容的一部分,再融合新的编辑思想,便可以通过播放终端的差异化使同质的视频节目显现出异质的特征。①

这五大角色也是未来媒介价值链中的重要组成部分,彼此紧密相连。视听新媒体时代的利益由这五者分享,而具体的利益分成则取决于各自的议价能力。不过,随着媒介市场环境的不断更新,利益分成方式也必须随之更新,以形成最为合理完善的商业模式。

(二)重视微内容生产

微内容(microcontent),是相对于传统媒体制作的宏内容(macrocontent)而言的,这一词最早出自雅各布·尼尔森(Jakob Nielsen),用以描述一个网页上所显示的"超小文字段"(microcontent),比如页头与标题。这种导引性的文字段虽然寥寥数字,却在整个网页的结构中具有重要的作用。后来,CMS Wiki 将微内容阐释为"最小的独立的内容数据",如一个简单的链接,一篇网志,一张图片,一个音频,一个视频,一个关于作者、标题的元数据,E-mail 的主题,RSS 的内容列表,等等。

在新媒体环境下,微内容的生产得到了日益关注。学者罗森格伦(Rosengren,1974)提出了"问题—解决理论"。他认为,受众选择某一特定渠道媒体来满足其需求的行为有了两个前提条件:对现有渠道的不满(即

---

① 刘婧一.应对媒介融合:新环境下的电视节目营销[M].北京:中国传媒大学出版社,2008:482.

"问题")的认知以及对其他可供选择渠道(即"解决问题"能力)的认知。[①] 罗森格伦的观点为我们进一步了解受众的媒体使用提供了参考。在新媒体环境下,一方面,随着受众自我意识的增强,他们不再满足于传统的传受关系,不再满足于做单纯的被动接受者;另一方面,媒介技术的进步带来传播介质、传播终端的多元化,这为受众提供了"其他可选择的渠道",因而使他们得以打破传统媒体对话语权的垄断。

由此可见,微内容的崛起既是新时代受众的需求爆发所致,同时得益于新媒体技术的进步。这意味着传统媒体将无法压制日益庞大的微内容市场,相反,传统媒体应随需而变,积极接纳微内容,并抢占微内容生产的先机。

那么,微内容产品的价值何在?

首先,微内容的价值源泉在于"长尾理论"。2004年,美国《连线》杂志主编克里斯·安德森通过对美国新兴数字企业巨人的系统研究,发现这些企业80%的利润并非来源于20%的热门产品,而是来源于后面那条巨大的长尾:多种市场难求的产品信息和多重用户评价。据此,他提出,在互联网世界中,长尾是最重要的价值源泉,我们的文化和经济中心正在加速转移,从需求曲线头部的少数大热门(主流产品和市场)转向追求曲线尾部的大量非热门产品和市场。[②] 微内容正是这些非热门的产品,是那条创造80%利润的长尾!

"分众化"的提出宣告着以往大批量、整齐划一的传播内容和传播方式不再适用,受众的多元化需求逐渐被重视。媒体依据爱好等共同特征,将受众划分为不同的受众群,以增强传播的有效性。但在这里,受众依旧是被动地等待媒体来发现自己的需求。而新媒体语境下的微内容,则可以视为受众个体需求的"自我彰显",它将分众化模式下的受众需求进一步细分,长尾变得更长了。

再从媒体实践上看,对微内容的重视以及微内容产品的开发是媒体为了吸引受众、巩固受众所作出的战略选择。在如今的媒介环境中,信息传播异常活跃,各家媒体所接触到的信息其实大同小异,所谓的"独家"资源

---

① 祝建华.不同渠道、不同选择的竞争机制:新媒体权衡需求理论[J].中国传媒报告,2004(2).
② 〔美〕克里斯·安德森.长尾理论[M].乔江涛,译.北京:中信出版社,2006:35.

变得越来越稀缺。要想在激烈的媒介竞争中脱颖而出,就要在内容产品上独树一帜。而此时涌现出来的微内容正是对宏内容的很好补充,从而成为媒介新一轮竞争中的独门秘技。媒体重视微内容生产,提供聚合微内容的平台,通过在微内容中寻找素材和话题,进行产品二次加工,甚至是让受众协同参与到产品的制作过程中来。由此,媒体可以增强与受众的互动,并使得媒体内容具有个性化特征。

当前,国外一些媒体已经率先采用了"群体外包"的模式,即媒体将原本由内部员工完成的工作通过互联网交由他人完成。这一"他人"通常是不确定的而且数量众多的人。[①] 媒体的这种让渡方式可以视为是让微内容充实到宏内容中来,这不仅节约了媒体的人力,而且能激发受众的参与感,可谓一箭双雕。

(三) 培养专业的内容集成商

内容集成商将在未来的媒介市场上扮演重要角色,它先把内容提供商手中的内容产品集纳起来,再将节目的播出权分销给不同的媒介运营商。内容集成商的每一次成功出售,内容提供商和集成商都可以分得利益。如此一来,获利的多少取决于节目播出权的销售,而播出权的销售取决于节目本身的质量,取决于节目是否具备市场潜力。在这一过程中,内容提供商的任务就是研发和制作节目内容,不再"自产自销"。内容集成商作为专业的节目销售组织,对节目进行专业化、市场化的管理,解决了以往销售渠道单一和不通畅问题。内容集成商通过成功的节目出售,不仅增加了节目营利的途径,最大限度地挖掘了节目资源的内在价值,也在自己分得一杯羹的同时,为内容提供商的节目创新分担了部分风险。因此,强大、专业的内容集成商在内容产品的价值链中起到了关键性作用,它能够保证内容供应的持续性和稳定性。

那么,如何培养内容集成商呢?

首先,内容集成商对节目的版权保护与营销。内容集成商其实是在进行节目的版权营销。因此,为了顺利实现节目播出权的出售,必须保证节目的版权归节目制作方所有,并通过立法的形式禁止任何形式的抄袭、剽

---

① 邓建国."信息中心":未来报纸的新闻编辑室?——美国甘耐特集团的"激进"报业改革[J]. 新闻记者,2007(1).

窃。尽管我们常常喊"内容为王",但我国的节目版权保护、节目模板的版权还很欠缺。无论是政策层面,还是社会认知层面,往往把焦点放到了信息的传播渠道上面,对于信息制造者的利益,却越来越漠视。百度产权纠纷正是这种利益不平等的一次爆发。

2011年3月,百度陷入产权纠纷,50名作家联名声讨百度文库以"免费分享"为理由,侵犯作家利益,但是双方谈判最终还是未取得任何成果。《信息网络传播权保护条例》第22条第3款在业界被称为"避风港原则",诞生于2006年百度和环球、华纳等7大唱片公司打版权官司之际,是指网络存储空间提供者如果"不知道也没有合理的理由应当知道为服务对象提供的作品、表演、录音录像制品侵权"的,不构成侵权。根据最高人民法院的《网络著作权司法解释》,只有在服务商"明知或应知"属于侵权作品仍不作处理,未尽到注意义务,才构成侵权。这一法律规定无疑为网络侵权留下了很大的操作空间。2005年,百度因在自己的网站直接提供下载服务,官司惨败。百度遂改了运作模式,只提供链接地址。这样百度从网络服务内容直接提供商,变为第三方搜索引擎、链接和存储空间提供者。责任由此转移到单个网民身上。而在互联网时代,追究单个网民的责任是很难的。[1] 版权不明晰是滋生侵权行为的温床。在这种情况下,内容集成商想要靠销售节目版权获益便无从谈起。

其次,在版权保护的基础上进一步推行制播分离。制播分离是将节目生产与节目播出分开,实现节目专业化生产与管理,是打造新媒体产业链的重要一步。打造新媒体产业链既需要政府的政策导向与鼓励,也需要市场建立起优胜劣汰的公平竞争机制。制播分离的一个重要结果就是内容市场的进一步开放和内容提供商队伍的壮大,从而提高内容提供商的市场议价能力,摆脱备受压制的局面。

有学者认为电视媒体凭借丰富的节目制作经验、专业化水准以及长期发展建立起来的公信力、品牌力,是内容提供商的不二选择。但笔者以为,在培养内容集成商初期,传统媒体可以作为内容产品的提供者,但不能直接承担内容集成商的角色,否则,传统媒体既拥有播出渠道,又占据着内容

---

[1] 黄秀丽,任玉岭."盗书贼"百度的"避风港"[N].南方周末,2011-03-24(A08).

提供商和平台运营商的中间环节,势必建立起其垄断地位。虽说由于渠道的多样化和播出平台的多元化,昔日传统媒体的绝对垄断地位不复存在,但其他的内容提供商在一定程度上仍会受制于传统的广电媒体。因此,美国在设计辛迪加商业模式时,就要求电视网剥离其辛迪加业务,并禁止其参与建立内部辛迪加机构,禁止电视网黄金时段的节目全部由自己提供。[①]

第二节 媒介融合下传统媒体的视听新媒体战略

一、传统广播电视的视听新媒体战略

步入 21 世纪以来,媒体格局发生了翻天覆地的变化,传统媒体受众的习惯、接收终端的变化都使传统媒体的进一步发展面临挑战。以广播电视为例,视听新媒体的迅猛发展,使广电媒体从内容制作到播出平台,都面临新的机遇和挑战。这种挑战表现为:新媒体的高科技、市场化属性与广电媒体"四级办广电"的原有特质形成了尖锐冲突;新媒体对资本增值最大化的追求,迫使传统广电媒体必须尽快以法律法规理顺宣传与经营的关系;广电媒体内生型发展与新媒体合作共赢之间的矛盾。[②] 新媒体的出现打破了包括广电媒体在内的传统媒体内部的平衡并直指其垄断弊端,激发传统媒体的改革创新。以传统广播和电视起家的英国广播公司 BBC 和美国有线电视新闻网 CNN 等世界性媒体,过去十多年来不断尝试创新,开拓了各种不同的新媒体平台,成为全球领先的全媒体传媒机构。

(一) BBC 的全媒体战略

英国广播公司,简称 BBC,是英国一个政府资助却独立运作的公共媒体。自 1922 年成立以来,BBC 曾在相当长的一段时间里垄断着英国的电视和电台。BBC 除了是一家在全球拥有高知名度的媒体,还提供其他的诸如书籍出版、报刊、英语教学、交响乐团和互联网新闻等服务。在多媒体融合变革的道路上,BBC 一直积极拓展新媒体业务。从 20 世纪 90 年代中期开始,BBC 就寻求广播电视与新媒体的融合,如今 BBC 的新媒体战略已经

---

① 王朋进. 从"辛迪加"看美国电视节目创新的制度设计[J]. 视听界,2007(6).
② 徐敢峰. 从文化产业角度看广电新媒体发展[J]. 现代传播,2008(3):106.

相对成熟。

1. BBC 的新媒体之路

1989 年之前,处在传统广播时代的 BBC 依托的是传统的模拟广播。从 1989 年 BBC 第一次使用数字技术进行广播节目的制作,至 1995 年 9 月 BBC 率先在世界上推出了数字化广播服务——DAB(Digital Audio Broadcasting),BBC 开始推动了其数字化的改革进程。

在互联网技术开始突飞猛进时,BBC 也开始酝酿将广播与互联网结合。1994 年,BBC 开始筹建网站,三年后"BBC 在线"获得英国政府的批准,开始正式对外发布并运行。"BBC 在线"的最大特色是,改变了传统的广播接收终端,受众可以通过网站在线收听与电台同步的网络广播,这标志着 BBC 开始进入网络广播时代。

2. BBC 的新媒体平台

(1) 互联网在线服务平台——BBC Online & BBC iPlayer

基于 Red Button 的互动电视业务、基于 BBC Online 的网站业务、基于 iPlayer 的跨屏融合业务是目前 BBC 在电视、PC 电脑终端、移动终端的重点新媒体业务类型。

BBC 自 1997 年开始发展网络业务,BBC Online 是其数字化未来的核心组成部分。BBC 曾拥有三十多个垂直网站,后逐渐融入 BBC Online 旗下。BBC Online 既是 BBC 的官网,也具有英国综合门户网站特征,BBC Online 有十个特色产品,包括:新闻、体育、天气、节目、游戏、学习、广播与音乐、电视、主页以及搜索。

iPlayer 是 BBC 于 2007 年推出的一项网络视频服务。用户通过 iPlayer 可以在 BBC 网站以直播、点播以及下载等方式收听和收看 BBC 播出的 7 个月以内的广播、电视节目。自 2007 年起,BBC iPlayer 沿着全媒体、无线视频点播、社交媒体、认知媒体方向不断发展。

BBC iPlayer 从 2005 年的预热至现在,iPlayer 的功能不断完善并向纵深发展,它一方面实现了广播、电视、互联网等传输渠道的跨平台深度整合,另一方面也实现了个人 PC、游戏平台、平板电脑、智能手机等接收终端的全面覆盖,①真正完成了全媒体转变。2012年,它与微软合作游戏平台延伸,并以此为基础,开始试验"认知媒体"。iPlayer第一次可以使用手势和语音识别来进行控制和搜索,并朝人机智能交互模式研发和推进。

(2) 互动电视平台——Red Button

Red Button 是 BBC 提供的互动电视服务,英国的数字电视用户可以通过 Red Button 与电视节目进行互动。Red Button 的基本原理就是利用数码频道上的多余带宽,提供额外的服务,在丰富电视节目内容的同时让用户对电视节目的观看有更多的控制权。②

Red Button 并没有改变传统电视的节目内容、传输方式和接收终端,而是延伸了传统电视的服务内容,给予用户更多的决定权,目前其服务内容涵盖了点播、投票、时移等,此外,转播大型赛事时,Red Button 的多频道服务还可以同时选择收看不同场地的比赛。

(3) 手机终端平台——BBC Mobile

随着智能手机持有率的快速提升和手机网民规模的不断壮大,手机这一移动平台在 BBC 拓展新媒体业务中的作用日益突显。考虑到苹果 iOS 系统和 Android 系统对手机市场的占有率,BBC 推出了 iPlayer、BBC News、World News 等手机应用程序。iPlayer 满足了手机用户通过手机收看或下载电视电台节目的需要,而 BBC News 和 World News 满足了用户能随时收看国内外新闻资讯的需要。据统计,目前 BBC 手机网络用户浏览量最大的还是实时新闻和体育资讯。

2012年伦敦奥运会前夕,BBC 发布了 Android、iOS 和黑莓平台的奥运应用,支持无线和3G覆盖的24个奥运会直播流频道,旨在第一时间通知手机用户最新赛况并随时切换24个赛场进程。BBC 未来媒体与技术中心主任埃里克·哈格斯介绍,手机媒体特别适合于时效性强而又大众化的体育报道。

3. BBC 的全媒体策略

(1) 搭建全媒体平台,延伸受众群体

BBC 一直致力于建设全媒体平台,先后建设了 BBC Online、BBC

---

① 黄艾,胡正荣.新媒体时代广播的发展路径[J].两岸传媒,2012(11).
② 贺涛.移动互联网背景下中西新媒体发展现状比较——以 CCTV 和 BBC 新媒体发展战略为例[J].东南传播,2012(6).

iPlayer、BBC Mobile 等多个全媒体平台,取得了巨大的影响力和收益。2010 年及 2011 年,BBC 美国版和亚洲版相继开通,进一步扩大了自身影响力和用户范围;BBC 的全媒体平台,支持 40 多种移动设备和平台,提供 BBC 电视节目的即时观看和回放点播服务;BBC 不断开发适用于智能手机、平板电脑以及网络电视等移动终端的应用程序,包括专用新闻应用程序、"孤独星球"旅游类应用程序及 iPad 版杂志等。

多渠道、多平台的传播,满足了不同年龄受众的需求。其中"BBC 在线"成为 BBC 吸引年轻人、延伸广电服务到各年龄段的重镇。根据英国通信委员会 2008 年一季度到 2009 年二季度的调查,以 BBC 为代表的传统广播电视媒介 15—24 岁受众所占比例为 16%,25—44 岁受众所占比例为 19%,65 岁以上受众占 39%;而 iPlayer 登陆之后,"BBC 在线"的受众群主要集中在 15—54 岁,15—34 岁和 35—54 岁两档观众群的比例相当接近,分别占总人数的 41% 和 43%。[①]

(2) 打造全媒体产业链

早在 20 世纪 90 年代,BBC 就已形成了一条围绕电视内容进行投资、研发、生产、销售及配套服务的完整产业链。新媒体浪潮下,BBC 仍保持其核心竞争力,制作了一系列出色且具有创意的品牌节目,并以此为依托形成一条完整的全媒体产业链。

Top Gear 是世界上知名度最高、历史最悠久的时尚汽车节目之一。BBC 环球公司 2010 年财政报告显示,*Top Gear* 的年收入在环球公司的整体销售收入中位列第一。这种销售成绩与其全媒体策略密不可分:互联网方面,*Top Gear* 自身的商业网站 topgear.com 可刊登广告和销售相关衍生品(服装、杂志、音像制品等);数字电视频道方面,*Top Gear* 在数字频道的销售额呈上涨趋势;移动通讯方面,市面上多款手机预先载入 *Top Gear* 内容;出版发行方面,*Top Gear* 不仅有同名杂志,还出版了书籍《Stig 去哪了?》以及专供少年儿童看的杂志《Top Gear 涡轮挑战》等。

(3) 建立新型视听关系

BBC 前新媒体技术部总监阿什利·海菲尔德(Ashley Highfield)曾指

---

① 唐莘.BBC 的新媒体战略[J].视听界,2011(2).

出:未来 BBC 所有的数字内容和服务的提供,都将紧密围绕三大主题展开:共享(Share)、导航(Find)和点播(Play)。"共享"是鼓励用户在 BBC 网站上创建自己的空间,并进一步参与到 BBC 的网站建设中去;"导航"的提出旨在进一步开发 BBC 在线的检索功能,为用户提供人性化的搜索代理服务;"点播"理念的核心载体是 BBC iPlayer。这三大主题实际上都强调了新媒体中受众的高度参与性。

在这个观点的指导下,BBC 在新媒介技术的研发、平台的打造上非常注重受众的感受,先后设立了播客、博客、微博、讨论区、社交区等平台,其中特别强调 UGC 的使用。UGC 让 BBC 转变了受众是被动接受者的思维方式,同时也将自己从传统广播电视内容提供商变成一个聚合型媒介平台,从而吸引更多的消费者参与节目内容的制作,交流讨论和创造。这样就使传统媒介单向传播的特性转变成双向、互动传播模式,受众不再是单一信息的接受者,而是内容的提供者和合作伙伴。

(4)调整组织运营结构,降低运营成本

自 2000 年格雷格·戴克时代以来,BBC 尝试改革其组织结构,以应对内容的全媒体播发。目前,BBC 的大体运营结构如表 8-1 所示。

表 8-1　2010 年 BBC 组织结构图[①]

执行委员会	视觉团队	所有视频节目制作
	音频与音乐团队	所有广播频道和广电音乐节目制作
	新闻团队	全平台新闻节目制作
	北部中心团队	体育、儿童节目制作
	未来媒体与技术团队	新媒体与技术研发和技术保障
	市场与受众团队	市场与受众调查和研发
	金融与商务团队	节目经营
	人力资源团队	人事管理
	机构运营团队	政策、战略、法律、资产管理等运营内容

在这一组织结构中,打破了传统的按照节目类型、频道进行节目划分的方式,将同类型服务生产人员集中起来,负责所有平台同类服务的生产,

---

① 唐莘.BBC 的新媒体战略[J].视听界,2011(2).

大大提高了工作效率,减少人员冗杂,降低运营成本。最为典型的是新闻团队,它作为一个跨平台多媒体新闻中心,是由原来独立的电视、广播和网络新闻运营平台整合而成。经过这一改制,新闻团队可以根据受众的不同需求,对新闻资源进行调整从而使其适合在电视、广播、网络、手机、互动电视等多个平台播发,节约了新闻成本。与之类似,由原先娱乐、喜剧、戏剧、儿童节目等部门融合形成的"视觉团队",其提供的视频节目内容同样可以在手机、互联网、互动电视、数字广播等全媒体平台播出。

(二) CNN 的全媒体战略

CNN(美国有线电视新闻网)在全球首创了 24 小时全天候新闻直播,并争取以最快的速度对重大新闻及突发新闻进行现场采访,开创了电视新闻的一个全新时代。20 世纪 90 年代以来,CNN 大力发展新媒体业务,不仅开拓了网络电视、手机电视、移动电视等新的电视形态,还紧跟 Web 2.0 时代的潮流开展了博客、播客、RSS 订阅服务等业务,并与 Twitter、Facebook、YouTube 等新媒体积极合作,成为媒介融合的先行者。

1. 搭建全媒体平台——CNN.com & CNN Mobile

20 世纪 90 年代以来,以 CNN 为代表的国际电视媒体受到国际互联网迅速发展的强烈冲击,传统电视收视率下滑、受众流失、突发新闻第一时间报道权逐渐丧失。面对这种严峻的形势,CNN 及时调整策略,大力发展新媒体业务,实施媒介融合战略。CNN 不断利用新媒体技术的发展,开拓了网络电视、手机电视、移动电视等新电视形态。[1]

1995 年 8 月,CNN 创立了 CNN.com 网站,开始积极推进电视与互联网的融合。CNN 主网站页面简洁而有特色,旗下包括新闻网、财经网、体育网等十余个子站点,还包含 RSS 订阅、Blog、CNN Mobile 等 11 个功能设置。CNN 网站上既有视频、音频广播等传统媒体形式,也容纳了桌面新闻(Desktop Alert)、播客、互动新闻(iReport)等新媒体形式。经过十几年的发展,CNN 网站一直占据着美国电视媒体网站前十名的位置,CNN 的网站全球日点击量在千万以上。

1992 年 2 月,CNN 率先建立专门通过移动设备向世界各地提供新闻

---

[1] 刘笑盈.国际电视的开创者:美国有线新闻网(CNN)[J].对外传播,2009(7).

和信息服务的CNN Mobile(CNN移动)。最早的CNN无线建立在无线应用协议标准(WAP)基础上,是个只有新闻、天气预报、股市讯息、体育赛事和娱乐信息等内容的单纯手机互联网业务。2005年CNN无线与高通合作,在高通的手机电视服务上测试了其节目内容。而后还与三星、LG、诺基亚等手机制造商合作,在部分手机机型中内置"一键进入"的CNN Mobile频道。2010年7月CNN推出了针对iPhone的国际版新闻,12月接着推出了iPad版本。

2. 创新技术,改变传统新闻播报方式

不断追求技术创新和不断开拓传播渠道成为CNN新媒体战略取得成功的重要原因。被称为魔术墙(Magic Wall)的触摸屏技术在2008年美国总统大选的直播中被CNN搬到了电视上。"魔术墙"应用界面化的屏幕设计、多视窗对话、全息投影等高科技手段,把有限的资源通过更为立体、震撼和具有强烈视觉冲击的方式展现出来,给予观众耳目一新的感受,突破了传统的严肃呆板、平面化、视角狭隘的新闻呈现方式,使得CNN在美国大选的"新闻战"中创下收视率新高。

2014年3月8日马航失联事件中,CNN再度发挥其敢于创新的特色。CNN的主持人,坐在波音飞机的模拟驾驶舱里,讲解、演绎各种飞行中的假设情景,展示几条假设的飞行路线,并用虚拟技术推测马航"隐身"的过程,这一创新举措使得其在马航失联事件报道中备受关注,在事件发生的第一周,CNN的收视率上涨了将近100%。

3. 紧抓热点,积极与自媒体平台合作

2007年7月,CNN曾联手YouTube对美国总统大选候选人辩论进行全球直播。不到两年时间,2009年1月CNN又结盟时下最热的社交网站Facebook共同推出网页报道奥巴马就职,这是一次老牌内容媒体与新兴社交媒体的成功合作。网页左上侧的Facebook connect嵌入来自CNN的直播视频画面,右侧为Facebook网友的个人状态信息,下侧则是其他好友和有关就职典礼的信息。Facebook用户能够在观看直播的同时即时评论,借助社交网站的人气和交互评论功能,CNN创造了2000万人观看的纪录,收视率大获全胜。2012年8月,CNN再次携手Facebook,报道美国总统大选,搜集和整理Facebook站内的大量用户数据,实时展现相关的动态图表、可视化图像和其他数据资源,以及创新的合作方式都再次为 CNN 在总统大选报道战役中拔得头筹。几次成功的合作促使 CNN 与 Facebook 展开全面联手,CNN.com 中嵌入 Facebook 的社交插件,方便了用户对网站内容的分享和评论。①

4. 创新自传播机制,打造全民记者平台

在见证了网络科技的优势和发展趋势后,CNN 于 2006 年 8 月 1 日正式推出 iReport。这个栏目通过向全球民众征集突发事件的图片或影像,搭建起可供用户以文本、图片、视频、音频等形式上传并分享自己见闻和意见的平台,其中突出的作品经 CNN 核实编辑后还能用于常规新闻报道中。作为一个完全由用户自制内容的新闻版块,iReport 的横空出世带动了全民报道的热潮。

iReport 早期只是 CNN 在线媒体运营的一部分,以独立服务的形式为 CNN 提供新闻源。2007 年 4 月"弗吉尼亚理工大学校园枪击案"发生后,该校一名学生将其用手机拍下的枪击案视频上传到 iReport,成为当年点击量最高的视频,于是 CNN 决定将 iReport 独立成新闻网站。新版 iReport 除拥有独立域名外,与 CNN 网站的关系也更为密切,成为 CNN 新媒体品牌塑造的重要频道,CNN 还专门开设一档名为 iReport for CNN 的月播栏目,每期节目时长 30 分钟,整合播出 CNN iReport 发布的高质量公民新闻作品。

从 2011 年 3 月开始,CNN iReport 又推出了一个新的形式:Open Story。由 CNN 设定一个主题,世界各地的网民可以根据此主题下的不同角度进行报道。CNN 网站上对一个 Open Story 的表现形式也有了突破,用一幅地图标出,将同一主题下的各种报道、评论通过地图标识、时间排序等综合在一个大的框架下,甚至将网民的稿件和 CNN 正式稿件放在一起,试图从多角度、全方位地整合主题报道。②

iReport 新闻网站不仅为公民新闻提供了在线平台,也为更多希望进入新闻报道领域的公民记者提供了便捷的渠道,成为全球新闻媒体台网融合的经典范例,在印度洋海啸、日本地震、美国总统大选等一系列重大事件

---

① 高山冰.CNN 新媒体品牌塑造分析[J].电视研究,2011(9).
② 喻国明.构建国际传播的基本理念[J].新闻与写作,2013(10).

的报道中,iReport都凭借网民的现场报道赢得了时间和资源,从而发挥出巨大作用。

(三) CCTV 的新媒体战略

中国中央电视台(CCTV),于 1958 年 5 月 1 日试播,9 月 2 日正式播出。初名北京电视台,1978 年 5 月 1 日更名为中央电视台。除了中国电视剧制作中心等直属单位,中央电视台还开办了央视网/中国网络电视台、《中国电视报》和面向全国公开发行的刊物《电视研究》《现代电视技术》等。

1. 全面搭建新媒体平台,跨渠道综合发展

早在 1996 年,央视就开通了 CCTV.com,作为发布央视节目相关信息的网络发布平台。最初 CCTV.com 的视频业务只限于把现有的电视频道、电视节目和栏目放到网上进行直播和点播,除了广告收入没有其他增值业务。2006 年 4 月,中央电视台成立网络传播中心和央视国际网络有限公司两个机构,以 CCTV.com 为平台,集中力量打造中央电视台新的网络媒体业务。

CCTV.com 有了新的定位:以央视为依托,集新闻、信息、娱乐、服务为一体,是具有视听、互动特色的综合性网络媒体。新增的视频搜索、博客、播客、论坛等功能为网民带来了全新的用户体验。CCTV.com 作为最早发布中文信息的网站之一,在过去近 20 年里承担着央视节目网络渠道传播、推广的任务,成为颇具影响力的网络共享平台。

2009 年 12 月 28 日,中国网络电视台(CNTV)开播。CNTV 是依托中央电视台、在央视网基础上创办的国家网络电视播出机构,是以视听互动为核心,融网络特色和电视特色于一体的全球化、多语种、多终端的公共服务平台。首期推出了新闻台、体育台、综艺台、爱西柚(播客台)和爱布谷(搜视台)以及客户端 CBox。[1]

此外,中央电视台还进军了包括 IPTV、网络电视、手机电视、移动电视等在内的新媒体领域。在 2006 年 12 月第十五届多哈亚运会期间,中央电视台购买了新媒体传播权,并与中国移动、中国联通合作开通了手机电视。同时,这次的新媒体传播也成功地在 CCTV IP 电视业务上进行了技术测

---

[1] 汪文斌.中国网络电视台的战略构想与实践[J].新闻战线,2010(2).

试。2007年12月18日,央视国际与国际奥委会签约,成为北京2008年奥运会官方互联网/移动平台转播机构,中央电视台成功获得奥运史上第一次单独授予的新媒体转播权益。[①] 2008年奥运期间,央视国际致力于打造网络电视、手机、IPTV和公交移动四大应用平台,实现了跨越式的发展。

目前,中国网络电视台已构建起"一云多屏、全球传播"的全媒体互动传播体系,并建有国内规模最大的网络视频生产基地,生产的所有节目内容同时面向电视终端、电脑终端和移动终端,并通过综合多媒体门户平台、微博平台、移动互联网客户端平台、IP电视平台、手机电视平台、互联网电视平台,以及车载、户外等公共视听平台,为用户提供随时、随地、随身的观看服务。[②]

2. 台网联动,整合渠道、内容资源

早在2006年4月30日,CCTV.com就在第十二届CCTV青年歌手电视赛中作出尝试,提出了"台网联动"的新策略,在线访谈、博客、论坛等较大规模的运用增强了节目的互动性。台网联动既实现了电视台传统优势在互联网上的延伸,又通过互联网平台锁定了部分年轻观众对电视的注意力。此外,CCTV.com还跟新浪、搜狐、百度、腾讯等九大网站,中国移动、中国联通两大运营商结成了网络联盟,网络联盟为CCTV.com引进了大量的信息源。

中国网络电视台(CNTV)成立后,其媒介融合策略主要体现在"台网捆绑"模式的节目整合上。央视与国内互联网巨头联手,和53家国内电视台互联网站达成协议,进行网络视频合作,共享优质视频节目资源。伴随着中国网络电视台同步上线的客户端软件CBox,将每天逾千小时的播出节目和45万小时的历史库存节目进行激活重组。据官方介绍显示,CBox是一款通过网络收看中央电视台及全国几十套地方电视台节目最权威的视频客户端。它拥有包括"视频直播、点播、电视台列表、智能节目单、电视预约、收藏"等节目功能链接,为网友提供视频直播、点播、上传、分享、搜索等全功能服务。

[①] 张垒.新媒体的奥运实践——以CCTV为例[J].中国记者,2008(7).
[②] 广播与电视技术编辑部.全媒体全覆盖打造网络电视台超级战舰——访中国网络电视台总经理汪文斌[J].广播与电视技术,2012(6):16.

除了整合资源,CNTV还深挖中央电视台历史库存节目,进行二次开发并推出"领导人视频集""365历史影像志"等新产品,同时自办了"网络春晚""中国公开课""微博新闻联播""视频手机报"等极具特色和互动性的栏目。①

3. 重视用户体验,打造参与式电视平台

CNTV首期上线的两个视频网站"爱西柚"和"爱布谷"则分别定位于用户分享和在线直播。以互动、分享为核心理念的"爱西柚"和以先进技术打造的"爱布谷"为网民创作、发布、搜索和欣赏互联网视频内容提供了更加便捷有效的途径。"爱西柚"定位于个人播客台,是一个以用户上传视频作为核心内容的视频分享与互动社区。作为"UGC+SNS"型视频分享网站,"爱西柚"集电视特性与互联网属性于一身。通过这一平台,网友不仅可以上传自己喜欢的视频、收集整理专辑、编辑个性节目单,还可以通过"我的电视"打造属于自己的个性化电视。"爱布谷"定位于搜视台,为方便网民收看所有电视节目,提供网络互动直播、分类点播及7×24小时回看的视频服务。在新媒体环境下,"爱布谷"拥有丰富的经过授权的正版影视作品电视节目和精品电视栏目,同时"爱布谷"先进的视频传输和播放技术完全可以满足网民电视级观赏需求。

此外,CNTV还充分利用互联网电视互动便捷、参与感强的特征,打造了一批极具特色的原创网络节目,其中"网络春晚"尤为著名。"网络春晚"强调受众的参与,从节目主题、节目形态、舞美设计、参演明星等各个环节引入互动机制。2012年CCTV网络"春晚"开设"明星点名"网络互动环节,由网友投票选择自己喜爱的明星,邀请得票最高的明星参与晚会,晚会现场引入网络视频连线、微博墙、九宫格日记等互动手段回收观众反馈;② 2013年CCTV网络"春晚"以家乡为切入点,以家庭为参与单位,大范围开展线上征集活动,发动网友把日常生活点滴以视频、图片、文字的方式通过电脑、手机等多终端上传到网络,以小见大、见微知著,展现了社会的进步发展。

---

① 广播与电视技术编辑部.全媒体全覆盖打造网络电视台超级战舰——访中国网络电视台总经理汪文斌[J].广播与电视技术,2012(6):16.
② 王玉娟.CCTV网络"春晚"在新媒体语境下的创新[J].电视研究,2013(4).

二、国家通讯社的视听新媒体战略

(一) 美联社的新媒体战略

成立于1848年的美联社,距今已经有166年历史了。作为世界上最大的新闻通讯社,美联社是美国乃至世界新闻业的典型代表和标杆,它是第一个租借永久性新闻电报线路、第一个用卫星发送新闻、第一个用数码相机武装自己摄影记者的通讯社。美联社也是较早开始进行"全媒体报道"尝试和推广的传统媒体。目前,美联社新媒体业务已涵盖在线视频、新闻博客、网络游戏等多个领域。

1. 重组内容采集平台,提高信息生产效率

随着媒介融合的趋势不断深化,在报道新闻时采取多媒体报道手段,同时完成文字、摄影和摄像等多媒体内容报道任务将是对未来记者的要求。于是美联社较早就开始进行"多媒体报道"尝试和推广等活动。美联社积极运用多种媒体来拓宽信息采集的渠道。2007年6月12日,美联社宣布将其北京分社重新整合,新的北京分社将新闻、图片、电视和多媒体功能整合成一个综合型的新闻编辑室,配以先进技术,让新闻工作者能提供从报纸到多媒体的多样式新闻。

美联社在全世界的办公室都展开了这种部门整合,重组之后的组织架构,更方便了各部门间信息共享,让所有美联社记者都可以为其不同平台服务,从而使美联社能够向客户提供更加整齐划一的多媒体内容。

2. 广拓渠道,实现资源跨媒体整合性传播

2006年3月1日,美联社进军网络视频新闻,向成员新闻单位免费提供流媒体网络视频新闻服务(AP Online Video Network)。在线视频网络服务是美联社和微软MSN合作开发的,微软负责提供视频播放器软件和技术,美联社全面控制视频内容的编辑。视频内容主要由美联社视频新闻采集部门APTN提供,这些覆盖国际、国内、技术、商业和娱乐的新闻视频既可以是专业人员制作的,也可以是受众自制的。在线视频网有效地扩大了美联社视频节目在网上的影响力。

美联社还与内容网站CNET进行整合,美联社每天采用CNET网站5~10条新闻,CNET网站获得美联社提供的网上即时新闻服务,内容涵盖

美国国内新闻、国际新闻及体育娱乐新闻等内容,进一步拓宽了美联社新闻传播渠道。美联社还与 Real-Networks 联合推出"美联社源流新闻"(AP Streaming News),该服务主要为媒体网站提供口播新闻摘要、定期电视新闻播报以及主要新闻报道的录音及录像,并提供部分电视节目的现场直播。这项服务有助于传媒网站,在没有大幅度增加人力和技术投入的情况下,实现网站内容的多媒体化。

2008 年年初,美联社正式进军网络游戏领域,为日本著名游戏公司任天堂开发的一款名为"WⅡ"的游戏终端提供多种语言的在线新闻服务。根据双方协议,任天堂在 WⅡ 游戏终端上开通一个新闻频道,新闻内容主要由美联社提供。WⅡ 的游戏玩家只要用宽带上网,就可以在游戏中浏览美联社的新闻频道。[①]

除了互联网战略,传统通讯社还十分重视手机等移动媒体在新媒体战略中的地位。2008 年 4 月,美联社和超过 100 家的报业成员单位宣布推出"移动新闻网络"——一个针对智能手机提供多媒体新闻信息产品的网络平台。2008 年 5 月,美联社发布 AP Mobile(美联社移动应用),浏览者可通过苹果 iPhone 手机和其他移动设备进入 AP Mobile 网站浏览国际国内新闻、搜索内容、下载应用等。AP Mobile 被视为通过移动装置发布新闻的"最成功的典范",曾被《纽约时报》称为最佳 iPhone 新闻软件。

3. 锐意创新,不断完善新闻使用系统

近年来,除了大力开发、优化内容采集平台和传播平台,美联社也一直致力于完善和规范其信息使用及购买的系统,不断进行独具特色的创新。

2009 年 7 月,针对自己投巨资生产的新闻内容在网络上长期被广泛侵权使用的问题,美联社推出了新闻注册系统(news registry)来追踪其新闻使用情况。利用这一技术平台,美联社"能跟踪并保证新闻使用者按章使用,而且能迅速向违规者(包括博客和搜索引擎)发布稿件撤出通知"。不久,美联社推出收费的"优先发布"服务,这项服务会将某些新闻内容提前发布给特定使用者,并为此收取特别费用。此后,美联社推出"互动新闻"(interactive news)服务,这是美联社针对重大新闻为订户提供的一种持续

---

① 陈怡.美联社的新媒体战略[J].中国记者,2007(8).

的多媒体新闻服务类型,该服务以代码形式实现,使用者可以将其整合进自己网站的任意位置,而代码通过互联网与美联社的数据库相连,从而可以实时获得美联社对新闻的更新,很大程度上解决了内容生产商(美联社)和内容购买商之间信息时间差的问题,第一时间满足受众在重大新闻时间中对信息的需求。①

(二)路透社的新媒体战略

路透社是世界前三大的多媒体新闻通讯社,提供各类新闻和金融数据,因报道迅速、准确而享誉国际。路透社的服务主要分为买卖与交易、研究与资产管理、企业和媒体及相关产品的开发四个部分。世界几大通讯社中,最早建立网上信息系统的便是路透社,其财经资讯和金融市场行情一度垄断了全球金融资讯服务领域。经过了一个半世纪的风雨,路透社现在已经发展成为集新闻资讯、财经服务、投资管理于一身的世界性集团。

1. 优化采集渠道,扩大信息来源

内容为王,是所有媒体竞争的基础。为了拓宽新闻来源和渠道,路透社在新闻线索采集方面主要实施了两种策略:其一是通过参股博客公司集纳网络信息,其二是建立公众投稿系统并采纳受众自制的新闻信息。

2006年11月,路透集团对美国博客科技公司Pluck进行投资,这是它在全球范围内推广博客新闻战略的一大举措。Pluck公司经营着世界上最大的专门为媒体提供博客服务的网站BlogBurst,《华盛顿邮报》和《卫报》都是BlogBurst的客户。作为博客联合网络媒体,BlogBurst聚合了大约2800个博客,将这些博客介绍给报纸和媒体网站,满足了传统媒体在博客中获得政治、体育、健康、医疗、科技、旅游、视频、娱乐等各个专业领域信息的需要。路透社参股Pluck公司的做法不仅弥补了用博客播出新闻报道的不足,也为自身的网络新闻线索提供了更加丰富的信息来源。

为了获得更多的新闻来源,除了参股博客网站,路透社还和雅虎公司联合推出"You Witness"新闻投稿系统,邀请公众提供新闻事件的照片和影像资料。2006年年底这一公共投稿系统正式启动,雅虎负责建设投稿系统、接收公众稿件,路透社负责对公众提交的新闻进行选择、编辑,并提供

---

① 邓建国.从红海到蓝海:美联社的转型创新[J].新闻记者,2012(4).

给其他新闻媒体。通过公共投稿系统,路透社可以将所有网络受众变为自己的通讯员,让网民们参与到新闻信息的采集、制作和传播中来,从而使路透社可以获取到丰富的新闻图片和视频资料。2007年,路透社又专门开通了一条向媒体用户发送由普通公众提供的新闻图片和新闻视频信息的新闻专线。多渠道投稿系统极大丰富了路透社的信息来源。

2. 拓展业务范围,发展网络视频

早在1964年,路透社就与BBC、NBC联合成立了VisNews公司,合作经营电视新闻。为了拓宽视频业务,路透社十分注重与传统电视机构、平面媒体、网络新媒体以及移动通信运营商的合作。自2003年,路透社开始提供网络视频服务。2004年10月,路透社与微软合作开通了网络电视新闻频道。使用微软多媒体电脑的网络用户能通过这一频道接收路透社提供的信息,其中包括未加剪辑的全球突发性事件的电视新闻素材和娱乐、时尚、社会新闻以及来自主要金融中心城市的最新商务和市场信息。同年,路透社又与网络视频运营商Brightcove达成合作,Brightcove将路透社的信息内容按照电视节目、名人、旅游、美食、新闻等类别发布在其网站上。

2005年12月,路透社开始试运行"网络视频联盟项目",加盟的报纸、杂志、网络只要安装相关播放软件,便可以接收并在自己的主页上播放路透社的视频新闻了。2007年6月,路透社与第一视频集团旗下的内容制作公司北京互联时代娱乐文化发展有限公司达成协议,路透社将为第一视频集团即将开通的财经频道提供财经信息。根据协议,路透社将提供国际及本地财经信息深度分析与报道,内容包括宏观及微观经济、行业信息及突发经济事件等。①

此外,路透社还积极发展手机视频业务,在多个国家开通了手机电视业务,其大部分视频内容都已经实现了在手机等移动终端上的播出。

3. 优势互补,积极寻求跨界合作

在发展新媒体业务的过程中,传统通讯社在网络技术上并不具备优势,因此积极寻求与新媒体技术公司的合作成为传统通讯社拥有高新技术的一条捷径。

---

① 李海东.英国路透社视频发稿业务模式浅析[J].电视研究,2012(2).

早在 2000 年,路透社就与微软公司合作推出了 RDD 网络产品(the Reuters Digital Dashboard),用户可直接接入路透社实时信息以及历史信息,并且把这些数据与个人、内部网及因特网的内容合并在一个环境里。① 2003 年路透社与微软公司达成即时通讯服务合作协议,这项协议使路透社的即时信息通讯服务系统与微软公司的 MSN 系统相连接。在此之前,路透社已与 IBM 公司、Lotus 公司以及 AOL 都签署了类似的互联互通的合作协议。2004 年 5 月,路透社网站引进 RSS 技术提供自动新闻更新服务。2005 年,路透社与微软 MSN 和美国在线再次签订合作协议,路透社向这两大公共信息服务商提供网络即时信息通讯服务。新媒体技术公司的合作令路透社在新媒体领域的实力和影响力迅速提升。

2008 年 4 月 17 日,汤姆森集团并购了路透集团,从而组成了全球最大的金融资讯和数据供应商。合并后,新集团在技术的研发和运用方面进行了巨额投资,2009 年 5 月,汤姆森路透集团开始为苹果 iPhone 和黑莓手机免费实时提供不同的新闻服务应用程序。2010 年 4 月,汤姆森路透集团宣布为"Google 一代"定制网络平台,以在线搜索取代终端指令,从而将网络和收费内容结合在一起。

(三)新华社进军新媒体领域

新华社是我国的国家通讯社,也是世界性现代通讯社。目前新华社已经建立了比较健全、覆盖全球的新闻信息采集网络,形成了多语种、多媒体、多渠道、多层次、多功能的新闻发布体系。尤其面对传播领域以手机终端和社交媒体为代表的新媒体革命,新华社加快推进由传统新闻产品为主向现代多媒体新闻信息业态转型的步伐,初步建成了融通讯社、报刊、电视、网络、金融信息等业务于一体的全媒体机构。

1. 建设全媒体平台,全面覆盖多个终端

新华社对于新媒体平台的认识和建设较早,自 1997 年成立新华网以来,不断创新,先后建设了数十个新媒体平台,为新华社应对媒介环境变化提供了强大的支持。

新华网于 1997 年 11 月正式上线,由北京的总网、十多家子网站和分

---

① 唐润华.西方三大通讯社如何应对互联网带来的挑战与机遇[J].国际新闻界,2001(6).

布于全国各地的30多个地方频道三部分组成。新华网被称为"网上新闻信息总汇",是新华社网络媒体的最核心部分。依托新华社遍布全球的分支机构,新华网组成了覆盖全球的新闻信息采集网络,提供丰富、权威、快速的原创新闻信息。新华网不仅受权发布国内重大新闻、重要人事任免和重大突发事件以及现场直播党和国家的重大活动,还受权转载国内外媒体的重要新闻。[①]

2003年3月1日,新华社推出了新华短信业务,运用文字、图片、音视频等多种形式为手机用户提供新闻信息服务。新华社在手机新媒体市场上的合作对象涵盖了中国移动、中国联通和中国电信三大运营商。此后,新华社先后与中国移动、中国联通合作开通了手机报,内容涵盖时政财经要闻、体坛娱乐热点、生活休闲信息等。2009年,新华社再次携手中国移动推出"新华视讯"手机电视业务;2011年10月,新华社新闻信息中心再次与中国联通签署合作协议,宣布双方将在手机报增值服务、信息化合作等新媒体领域开展多方面合作,这也意味着新华社的新闻信息产品内容将全面进入中国联通的终端用户领域。

新华社在电视新媒体领域起步相对较晚,2007年,新华社先后与巴士在线、广源传媒签订供稿服务协议。2009年8月10日,新华社音视频部与上海文广新闻传媒集团就手机电视、IPTV等新媒体领域签署了合作协议,发展电视业务成为新华社新媒体时代转型的重要突破口。2009年12月31日,新华社主办的"中国新华新闻电视网"(CNC)举行开播仪式。2010年1月1日,作为CNC的第一个中文直属台——环球频道在香港上星开播,信号覆盖亚太地区和欧洲部分地区,每天24小时滚动播出,其中包括《最新播报》《环球直播》《国际新闻》等动态新闻栏目,以及《新华视点》《新华纵横》《纪实》《人物》等专题新闻节目。2010年7月,中国新华新闻电视网英语电视台(CNC World)开播,24小时滚动播出以新华社自采新闻节目为主的英语新闻节目。

2. 拓展业务,发展多媒体新闻信息产业

《新华社2008—2015年工作设想》提出,新华社将面向多媒体新闻信

[①] 梁智勇.媒介融合背景下传媒集团新媒体战略比较——以CCTV、SMG、凤凰卫视与新华社为例的研究[J].新闻大学,2009(1).

息业态拓展、面向终端受众拓展,这也是新华社在新媒体转型过程中一直秉承的方向。

2001年6月,新华电信宽频网开通,由新华社上海分社和上海电信合资创立,主要经营方向是宽频和无线增值业务。与此同时,新华社下属报刊《上海证券报》和《中国证券报》分别主办了中国证券网和中证网等专业财经网站。

2007年9月,"新华08"正式面向市场,它是新华社根据中央要求自主研发建设的金融信息平台,融实时资讯、行情报价、历史数据、研究工具、分析模型和在线交易为一体,覆盖宏观经济、外汇市场、货币市场、证券市场等诸多领域。

此外,新华社还利用丰富的资源优势,先后推出搜索引擎和客户端。在2008年年底,推出了多语种、多媒体、多站点的全方位新闻搜索引擎"新华搜索"。2010年8月12日,新华社与中国移动签署框架协议成立搜索新媒体国际传播公司,致力于打造国内一流的搜索引擎。

2011年6月15日,新华社推出"中国网事新媒体客户端",这是国内首个集文字、摄影、视频、微博报道于一体的"融媒体"新闻信息产品。该终端重点针对以iPad为代表的平板电脑、以iPhone为代表的智能手机以及互联网等新媒体领域,将《中国网事》报道的权威性、时效性、思想性和新媒体的发展特点相结合。目前,客户端共设置了6个多媒体栏目:动漫网评"E语道破"、调查类新闻"E清二楚"、草根人物故事"E网情深"、网络热点"E目了然"、图片集锦"E览无余"和新华网微博"微言大E"。

3. 与时俱进,借力新媒体多渠道传播

2009年5月12日,新华社音视频部将"5·12"汶川地震一周年电视直播的部分报道内容放到开心网上,引起30多万条留言,这次成功的联手促成二者更为深入的合作。2009年6月16日,新华社电视成为开心网的第一个机构用户,开心网用户不仅能观看新华社即时发布的电视节目,还能与新华社的"名嘴""名记"及幕后工作者交流。

在2012年"两会"报道中,新华社转战微博平台,借助即时性、互动性强的微博,传达有关两会的信息。新华社中国网事在新华、新浪、腾讯、搜狐、网易五大微博开设了"你好,中国""改革好声音""e哥在现场""e哥问答十八大"等全新栏目,结合十八大会前、会中的不同热点,24小时滚动播发网民感兴趣的新闻,这一创新举措成功地打通了线上线下,联通了会内会外,并按照新媒体规律改造了重大时政新闻的生产流程,成功地进行了议程设置并受到极大的关注,会议开幕后不到一周时间,中国网事系列微博的粉丝数增长量超过100万,截至会议闭幕,总粉丝数突破了700万大关。[①]

三、报业集团的视听新媒体战略

近年来,报刊媒体越来越多地受到新媒体发展的威胁,在电子媒体、互联网媒体以及移动媒体的三重威胁下,美国、英国、德国等主要西方国家的报纸营利和发行量都有所降低,报业集团的广告收入也呈现出不同程度的下滑趋势,报业在媒体中的地位出现衰退的倾向。与此同时,新媒体的受众和影响力不断增加,不断分流报纸的受众和广告资源,蚕食传统媒体的奶酪。于是有人提出报业已是夕阳产业,甚至有人悲观地预言报纸将会走向消亡。事实证明,新媒体的冲击只是对媒体格局的重新洗牌,及时地适应、调整、改革、取舍才是应对冲击的稳定基石,新旧媒体在相互包容中共同发展。同时,随着竞争的加剧,各种传播媒体之间的边界正在逐渐消融。

(一)拓展报纸新形态,积极发展视听报纸

报纸作为一个文字载体媒介,越来越受困于传统阅读、发行和营利模式,随着移动终端的普及和受众阅读习惯的转变,抢滩新载体,契合受众阅读习惯,寻找新的增值业务是传统媒体发展的当务之急。

1. 手机报

手机媒体是网络媒体的延伸,手机报是传统纸质媒体以手机为终端传播新闻信息,来满足用户随时随地了解信息资讯需求的一种新媒介。与传统报纸相比,手机报不只是改变了信息承载的终端,更改变了受众的阅读习惯。

手机报通常以简洁的文字和图片编写国内外的新闻、生活、财经、文化、体育、娱乐等各类信息资讯,而后通过短信、彩信、WAP等方式发送至

[①] 陈凯星,李俊,周劼人.新媒体 新实践 新经验——新华社新媒体十八大报道的创新与尝试[J].中国记者,2012(12).

手机用户。2004年,《中国妇女报》首先推出报纸手机版,被认为是真正意义上的第一家手机报。2005年5月,浙江日报报业集团启动国内省级手机报《浙江手机报》。随后,手机报在全国领域全面铺开。2005年9月27日,《华西手机报》声讯版正式开通上线,成为中国第一张既能看又能听的报纸,声讯版支持读者对新闻发表评论以及参与热点话题的讨论,读者甚至可以在手机报公共聊天室与其他读者进行及时的在线交流。2008年2月,为迎接奥运,中国日报社与中国移动联合推出国内第一份中英文双语手机报《手机报—China Daily》。

手机报在即时接收、动态传播、提供个性化服务、与受众有效即时互动和多媒体传播等方面都具备传统报纸无法比拟的优势。手机报作为报业集团媒体结构的重要品种和有力补充,与纸质媒体形成有效互动,提高了各自的附加值。[①] 首先,纸质媒体以手机报的形式提高了自身的影响力,从而巩固了原有受众群;其次,富有活力的"电子一族"也可能被吸引成为纸质媒体新的读者,从而优化媒体群的受众结构并扩大市场占有率。

2."报台互动"

在全媒体时代,传播方式的单一化必将成为媒体竞争中的一大劣势,拥有新的传播渠道和传媒终端是新一轮传媒竞争的关键所在。随着电视的普及以及以互联网为代表的新兴媒体的兴起,广播电台逐渐退出传播媒介的主流舞台。然而,具有便携性、互动性、即时性、有声等优势的广播电台和报纸的合作,让视觉和听觉的传播方式得以结合,在一定程度上弥补了报纸传播时效性的缺陷。

《华西都市报》与四川交通广播联手打造的"报台互动"联盟就是瞄准了报纸和广播相互之间的优劣势,试图通过二者的信息资源共享进行优势互补,共同应对新的信息技术和媒介环境对传统大众传媒的挑战。《南方都市报》认为,广电是介于传统媒体与新媒体之间的另一种媒体,因此南都与珠三角城市广电传媒开展了广泛的合作。2009年《南方都市报》与广东电台开办了以南都内容为主的《南都视点·直播广东》。2012年7月3日,中央人民广播电台与来自全国15个省市的16家报业传媒集团在北京签

---

① 罗建华.手机报纸的现状与前景——探析报业新平台[J].新闻前哨,2006(6).

署战略合作协议,这是迄今为止中国广播媒体与平面媒体最大规模的跨媒体合作项目。这一协议宣告国家电台与地方报业集团强强联手,建立长效合作关系,共享重大新闻资源。

3. "报网融合"

《纽约时报》是较早进行报网融合实践并取得不错成绩的报纸,在美国具有相当的影响力。1996年1月,《纽约时报》建立了报纸网站www.nytimes.com,提供《纽约时报》的在线阅读。1999年,纽约时报公司将其旗下的互联网部门整合成"数字纽约时报公司"(New York Times Digital),利用旗舰网站向全世界的读者提供《纽约时报》的内容及来自美联社、CBS等合作伙伴的新闻。2011年3月28日,改版后的《纽约时报》网络版以全新的内容和形式面世,并正式开始收费。网络版《纽约时报》可使用集团旗舰报下各种媒体的稿件、图片、音视频等新闻资源,同时网站有一支独立的采编团队,并不完全依赖于报纸。

1993年,顺应传统媒体的数字化趋势,《华尔街日报》电子版正式启动,四年后《华尔街日报》的网络版采用付费订阅机制。《华尔街日报》的网络版除涵盖其纸媒所有版面的全部内容外,还有来自道琼斯产品资源的新闻报道和专栏文章。2007年改版后的《华尔街日报》网络版登场,不仅新设了"市场数据中心",还推出一系列由《华尔街日报》记者或专栏作家写的博客和实时更新的视频等。2007年7月31日,《华尔街日报》被新闻集团收购,默多克提出免费阅览的网络版发展战略。

人民日报网络版(人民网前身)创办于1997年1月1日,创办初期的内容全部来自于《人民日报》。1998年人民日报网络版正式启用自己的平台并有了实时报道。1999年,人民日报社的一个内部文件称,要形成两个拳头:一个是《人民日报》,一个是《人民日报》网络版,网络版新开设"整点新闻"和"强国论坛"专栏。2000年人民日报网络版更名为人民网,成为独立网站。2005年4月,"人民时评"专栏在人民日报视点新闻版正式开栏,成为人民日报和人民网共同经营的一个品牌栏目。2010年人民日报扩版为24版后,每周二推出的新版面"新兴媒体"由人民网和人民日报新闻协调部共同编辑。《人民日报》副总编辑马利将《人民日报》与人民网的互动关系分为四个阶段:1997—1998年是报纸的"翻版"阶段;1999—2004年是"报为网用"阶段;

2004—2006 年是"网为报用"阶段;2006 年至今,走向纵深阶段。

(二)创新新闻模式,打造多媒体融合新闻

报纸在新媒体时代的改革和创新不仅体现在承载终端上,更体现在内容生产、内容呈现等各个方面,不断发展的新媒体技术,鞭策着传统报业从业者朝着多媒体形态无缝链接的融合新闻方向迈进,多媒体呈现、多平台发布成为传统新闻发展的新方向。

融合媒体是媒介融合时代的产物,2012 年纽约时报网的专题项目"雪崩"是融合新闻的标志性成果。"雪崩"专题项目主要报道了 16 位有经验的滑雪者在华盛顿州的卡斯卡德山(Cascade Mountains)陷入突如其来的雪崩的惨痛故事。

此专题项目并没有把一些元素简单地拼接起来,而是融汇了文字、图片、视频、动漫和交互式图形,形成了无缝式、连贯的"叙事流",产生了强劲的传播效果。打开"雪崩"专题项目,伴随着呼啸的狂风音效,首先映入我们眼帘的是一个视野开阔的风卷积雪的动态图像,直观呈现雪崩发生地实景;动漫是按照激光雷达(Li-DAR,测得的数据含有空间三维信息和激光强度信息)而获得的数字高程模型(DEM)和地形的卫星图像,而创建的虚拟模型非常逼真,令人如临其境。上面有一张小小的人物卡片,随着一个个字符的推出,可以看到滑雪者的照片、姓名、年龄、职业;点击卡片打开一个旋转的幻灯片,还可以了解更多故事。综合运用各种多媒体技术,逼真而直观呈现雪崩场景,带来强烈视听体验。[1]

融合新闻在中国传统报业的发展远不及美国,但是不少报业集团都开始正视这种新闻呈现形态。在烟台日报传媒集团全媒体新闻中心,记者除了电脑、相机、录音笔等常规采访设备外,还有专门的手机和摄像机,使用多样的采集设备和技术,力图呈现多媒体新闻形态,给予受众新的阅读体验。

(三)构建全媒体平台,发展新闻产业链

传统报业以文字新闻为主,以图片、漫画为辅,随着媒介环境的变化和技术的发展,这种形式已经很难满足受众日益多样化的阅读需求。因此,许多报业集团成立音视频等全媒体部门,发展音视频、文字等多方面新闻

---

[1] 陈昌凤.创新中的新闻业:编辑融合与经营分离[J].新闻与写作,2013(4).

产业业务。

烟台日报传媒集团于2008年年初,推出报业媒介融合技术平台,成立全媒体新闻中心,集中发展SP业务、多媒体视屏联播、数字报刊电子纸移动报、烟台手机报、黄海数字出版社、数字媒体软件开发等多种业务;2009年开始,南方都市报提出内容、形态、载体的影响全覆盖、城市全覆盖、信息全覆盖的全媒体集群发展方向,成立音视频制作部等全媒体团队。

美国媒体风暴公司总裁布莱恩·斯道姆认为,视频材料可以为文字新闻提供更多的视觉表达,视频新闻部分取代文字新闻将是必然趋势,[①]因此视频新闻几乎成为所有传统报业新媒体发展过程中必争的一个阵地,其中南都报业影响尤为广泛。南都报业在2009年与广东电台新闻台合办的《南都视点·直播广东》取得成功后,又与潮声卫视合拍了《商帮之旅》,实现了报纸、广播和电视三大媒体类型的融合。

2012年8月20日,由南都全媒体集群出品的周播类24分钟新闻记录视频栏目《深呼吸》发布了第一期。《深呼吸》作为南都向电视平台输出节目的探索战略,建立在南都固有的新闻传统价值与题材资源之上。与电视台合作是南都全媒体战略布局的一部分,但电视并不是南都视频的唯一播出平台。为了能在与电视的合作中仍旧保持自身的独立,纸质媒体需要在视频节目的新闻深度、节目发布频率和周期性等方面有所改进。南都《深呼吸》的栏目介绍"国内外重大题材的深度报道,制作精良,有态度,有观点,输出南都价值"就表明南都的视频产品有自身明确清晰的定位,与其纸质媒体的定位相一致。

目前南都视频的目标渠道是四个:互联网界面、电视界面、便携终端界面、户外户内的公共展示界面,但南都对这四个渠道都没有绝对控制权。[②] 纸质报纸的视频产品缺少数字平台的支撑成为传统媒体挑战电视界面的强大阻力。也就是说,无论南都制作的视频在SNS平台赢得多么高的点击量,都不会构成其可量化的利益。因此除了重视视频的内容和质量,纸质媒体还必须建立稳定的数字平台以及一套基于数字出版物思维的流程与制度。

---

① 郜书锴.视觉新闻报纸突破新途径[N].中国新闻出版报,2008-03-26(3).
② 梁音.出发于视觉而不止于视觉[J].中国记者,2012(9).

第九章 视听新媒体的变革前沿：新形态与新业态

第一节 视听新媒体的新形态

一、互联网电视

(一)"互联网电视"(OTT TV)的界定

OTT 是"Over The Top"的缩写，原意为"过顶传球"。在信息传播领域，"OTT"主要是指新型信息传播服务提供者为用户所提供的具有创新性的信息传播服务，但这种创新服务对于传统信息服务提供商而言，意味着一种过顶传球，即越过传统信息传播服务提供商，直接将信息传播服务提供给最终用户。

OTT TV 是指基于开放互联网的视频服务，终端可以是电视机、电脑、机顶盒、PAD、智能手机等。OTT TV 在网络之上提供视频服务，强调服务与物理网络的无关性。在广播电视和内容发送领域，OTT 意味着通过宽带发送视频和音频内容，但网络服务供应商不参与内容的控制或分发。通过互联网传输的视频节目，如 2010 年在市场上推出的 Apple TV 及 Google TV，如将 PPS、UUSEE 等平台的内容传输到显示屏幕(包括电视)上。数字电视(DVB)利用的是有线数字电视网，IPTV 利用的是电信运营商搭建的专门网络，OTT TV 是一种"互联网电视"。[①] 从用户角度来看，OTT TV 是一种集成互动电视功能的全功能的互联网电视。早期互联网电视的产品形态主要是基于 PC 的视频网站服务，如今以电视为终端的形式受到更多关注。

互联网电视是新媒体的一种，也是三网融合终端产业的重心所在。互

[①] 彭兰.OTT TV、社交电视：2012年三网融合进程中的新趋势[M]//崔保国.2013年中国传媒发展报告.北京：社会科学文献出版社，2013：195.

联网电视是通过公共互联网面向电视终端传输的可管可控的IP视频服务和互联网应用融合的服务,其接收终端为"互联网电视一体机"或"机顶盒+电视机"。互联网电视是电视机厂商和互联网内容商合作,通过在电视机内置模块和应用程序,将互联网内容直接连接到电视机终端上,是一种可以实现在电视上播放互联网内容的解决方案。[①] DMR(多媒体接收机)的概念可以归入互联网电视模式(因为互联网电视实质上是内置DMR的电视机)。这一模式并非典型的IPTV模式——因为其一般不具有直播电视业务。但其使用IP网络传输,并且提供多种多媒体业务,由内容提供商和网络运营商管理QoS、QoE,具有IPTV的绝大部分特点,因此这一模式亦属于IPTV。

互联网电视模式通常是由设备商进行推广,内容则依托于互联网内容提供商,往往并没有自己的内容体系。比如,日本索尼公司的Bravia系列电视机,是通过亚马逊(Amazon)网络商店购买节目。目前,这一模式下形成独立内容体系的有美国苹果公司的Apple TV和日本索尼公司的PlayStation Network(PSN)。

Apple TV是苹果公司生产的DMR设备,其内容主要依托苹果公司成功的iTunes平台,可以从iTunes购买电影、电视节目等,有音视频点播、数字广播、内容下载、信息服务等多种业务。Apple TV同样可以访问YouTube等网络视频资源,从而大大拓展了其内容来源。PSN是索尼电子娱乐公司PlayStation 3家用游戏机和PlayStation Portable Go掌上游戏机的增值服务网络,提供各种增值服务。PSN对全球部分地区用户提供视频点播业务,并依托索尼娱乐部门提供动画、电视剧、电影等内容,其中相当一部分是在PSN上首发。

互联网电视是以互联网电视一体机或有上网功能的电视机顶盒为终端,以公共互联网作为传输介质,以虚拟专网为传输通道,为观众提供直播、点播、回放以及其他互动应用功能的IP电视媒介。[②] 根据中国的实际情况,互联网电视是指以公共互联网为传输介质,以绑定了特定编号的电视一体机为输出终端,并经由国家广电行政部门批准的集成播控平台向全

---

① 熊雯琳.广电总局掐住互联网电视的脖子[N].电脑报,2009-08-24(A01).
② 庞井君.中国视听新媒体发展报告(2011)[M].北京:社会科学文献出版社,2011:136.

国范围内的用户提供音频等多媒体内容及其他相关增值业务的服务。在我国,OTT TV是指通过公共互联网面向电视机传输的由国有广播电视机构提供视频内容的可控可管服务,其接收终端一般为国产互联网电视一体机。除了展示互联网电视核心特征的IP视频服务之外,在电视终端的互联网应用方面,主要分为两种:一是由智能电视提供的互联网应用(通常基于应用商店的形式);二是通过电视终端和"第二屏"终端的社交网络共同跨平台、跨终端交互实现的"社交电视"应用。

如果数字电视(DVB)利用的是有线数字电视网,IPTV利用的是电信运营商搭建的专门网络,OTT TV则是一种"互联网电视"。OTT应用的迅速发展主要得益于三个因素的推动:一是宽带服务的日渐普及;二是大量具有网络功能的电视机迅速融入日常生活;三是云计算技术。云计算为用户提供了一个资源丰富的共享平台,使得用户可以不受限制地获得各种应用和服务。对于运营商而言,云计算为内容与业务运营提供后台支撑,有助于运营商向业务多元化和终端多元化转型。作为家庭视频主终端的电视屏幕,必然会随着广电互联网化、电信互联网化的进程,在云计算、物联网等新技术的支撑下,逐步融入互联网生态圈中去,实现TV、PC、移动智能终端的内容/业务互联互通与融合。

(二) OTT TV 的分类

互联网电视从诞生至今,主要由以下三种类型。[①]

第一种:内嵌操作系统的互联网电视机。它充分利用了广域互联网,给用户提供了一个完全开放的平台。用户的终端设备不仅包含操作系统,还内置浏览器,使得用户可以恣意享受互联网带来的乐趣。以2010年谷歌公司在其I/O大会上发布的Google TV为例,Google TV是基于开源的Android和Chrome制作的,Google TV内置了Chrome浏览器、Google的整合搜索技术等,使用户可以"收看一百万个频道",选择任意喜欢的内容。虽然由于种种原因,谷歌在此领域收效并不乐观,但是毫无疑问,谷歌为该领域的玩家们提供了一个很好的参考坐标。

第二种:互联网电视一体机。它是目前我国政府有关部门认可的互联

---

① 中国市场情报中心.互联网电视机发展现状及趋势预测报告2012[EB/OL].(2012-01-31)[2014-03-15]. http://www.ccidreport.com/report/content/8/201202/381333.html.

网电视机标准,也是在政府相关政策监管下,互联网电视近年来发展的趋势所在。持有国家广电总局颁发的"互联网电视集成业务"牌照的机构、持有"互联网电视内容服务"牌照的机构与网络运营商、终端生产商合作,共同为用户提供丰富的视听内容及相关服务。

第三种:电视机+有上网功能的机顶盒。在这里,电视机只作显示屏功能,视听内容通过机顶盒进行编码、传输、解码等呈现给用户。这种类型以 2009 年 TCL 推出的"MiTV"最为典型。将"MiTV"网络机顶盒搭载在 X10、C10、P10 等系列"MiTV"互联网电视上,即可实现在线升级、观赏影视、娱乐、游戏等功能,而"MiTV"网络机顶盒就是普通电视升级为网络电视的外接装置。

(三) 互联网电视的特征

互联网电视融合了互联网技术和传统的电视技术,既为传统的电视注入了新的活力,也为互联网开辟了新的终端。它有着明显的特征,总结起来,主要有以下几点。

1. 独特的用户体验

从技术层面来讲,互联网电视可以提供比传统电视更优质的画面质量和声音效果。比如,部分互联网电视运用 3D 技术(FullHD 1080p)、3D 靓芯图像处理引擎、3D 音效或专业环绕音效等,使得画面对比度增强,色彩真实饱满、细腻明快,再加上逼真的音质给用户带来了全新的视听体验。

2. 用户主导,互动、个性化的特征

这里的"互动"不仅包括人机互动,也包括人与人的互动。具体说来,互联网电视改变了传统电视单向传播的特点,用户可以按照自己的需求和偏好选择视听节目,并且可以在许可范围内进行照片分享、发微博、在线视频、社区互动、自定义界面等。

3. 功能众多,使用户从"看电视"到"用电视""玩电视",让家庭娱乐重回客厅

目前,互联网电视可以实现在线浏览新闻、天气预报、在线升级、下载或观看影视作品、在线卡拉 OK、远程教育、游戏娱乐、在线购物等功能。传统电视业务范围狭窄,受众只能被动地看电视,而在互联网电视中,用户不

仅可以观看高清视频,甚至可以全家一起唱卡拉 OK、玩游戏,共同享受家庭快乐。另外,互联网电视还具有内容聚合即关联功能,在用户观看某一节目时,推送相关信息和内容,以满足用户多方面需求。

4. 内容海量且使用简单、操作方便,不仅吸引年轻人,更受中老年人欢迎

电视生产商在推出互联网电视时,打出的口号是"占领家庭的客厅,将年轻人拉回到电视机前",但据相关新闻报道显示,互联网电视简单的操作方式颇受那些对电脑有兴趣却不会操作的中老年人欢迎。而市场上大多数互联网电视的设计也更趋人性化,用户只需打开相应的功能菜单,进行确认即可实现操作。

总之,互联网电视既保留了传统电视生动、形象、直观的特点,又继承了互联网的优势。市场上互联网电视的大量涌现,不仅顺应了政府"三网融合"的趋势,也在很大程度上满足了众多消费者的需求,其不断的技术创新、内容创新、商业模式创新等,必将一步步满足消费者对便捷、低廉的互联网电视的期许。

(四) OTT TV 的产业价值链

从 2009 年 8 月发布的《广电总局关于加强以电视机为接收终端的互联网视听节目服务管理有关问题的通知》到 2011 年《互联网电视集成业务管理规范》《互联网电视内容服务管理规范》等相关政策法规的出台,政府有关部门对互联网电视视听节目传播秩序的规范和管理一步步走向完善。

OTT TV 产业的参与主体众多:有提供内容制作的视频网站、互联网 CP(content provider,内容提供商)/SP(server provider,服务提供商)、影视类节目制作商等;有提供集成播控的 CNTV 等 7 家互联网电视牌照商;有提供传输分发通道的电信运营商和有线网络运营商;还有负责终端呈现的家电厂商(如长虹、创维等彩电巨头)和机顶盒厂商等(见图 9-1)。众多的参与主体,构成 OTT TV 产业价值链。①

---

① 刘洋. OTT TV 的发展阶段和业务模式研究[J]. 互联网天地,2013(2):57.

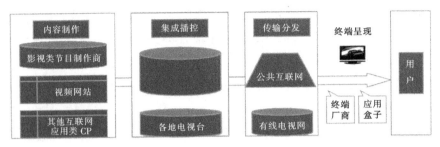

图 9-1　OTT TV 产业价值链示意

（五）互联网电视的发展环境与运营状况

互联网电视作为一种新的媒体形式和信息传播形态，自 2009 年发展至今，虽然备受争议与挫折，但仍然保持迅猛的发展势头。可以说，其发展是技术进步、政策影响、用户需求和使用习惯变化等诸多因素共同作用的结果。在这里，我们着重谈一下政策和用户对互联网电视发展的作用和影响。

1. 互联网电视的政策环境

经过一步步努力和推进，2009 年 5 月，国务院发布《关于 2009 年深化经济体制改革工作意见》的通知，该文件指出："落实国家相关规定，实现广电和电信企业的双向进入，推动'三网融合'取得实质性进展。"2010 年 1 月，国务院总理温家宝主持召开国务院常务会议，正式通过了加快推进电信网、广播电视网和互联网三网融合的决定。三网融合进入实质性发展阶段。2011 年，《十二五规划纲要》和《中共中央关于深化文化体制改革推动社会主义文化大发展大繁荣若干重大问题的决定》相继通过，政府对文化产业予以高度重视和支持。文化产业即将成为国家支柱型产业，其主流地位也渐渐成为市场共识。

互联网电视作为新媒体的一种，顺应了"三网融合"的政策要求，同时，4C 融合[4C 一般是指计算机（Computer）、通讯（Communication）、消费电子（Consumer Electronics）、内容（Content）]、四屏合一使得互联网电视也顺应了用户需求，互联网电视逐渐演变成为家庭多媒体的信息获取中心和娱乐中心。以下，我们对互联网电视的发展情况作大致梳理，以期明确政府有关部门政策对互联网电视成长的巨大影响。

2009年是互联网电视发展的元年。TCL率先与C2(芯片)和迅雷合作,推出互联网电视,并迅速在市场上产生影响。随后,海信、创维、长虹、海尔等多家生产厂商均推出了自己的互联网电视,并通过与迅雷、新浪、搜狐等门户网站合作获取内容资源,市场一片火爆。但在政策尚不明朗的前提下,市场先行,很快就出现了问题。2009年8月,因版权问题,TCL被优朋普乐告上法庭,并败诉。类似纠纷不断,引起了相关部门的高度重视,广电总局发布了《广电总局关于加强以电视机为接收终端的互联网视听节目服务管理有关问题的通知》,规定通过互联网连接电视机或机顶盒等电子产品,向电视机终端用户提供视听节目服务的机构必须取得《信息网络传播视听节目许可证》。此禁令曾一度使互联网电视生产厂商陷入尴尬的局面。但在巨大的市场需求和利润空间面前,电视厂商没有坐以待毙,而是积极进行应对。可以说,国内电视生产厂商掀起了一场以"技术加内容,硬件配软件"的互联网电视革命。因此,互联网电视非但没有没落下去,反而呈现出爆发式增长势头,据国家信息中心统计数据显示,2009年全年,互联网电视的总体销量为300万~400万台,占整体平板电视销量的15%~20%。

2010年,电视生产厂家在互联网电视领域大展身手,积极与内容提供商合作,并展开全面竞争,互联网电视市场呈现出了前所未有的良好发展态势。同年3月底,国家广电总局已正式向CNTV(中国网络电视台)、上海文广新闻传媒集团、华数传媒三家公司发放互联网电视集成服务牌照。紧接着,TCL便宣布与CNTV成为合作伙伴,并共同成立互联网电视研究院,研发互联网电视有关难题。年底,TCL和长虹在广州成立欢网公司,并共同接入"欢网"这一平台,联合运营互联网电视服务。在互联网电视领域发展规模较大的海信公司最早与百视通合作,为用户推出基于上海广播电视台内容的互联网电视。此后,海信与华数合作,共同推出全新的互联网电视平台,以为用户带来更强烈的用户体验。在国产品牌"唱主角"的同时,外资品牌如三星、索尼等也高度重视互联网电视,并积极采取行动与国产品牌争夺市场。比如,三星与百度公司合作,共同推出搜索电视,并与央视联合于2010年年底推出互联网电视视频服务。

2010年,广电总局下发了《互联网电视集成业务管理规范》和《互联网电视内容服务管理规范》两大文件,对互联网电视采取"集成服务+内容服务"的牌照管理制度,使互联网电视在迅猛发展的同时,也一步步走向规范。2011年,互联网电视进入发展的快车道,互联网电视集成牌照商、电视机生产商、机顶盒终端厂商、PC视频服务商等纷纷涌入互联网电视产业。当然,互联网电视产业在迅速成长的同时,也受到了政策变化带来的巨大影响。简单地说,从年中到年末,管理政策由"单纯叫停"转向"引导鼓励"。同年7月,广电总局对乐视和联想生产销售互联网内容的电视机顶盒行为进行了严厉批评,并发布了《关于严禁擅自设立互联网电视集成平台和非法生产销售互联网电视机顶盒的通知》。同年10月,PPTV为互联网电视机顶盒提供内容服务的行为遭到广电总局的批评,接着,国家广电总局办公厅制定并下发了《持有互联网电视牌照机构运营管理要求的通知》,详细规定了互联网电视内容、经营等方面的管理,比如,互联网电视终端产品应该与集成平台之间保持一对一完全绑定的关系,以保证集成平台对终端产品控制和管理的唯一性,等等。

不难看出,2011年广电总局对互联网电视的态度的转变,结束了一直以来机顶盒尴尬的终端身份,让机顶盒生产厂商有更多机会与集成平台运营商合作,从而为用户提供更优质的服务和内容,并使自身获得更大的市场发展空间。为此,有评论认为,如果把2011年看做是互联网电视一体机的市场,那么2012年互联网电视机顶盒就是新的焦点。此外,以百视通和华数传媒为代表的集成牌照方以开放的姿态与其他机构合作,以寻求多方共赢。可以看到,在目前的形势下,牌照方和终端厂商都看好互联网电视产业的发展,互联网电视已成大势所趋,前景十分广阔。2012年,PC视频服务商也积极进军互联网电视产业,比如,爱奇艺与中央人民广播电台、江苏卫视成立互联网电视合资公司;乐视网与CNTV联合推出互联网电视业务。

可以看到,在互联网电视产业短短几年的发展时间内,相关政策对其产生的巨大影响。虽然互联网电视在发展过程中屡遭坎坷,但是巨大的市场需求使其保持了迅猛的发展态势,至于互联网电视未来将面临怎样的政策挑战,并作何应对,我们拭目以待。

2. 互联网电视的用户分析

除了技术、政策等对互联网电视产生巨大影响之外,用户的需求、媒介使用习惯等是互联网电视产业发展的又一大作用力。

据中国互联网络信息中心（CNNIC）2014年1月公布的统计报告显示，截至2013年12月底，我国网民数量达到6.18亿，互联网普及率达45.8%，我国网络视频用户规模达到4.28亿，手机端在线收看或下载视频的用户数为2.47亿。此外，据中国互联网数据平台2012年6月我国网民软件使用特征统计数据显示，整个6月网络视频运行时长已超过28亿个小时，人均单日使用时长为42分16秒。可以看到，人们对网络的依赖性越来越强，大多数人特别是中青年人已经养成了多媒体使用习惯，而网络视频已逐渐形成规模，并得到广泛认可。

中青年用户习惯了在互联网上浏览网页、自定义界面、点播回放下载高清影视作品、与他人互动、分享自己喜欢的内容等，他们更倾向于购买基于网络并能带来全新感受的产品。因此，面对互联网电视，他们期待产品更"聪明"，设计更人性化，能通过简单的操作获得更强烈的视听体验和娱乐享受，获得适合自己需要的优质资源，进行体感游戏，与他人互动，在客厅就能享受到完美的服务，等等。而对那些对电脑有兴趣却不会操作的中老年人来说，互联网电视如果能让他们通过简单操作便获得自己需要的信息，必然会受到欢迎。

互联网电视产业要想获得长足的发展，势必要最大限度考虑并满足用户需求。近期，推出的互联网电视新品在这方面有了很大的改善，不仅内置了专业的浏览器，提升了互联网电视的整体性能，并且使其操作变得越来越简单，在游戏娱乐方面使用户体验更强烈。比如，部分厂家推出的互联网电视不仅实现了3D影像、3D音效、全智能搜索、社交等，还拥有语音控制、手势控制、面部识别、多屏互动、体感游戏等多种特色功能，使用户通过简单的操作便可以体会到互联网电视带来的全新视听体验和诸多乐趣。在这里，值得一提的是，体感游戏在互联网电视上必定有着巨大的市场前景，因为轻度游戏很可能适合手机屏和iPad屏；重度游戏很可能适合PC屏；而体感游戏一定最适合电视屏。

（六）OTT TV 的模式

数字电视从传统的广播技术向三网融合技术过渡主要存在两种技术体系：一种以电视服务为核心的欧式观点，主张对互联网应用需要进行有限度的兼容和采取围墙式的管理(Walled Garden),其核心议题是如何从数字电视运营中发展增值业务和获取收益;另一种则是以开放互联网服务为核心的美式观点,认为数字电视接收设备就是一个互联网终端,其核心目标是寻求将家庭设备也互联起来。

目前,全球 OTT TV 主要有以下几种模式。①

1. 欧洲 HBB TV 模式

欧洲的 OTT TV 模式是兼顾传统广播电视与 OTT 服务的 HBB TV 模式,是 Hybrid Broadcast/Broadband TV 的简称。它是一种与 DVB 兼容的混合广播技术,除最基本的广播之外,在联网服务方面有 VOD、时移电视、互动广告、在线购物等应用。在欧洲的数字电视运营商看来,应该以电视服务为核心,再在此基础上开展数字电视增值业务,对互联网应用需要进行有限度的兼容和采取围墙式的管理。

2. 美国开放式 OTT 模式

美国开放式 OTT 模式,以 Google TV、Hulu、Netflix 和 iTV 为代表,主张开放互联网服务,寻求将家庭设备互联起来。因此,视频服务不再成为广电运营商的专利,电信运营商、互联网企业、硬件设备商以及内容生产商等,都将自身定位于视频产业的参与者并获取相应价值。在这一进程中,除 PC 终端外,OTT 视频服务逐渐向 iPhone、iPad 及互联网电视等多终端覆盖。

3. 中国的可管可控模式

与国外的技术驱动模式不同,中国模式强调内容的可管可控,因此,行业政策对互联网电视产业发展有着深刻的影响。

广电总局采取了牌照制方式来实现对 OTT 的可管可控。首先是对集成服务的控制。互联网电视的播出平台,必须由获得牌照之集成服务商提供,而一般家电厂家不得涉足播控平台。其次是对内容服务的控制。互联网电视的内容来源,必须由获得互联网内容服务牌照的广电播出机构提供,非广电机构无法获得。目前,互联网电视的播控权完全由广电掌握。我国互联网电视牌照有 7 张,分别是 CNTV、百视通、华数、南方传媒、湖南

---

① 古福. OTT 模式:广电野心膨胀[J]. 互联网周刊,2012(16):44-45.

广电、中央人民广播电台、中国国际广播电台。由广电总局认可的集成牌照方负责提供内容播控,且互联网电视与牌照方客户端完全绑定,通过牌照方的集成播控平台对客户端实行控制和管理。在我国,一台电视机只允许植入一家集成商的客户端,但同一品牌不同型号可以植入不同客户端。

我国的 OTT TV 的发展,经历了三个阶段:一是家电厂商力推"互联网电视机"模式阶段;二是电信运营商和牌照商争做主导的"合作化运营"阶段;三是广电阵营全面布局 OTT TV 阶段。中国 OTT TV 的重点在于产业链上各个参与者对电视屏幕主导权的争夺。未来互联网电视的商业模式会遵循三条路径。

一是以牌照商为代表的虚拟运营商的自主运营模式。牌照商自主运营模式下,将以影视剧点播为主,积极与内容提供商、应用提供商合作,增加用户规模,实现从产品向服务转型。依靠的收入来源主要有广告、付费内容、增值服务等。埃森哲认为,牌照商在全国性潜在用户与牌照管制政策下,能够通过终端产业链的紧密协作,在互联网电视运营上构建一个商业闭环(也即现有的互联网电视产业链)。

二是有线运营商结合 DVB+OTT 的合作化运营模式。有线运营商结合 DVB+OTT 的合作化运营,将借助于有线与虚拟运营商各自的优势。前期阶段主要为 DVB+IP 的双模终端,互联网应用与有线运营商没有的点播资源由虚拟运营商负责运营,有线运营商主要负责直播电视与时移电视以及一些 VOD 点播业务,双方实现收入分成。随着合作的逐渐深入,有线与虚拟运营商将借助深度融合的 DVB+IP 智能终端,开展精准广告、精准推送、精准应用等融合性创新业务的精细化运营,实现增值,这一过程中伴随着有线运营商与虚拟运营商的商业分成博弈。

三是电信运营商在现有 IPTV 运营基础上的 IPTV 与 OTT 融合化运营。电信运营商在现有运营基础上的 IPTV 与 OTT 融合化运营,将结合 IPTV 直播流与 OTT 的开放性特点。前期阶段主要是借助 IPTV+OTT 双模机顶盒,在 IPTV 基础上实现现有点播业务、应用业务的 OTT 平移;在后期阶段,IPTV 将成为 IP 机顶盒的模块化应用,所有的业务架构均面向 OTT 业务。在这一过程中,由于电信运营商很难获取媒体运营权,因此主要定位于网络传输商与应用提供商的角色,但能通过智能化管道提供的

QOS 保障来获取与虚拟运营商的谈判话语权。

从理论上讲,电信运营商与牌照商的合作将成为 OTT TV 的主流业务。相对于只有一个中央级播控平台的 IPTV 而言,互联网电视集成服务商却有 7 家,电信运营商有更多机会与博弈时间。OTT TV 冲击了传统有线电视与 IPTV 二元竞争的格局。

二、社交电视

麦克卢汉早已指出:"技术媒介远远不只是信息和内容的被动传输手段。"[1]技术及其产生的文化和对社会的影响已成为研究新媒体一条绕不开的路。因为如果不把技术和社会影响结合在一起,我们就等于在做着一种对自身发展没有意义的研究。

社交电视在 2010 年时被《MIT 科技评论》认为是 10 个最重要的未来技术。在 2011 年,*Wired Magazine* 的编辑大卫·罗文(David Rowan)将社交电视列为 2011 年六大科技趋势的第三名。对社交电视的探讨已经通过文章、论坛见诸于学界、业界。然而其学术定义还没有人提出。"社交电视"在百度上的定义为:就是将社交媒体(例如 Twitter 和 Facebook 等)同电视进行无缝地结合,让电视成为社交媒体的重要终端。"社交电视"在维基百科上的定义为:泛指能够在看电视(或电视内容)情境下支援传播及社交互动的任何技术,并包含能够研究电视相关的社交行为、装置及网络。

(一) 电视与家庭

"电视是社会化过程的一部分,就像我们被社会化了一样——在客厅、起居室和厨房里。"[2]如帕尔默(Palmer)所说,自从电视机占据了客厅的中心位置后,"家庭"逐渐有取代"家族"之势,成为人们更为看重和乐道的群组形式。从那以后,晚上房门紧闭,客厅透亮成为了家户的常态。相比于跌宕起伏的电视剧情节,精致优美的歌舞表演,或者笑料百出的综艺节目,走家串巷的吸引力就大大降低了。

电视在其发展的过程中技术性逐渐消隐,转而成为人们习以为常以至意识不到的家中的庞然大物,影响着家庭中人们的文化取向和消费习惯。

---

[1] 〔美〕保罗·莱文森.莱文森精粹[M].何道宽,编译.北京:中国人民大学出版社,2007:11.
[2] 〔英〕戴维·莫利.电视、受众与文化研究[M].史安斌,译.北京:新华出版社,2005:1.

1. 电视对家庭时间的建构

电视通过其节目的时间编排,在适应人们的生活作息规律的同时,也强行将"电视时间"加之于受众身上。当"新闻联播"的音乐响起,我们会反射性地意识到七点钟了;当"新闻联播"在播国外消息时,意味着已经快七点半了;如果我们正在观看电视剧,我们通常会等到广告时间去洗澡或者干其他事情;当最晚的一档自己喜欢看的节目结束之后,就意味着该上床睡觉了。电视剧、新闻和综艺节目显示着这是工作时间还是饭点抑或是假期。当然这些现象都发生在家中,都体现在家庭成员身上,因为电视的地域限制在家庭,尤其是在客厅中。

2. 电视对家庭空间的建构

美国小说家德里罗在《白噪音》中提到:"对于大多数人来说,世界仅有两个地方——他们的住处以及他们的电视机的摆放处。"[①]这是从空间角度来看电视对于家庭的影响。从他的这句话来看,"住处"是私人的领域,而"电视机的摆放处"与之相比成为了公共的领域。而电视机实际上也多是摆放在住处的。由此看来,电视在家庭的私人领域中构建了一块独特的"公共领域",它使得家庭成员聚集在一起共同了解外界信息。也有人据此提出了"客厅文化"的说法,认为电视加强了家庭成员的互动和沟通,成为家庭活动的中心。

麦克卢汉深刻地洞察了电视媒体的时空再现的真实性功能:"电视已凌驾于时间和空间这两个系统之上,它持续不断地将别人的关注向我们倾泻下来……这是一个'同时性'的全新世界。时间停止了,空间也消失了。"[②]可以说,电视的出现,为家庭提供更多相处的时间、乐趣和共同经验,对于加强家庭的凝聚力方面有着重要的作用。

(二)社交网络与家庭

社交网络如今普遍运用在电脑和智能手机上。电脑比电视更有一种私密性,除了最开始作为新兴技术时期的"玩具"属性让人们喜欢群聚在电脑边上外,电脑在家中主要是"个人电脑"。至于其后在网络方面迅速发展的手机,就更不用赘言它的个人身份了。这样一种也许是更加人性化的技

---

① 〔美〕唐·德里罗.白噪音[M].朱叶,译.南京:译林出版社,2002:12.
② 〔美〕戴维·莫利.电视、受众与文化研究[M].史安斌,译.北京:新华出版社,2005:71.

术发展,把"个人"从"家庭"群组中凸显出来。

1. 社交网络对家庭时间的消解

社交网络依附于新媒体技术之上,具有新媒体信息传播的特征。对于网络新媒体,凯斯·桑斯坦(Cass R. Sunstein)认为"消费者能准确地看到他们想看的节目。当筛选的力量没有限制时,人们能够进一步精确地决定,什么是他们想要的,什么是他们不想要的。"[1]然而,"筛选"意味着传播信息的碎片化,导致其对使用者(在此主要以家庭成员为描述对象)的时间占用也是碎片的,是不成块的。使用者不会想要等到一个特定的时候再去上厕所或者洗澡或者做家务。甚至,如果他使用的是手机作为承载工具,他可以边上网边干其他事。于是一旦有时间空当,网络就可以发挥作用,而且沉浸其中的人们感觉不到时间的流逝。因为网络能填补一切空闲时间,然而这种填补并非总是恰到好处的——社交网络像一切网上的超文本链接一样,是非线性的,是没有终点的,对时间的掌控是无能为力的。这对需要规律作息的家庭生活,造成了一种时间上的消解。

2. 社交网络对家庭空间的消解

手机的智能化、手提电脑的轻便以及提供 WiFi 场所的日益增加,使得人们对于社交网络的应用早已不局限于家中,而是随时随地的。电视屏幕将人们从电影院拉回家中,电脑屏幕将家庭成员从客厅拉到了"书房"或者"办公室",手机屏幕则将家庭成员分散到各处。由于手机技术的迅速发展和其轻便性,再加之能对零碎时间进行充分填补,依托于这种便利技术的社交网络能够将家庭成员从"客厅"以及"客厅时间"中解放出来,根据自己的喜好、性格、习惯构筑自己的传播空间。于是原本家庭成员共享的一个连接外部世界的空间被消解成了成员间一个一个的极具个人色彩并且难以侵犯的小空间。

从以上两点可以看出,社交网络破坏了家庭的物质环境和社会情境之间的传统关系。但是,电视在家庭中的主要地位目前并没有被动摇,收看电视节目的人数仍然在逐年上升。不过边看电视边在手机上使用社交网络和即时通讯工具似乎成了另一道风景线,于是社交电视成了热门话题。

---

[1] 〔美〕凯斯·桑斯坦.网络共和国[M].黄维明,译.上海:上海人民出版社,2003:6.

第二节 "大数据":电视收视调查革命与内容生产模式创新

一、何谓"大数据"

2012年3月22日,美国总统奥巴马宣布,美国政府投资2亿美元启动"大数据研究和发展计划"(Big Data Research and Development Initiative)。这是继1993年美国总统克林顿正式宣布"信息高速公路"计划后的又一次重大科技发展部署。

大数据通常是指无法在可容忍的时间内用传统IT技术和软硬件工具对其进行感知、获取、管理、处理和服务的数据集合。[①] 研究者将大数据的特点概括为"4V",即规模性(volume)、多样性(variety)、高速性(velocity)和具有价值(value)。

从来源来看,大数据可以粗略地分成两大类:一类来自物理世界,多为科学实验数据或传感数据;另一类来自人类社会,与人的活动有关系,特别是与互联网有关。

当前对于"大数据"的关注与运用主要集中在IT业、市场营销、公共健康等领域,但事实上大数据也影响传媒业的新闻生产与商业模式。数据新闻(Data Journalism)就是在大数据时代兴起的一种新的新闻生产方式。

在解读2011年伦敦骚乱事件时,英国《卫报》除了采用常规的采访调查之外,还邀请曼彻斯特大学的专业人士分析250多万条与骚乱有关的Twitter信息,并在此基础上做成了《暴徒的告白》。传统媒体挖掘与分析"大数据"并将其转化为信息,可以用公式"数据+背景=信息"来表示。数据与信息的区别在于:"数据是对信息数字化的记录,其本身并无意义;信息是指把数据放置在一定的背景下,对数字进行解释、赋予意义。"[②]对媒体而言,大数据分析是一个全新的新闻生产过程,创造了新的媒介景观。

[①] 李国杰,程学旗.大数据研究:未来科技及经济社会发展的重大战略领域——大数据的研究现状与科学思考[J].中国科学院院刊,2012(6):648.

[②] 涂子沛.大数据[M].桂林:广西师范大学出版社,2012:35.

二、大数据改变电视的收视调查

(一) 大数据与电视收视调查

传统收视率的科学调查,因取样的样本量偏小,一直为业界所诟病。调查机构在全国各大城市选择不等数量的样本,这些样本户就构成了调查数据的基数。样本户家庭成员在收看电视时,只要在某个频道停留一定时间长度,机顶盒就会记录,生成统计数据。据《东方今报》2012年11月6日的报道,索福瑞的全国调查网拥有样本55000户,北京、上海的样本户数量是500户,郑州是300~400户。调查机构根据样本户电视机上安装的监测机器搜集数据,并以这些数据、开机率和当地城市人口基数为基础,换算出各家媒体在各大城市的收视率。2010年7月,《人民日报》曾专门刊出有关"收视率造假"的调查报告,其疑问主要集中在如下几个方面:样本户是怎样产生的?样本户是否经常变换?样本户是否具有代表性?样本户信息是否存在买卖现象?样本数量是不是过少?收视调查是否有第三方监管?第三方又是否公正公平?

AC尼尔森公司能统计2.5万户家庭的收视行为,能统计出通过传统电视机播放的节目的收视率,是电视节目收视率的权威发布机构。但在视听新媒体背景下,年轻的观众不再是只通过电视机看节目了,而是通过互联网、智能手机和平板电脑等平台和设备收看节目。不仅如此,即使电视节目结束,观众的收视体验仍然没有结束。观众会一边用平板电脑看节目一边在互联网电影资料库(Internet Movie Database,简称IMDB)上查看演员的信息;会在Twitter上讨论剧情的发展;会在自己喜欢的论坛上发表影评;会在Facebook上和朋友分享演员的八卦,甚至还会和别人讨论一部自己从未看过的节目。尽管节目的网络关注度与收视率同等重要,但以上用户行为都不会反映在尼尔森的收视调查中。2013年2月,尼尔森宣布将在秋季开始监测在线点播收视率,其中囊括各种通过宽带追剧的终端。

在大数据时代,数据调查统计中的"全体样本"逐步取代了"随机样本",使社会调查与新闻报道更加真实、准确,甚至可以预测人类的某些行为。和传统收视率统计方式相比,2012年成立的"北京大样本收视数据研究中心",依托北京歌华有线的330万高清交互数字电视双向用户,能够从中随机抽取3万户作为样本进行统计。数据是通过用户对机顶盒的操作而进行跟踪的,而且还可以随时更换。因此,这种数据采集过程不容易"被污染"。传统的电视收视率是通过节目直播的调查来获取的,但随着交互式机顶盒的普及和使用,电视用户不再守候在电视机前等待节目直播,而是选择通过"回看"或"点播"的方式收看电视,这是传统收视率调查的盲点,却能够被"大数据"捕捉下来。"大数据"对于分析观众心理、电视频道切换频率、节目播出时段选择、广告的收视、节目的"笑点"和"尿点"[①]都具有重要的意义,也可以帮助内容生产者提高节目的质量。

从文化传统来看,中国人并不重视数据。电视台所强调的"收视率",也并非当下所言的"大数据"。在大数据时代,广告主也会启动自己的大数据分析方案,提出广告投放方法,从而改变电视收视率生态。首先,在社交电视的应用中,手机和电视机相连,其数据也是可以交互的,电视收视以通过第三方软件实现监测,而不需要通过收视率调查机构的数据呈现。动态画面识别、电视画面的二维码识别、声音识别,提供了一个不同于收视率调查的考量方法。比如,在电视画面识别中,从观众行为与喜好中产生的大数据,将成为收视考量的新方法。

央视-索福瑞媒介研究(CSM)调查数字电视和IPTV的回路数据,将收视数据与社交媒体和消费行为数据融合,建构全媒体收视调查体系。湖南卫视也尝试打破电视行业长期单以"收视论英雄"的局面,建立一套包括收视数据、网络指数、媒体发稿在内的"大数据评估体系"。

(二) 网络视听信息影响力评估

在新媒体环境下,视听信息的传播路径呈现多级化的复杂结构。传统的以收视率为核心的指标体系已不能充分适应网络环境下视听信息传播效果的评估,有研究者以视听信息发布、视听信息获取和视听信息多级传播为三个核心维度建立影响力评估体系,从而对网络视听信息的影响力进行客观、量化的评估。

表9-1明示了视听信息影响力指标。该评估体系以视听信息发布、视

---

① "尿点",网络诙谐用语,指节目、电影无聊的部分。

听信息获取和视听信息多级传播为三个核心维度,并在此基础上建立了有效度、显著度、关注度、参与度和扩散度五个二级指标。同时,在五个二级指标下通过十个具体指标对视听信息在网络平台上的传播状况进行测量。其中,有效度评估指标的建立主要根据广告时长来测量;显著度指标主要分为两个部分,内容显著和位置显著;视听信息获取的评估主要以关注度为主,关注度指标分为搜索量和播放量;参与度设有热议量和是否产生微话题两个具体指标;扩散度主要分为媒体报道或转载量、持续时间和是否衍生出新话题三个具体指标。

表 9-1　视听信息影响力指标[①]

	一级指标	权重	二级指标	三级指标	指标赋值
视听信息影响力指数（100%）	视听信息发布	30%	有效度	广告时长	10
			显著度	内容显著	10
				位置显著	10
	视听信息获取	20%	关注度	搜索量	10
				播放量	10
	视听信息多级传播	50%	参与度	热议量	10
				是否产生微话题	10
			扩散度	媒体报道或转载量	10
				持续时间	10
				是否衍生出新话题	10

三、大数据改变电视的内容生产

大数据的出现为广播电视带来挑战与机遇。大数据挑战了传统广电公司领导的战略决策能力、新媒体公司的技术开发和数据处理能力以及新媒体公司的组织和运营能力。[②] 但是,如果能够充分地分析与处理大数据并获得用户的收视行为,电视新媒体就可以更个性化、精确化、智能化地推送节目内容、广告与服务,极大地增加用户黏性。

[①] 周勇,陈慧茹.多级传播路径下的网络视听信息影响力评估体系建构[J].现代传播,2013(3):125.

[②] 高鹏.当新媒体遇到"大数据"[J].广播与电视技术,2012(10):40.

社交媒体追踪公司 Bluefin Labs 与 Trendrr,都是在 Twitter、Facebook 和其他社交平台上获取用户言论数据,并计算出电视节目对网络和广告客户的影响。Trendrr 则通过问卷调查的方式直接收集用户的性别、地点、移动设备等信息,而 Bluefin Labs 则通过机器学习和认知科学研究的方式来提炼用户数据和调查结果——不仅有用户对节目的反馈,也有用户对广告的反馈。最后,两家公司会将分析结果映射在节目播放时间、收视习惯、节目的情节发展线和角色上。美国的网络剧《纸牌屋》,就是利用大数据来寻找剧本、导演和演员的。电视节目策划与内容生产,遵循大概率原则,借助过往成功的数据决定未来的复制,虽然无助于节目创新,却有助于频道运营。

(一)数据挖掘与门户网站的自制剧:以优酷视频《嘻哈四重奏》为例

2010年,优酷出品推出中国互联网第一部真正意义的网络剧《嘻哈四重奏》。《嘻哈四重奏》第一季上线,网友评价不高,总体评分6.3分。于是,创作团队通过数据挖掘和分析,分析网络视频用户习惯,包括高峰时段用户点击率最高的剧情类型、点评最多的情节以及用户跳过或重复观看哪些剧情等,不断地优化剧情。比如,"大数据"计算发现,在第一季中,网友对偷菜游戏的评论频次很高,因此,后来的剧情加入了植物大战僵尸、愤怒的小鸟等当时最流行的游戏。到第二季时,用户评分提高到7.8分,第三季和第四季则一路升至8.9分和9分。

社会化媒体计算在优酷视频中有着广泛的应用。优酷视频播放按钮的下方,是一些核心数据,如播放量、顶和踩的数量、评论数以及收藏数量等。此外,优酷的后台具备数据处理技术与拖页统计的功能。每一秒钟有多少人拖过,有多少人看过,这些数据被优酷从建站开始就在不断地积累。这些详尽的数据及其分析,为网络视频的创作与营销提供了坚实的基础。优酷土豆集团、搜狐视频、爱奇艺等视频网站,都在强化数据收集并逐步加大对网络自制剧的投入。版权内容价格昂贵与使用期限、自制视频提升广告收入的需求,使得自制剧日益成为视频核心。

在《嘻哈四重奏》之后,《老男孩》《泡芙小姐》也取得了良好的社会效果,并吸引了诸如许鞍华、顾长卫等国内知名导演加入拍摄队伍。

(二)数据挖掘与美剧的成功:以网络剧《纸牌屋》为例

改编自同名英国政治惊悚小说的美剧《纸牌屋》(*House of Cards*,

2013),讲述了一个老谋深算的美国国会议员与其野心勃勃的妻子在华盛顿高层"运作权力"的政治故事。它在美国和其他40个国家及地区已经成为网络点播率最高的剧集。搜狐视频获得该剧的国内独家版权,上线20天的播放量就超过343万次,被网友们称为美国白宫版的《甄嬛传》。

《纸牌屋》不是由制片人制作好再出售,而是由视频网站Netflix投资并制作;不在电视台播放,而只在网络上播放。Netflix并不是一家电视台,而是电视台和电影院的平台,是北美最大的付费订阅视频网站。美国最大的在线视频租赁公司Netflix,以1亿美元买下版权重新制作。用户只要登录Netflix网站,对某一个视频的每一次点击、播放、暂停、快进、回放,看了几分钟就彻底关掉视频,或者停了一段时间又重启,都会成为一个"事件",被记录下来并汇入后台进行分析。Netflix公司在全球拥有3300万用户,每天获取网络用户3000多万个行为,包括暂停、回放、快进等。同时,Netflix订阅用户每天还会给出400万个评分、300万次搜索请求等。

在创作之前,Netflix分析了3000万次用户体验,包括观众何时暂停、后退和快进,分析用户评价、搜索操作、使用终端以及观看视频的时间等。通过分析,Netflix发现鬼才导演大卫·芬奇和演技派演员凯文·史派西在用户中受关注程度很高,而且英国的一部政治剧《纸牌屋》很受欢迎。于是,便有了现在这部根据观众口味制作的美版《纸牌屋》,创作者按照美国的政治生态对剧情进行了全新创作。

根据数据,点击率非常高的鬼才导演大卫·芬奇和男演员凯文·史派西,成为了主创的选择。Netflix比观众还要清楚我们的观影喜好。Netflix还通过"大数据"观测到另一流行趋势:越来越多的人不是在固定时间守候在电视机前,等着收看晚间电视剧的最新剧集,而是直到整季剧情全部播放完毕,才选一个自己方便的时间段和地点,在方便的设备上一次性观看。

《纸牌屋》是第一部完全绕过了传统的广播电视网和有线电视网组成的电视生态系统的剧集,也是第一部在创作阶段使用了"大数据"算法的电视剧。

在电视台,分析观众口味的主要渠道是收视率调查。在传统电视时代,电视剧收视数据获取的滞后性,使得编剧难以准确把握视频用户的收视偏好。《纸牌屋》是电视剧行业通过互联网挖掘用户行为数据分析结果的成功运用,挑战了美国传统电视产业,拓展了视频网站的发展思路。如果说传统电视的收视调查依赖数字记录仪或尼尔森公司的数据,大数据能够搜集到单个用户的收视喜好,制作者可以精准地锁定用户并将节目推送给目标观众。通过大数据计算成功地支撑网络剧发展,仍然离不开编剧对于社会准确洞察与传统影视公司的制作功底。

在印度,每个周末的早晨,有成千上万的人会守在电视机前观看一档电视节目《真相访谈》(Satyamev Jayate)。该节目如此受欢迎,主要是因为:一是主持人是宝莱坞明星阿米尔·可汗;二是它谈论的都是印度当地比较受关注的社会话题,比如女性堕胎、虐待儿童等。这些议题都比较有争议性,因此每期节目播出后都能在网络上引发激烈讨论,甚至都能进入Twitter上的话题排行榜。

为了进一步提升节目的社会影响力,节目组请一家名为Persistent System的IT咨询公司来帮助管理和分析"大数据"。在节目开播的一天半前,节目组会将节目话题提前告知该公司。之后,该公司会安排人员利用分类法设计出一个系统,系统会帮助搜集网络上与节目话题的相关信息,并对其进行分类、打标签并根据兴趣水平和情感指数评分。这些数据都会以信息图的形式公布在《真相访谈》的官网上。不仅如此,每一项数据都会在地图上相应的地区标记出来,受众可以清楚地看到该节目在不同地区的热度。另外,每一期节目也会有专门的数据页面。这些数据并不只是揭示了受众的整体情绪与意见,还作为社会舆论的反映被政府所关注。在以"女性堕胎"(将未出生的女婴作流产处理)为话题的第一期节目播出后,有99.8%的观众认为执行这类手术的医生应该受到惩处。主持人将这份结果提交给印度政府之后,据节目组的人称,政府"几乎立即就同意了改善审判系统"。

从美剧《纸牌屋》到印度脱口秀《真相访谈》,大数据分析正在从本质上改变电视节目。

第三节　电视报道中的数据新闻：可视化与"众包新闻"

一、数据新闻的界定

"数据新闻"(data journalism)，也被称为"数据驱动新闻"(data-driven journalism)，被认为是计算传播学的一个具体应用，是基于海量、真实有效的数据抓取、挖掘、统计、分析，借助丰富的、具有互动性的可视化，挖掘和展示数据背后的关联与模式，发现、辅证和讲述新闻故事。简言之，数据新闻是基于数据的抓取、挖掘、统计、分析和可视化呈现的新型新闻报道方式。数据即信息。进入大数据时代，海量的数据信息，需要媒体采用科学的方法进行分析和处理，帮助受众进行提纯和加工，从纷繁复杂的数据云中理出头绪和规律，用数据图表讲述数据的联系、意义及其背后错综复杂的故事。

早在20世纪60年代提出的精确新闻就主张在新闻报道中运用社会调查研究方法，科学地收集资料与查证事实，用数据来说话，提高新闻报道的准确性和客观性。在数据新闻之前，已有"计算机辅助报道"(Computer Assisted Reporting)和"精确新闻学"(Precision Journalism)。"计算机辅助报道"使用电脑来收集和分析数据，是第一个有组织结构的、系统化的提升新闻报道的方法。以数据驱动的报道带来了极具价值的公共服务，如20世纪60年代菲利普·迈耶(Philip Meyer)以1967年底特律骚乱的数据材料，证明不只是教育程度较低的南方人参加了这场骚乱；20世纪80年代，比尔·戴德曼(Bill Dedman)的"金钱的颜色"的报道，用数据发现了主要金融机构贷款政策中系统性的种族偏见；20世纪90年代，史蒂夫·多伊格(Steve Doig)的"是什么出错了"，试图分析安德鲁飓风的破坏模式，以了解由城市的发展政策的缺陷所导致的后果。[①] 今天，通过使用数据库，记者超越具体的、孤立的事件，提供新闻背景从而解释其意义。

数据新闻是精确新闻学在大数据时代的延伸，其生产过程更为精细

---

① 陈昌凤.数据新闻及其结构化：构建图式信息——以华盛顿邮报的地图新闻为例[J].新闻与写作，2013(8)：92.

化,涉猎的知识技能除了传统的新闻音视频、图片与文字的制作,更涵盖社科研究方法、计算机(数据抓取/搜集、处理、可视化)、平面/交互设计、网络编程、新媒体艺术等多个领域。[①] 无论是从数据中发现问题,还是依循问题寻找相关数据,海量数据都是数据新闻报道的基础。数字技术使用户可以共享更多开放的数据来源。这些数据可能来自政府、博物馆、美术馆、大学、研究机构、非政府组织与媒体,还可能来自用户。目前,新闻界主要是从政府、企业、网站与机构等公开的数据库中获取二手数据和由媒体自行调查或抓取一手数据。然后是评价数据的质量与意义、处理数据、计算和呈现数据。最后,通过可视化技术,删繁就简,以信息图表的形式,生动、形象地发布新闻。信息可视化更符合视觉传播时代用户的信息接收习惯与偏好。

数据新闻具有几个基本特征:以服务公众利益为目的;以公开的数据为基础;依靠特殊的软件程序对数据进行处理,开掘隐藏于宏观、抽象数据背后的新闻故事;以形象、互动的可视化方式呈现新闻。

二、数据新闻创新电视新闻表达:可视化与"众包新闻"

数据新闻不仅改变了传统的以文字报道为主的新闻表达方式,也改变了受众对电视新闻中单调、冗长、枯燥数据表达的排斥心理。数据新闻表达的多媒体性、交互性,满足了新媒体时代电视观众的多元信息要求。

(一)先进的编程工具和绘图软件,使数据可视化手段越来越丰富

电视新闻不仅可以运用数据挖掘技术生产数据新闻,还可以以新颖、美观的可视化图形来讲述新闻故事。这些图形,既可以是静态的信息图表,也可以是动态的交互式信息图表(Interactive Infographic)和动态信息图表(Motion Graphic),如互动地图、3D 动画等。除了在信息图表中运用文字、图形、图表、动画之外,电视媒体还借助视频有效拓宽数据新闻的呈现形式。在美国总统大选中,美国国家公共广播网(NPR)对全美各州的总统大选资金使用情况进行了梳理、统计,将这些带有地理位置信息的数据加以整合,并以视频的形式进行了直观生动的展示。

---

① 郭晓科.数据新闻学的发展现状与功能[J].编辑之友,2013(8):87.

(二)"众包新闻"模式的应用

"众包"(crowdsourcing)是"群众外包"的意思,描绘了一种由互联网带来的新的生产组织形式或商业模式,即企业利用互联网来将工作分配出去、发现创意或解决技术问题。"众包"这一概念是由美国《连线》杂志的记者杰夫·豪(Jeff Howe)在2006年6月提出的。他将"众包"界定为:"一个公司或机构把过去由员工执行的工作任务,以自由自愿的形式外包给非特定的(而且通常是大型的)大众网络的做法。众包的任务通常由个人来承担,但如果涉及需要多人协作完成的任务,也有可能以依靠开源的个体生产的形式出现。"[1]"众包"最初是作为一个商业概念被提出的,几年前被引入新闻传播领域。西方的新闻界探索利用"众包"模式,推动用户合力完成更专业的"公民新闻"。它不仅从根本上改变了人类获取信息的方式,还改变现有的内容生产模式并持续推进内容的民主化。被认为是美国"公民新闻之父"的罗森教授希望能以此种方式再次促进美国"公民新闻"的新发展。

"众包新闻"(Crowdsourcing Journalism)是众包模式在新闻生产中的应用,主要体现在"用户自主内容生产"(User Generated Content,简称UGC)、"参与式新闻"(Participatory Journalism)或"公共新闻学"(Public Journalism)之中。广播电视媒体在推出数据新闻报道的同时,向用户开放报道中涉及的原始数据并鼓励用户参与电视新闻制作,让用户从中发现问题并进行报道,使"众包新闻"生产成为现实。一些视听媒体还在网站上教用户使用软件制作数据新闻,增加用户的新闻关注度和参与度。

众包之所以能够实现有几个必备的条件:一是业余爱好者阶级的出现,即专业从事业余工作的生产者的形成;二是生产方式由封闭独占向开放共享的转变;三是生产工具的民主化;四是有效的生产组织模式——社区。[2] 2006年夏天,美国佛罗里达州迈尔斯堡的《新闻报》接到读者举报,说自己所在的住宅区在安装污水系统时,政府向居民索要高达45000美元的费用。按正常程序,报社会派一两名记者去做调查,可能需要几个月才能得到结果,到那时再报道,事情已经没人关心了。这次他们换了个思路,

---

[1] 〔美〕杰夫·豪.众包:大众力量缘何推动商业未来[M].牛文静,译.北京:中信出版社,2009:5.
[2] 〔美〕杰夫·豪.众包:大众力量缘何推动商业未来[M].牛文静,译.北京:中信出版社,2009:5.

请读者帮忙,找出需要这么高花费的原因。众多读者根据《新闻报》发布的举报文件展开了自己的调查——退休的工程师分析了设计图,会计审核了资产负债表,还有知情人拿出了垄断的书面证据……依托这些读者调查的报道随即连续刊发,引发当地居民极大关注。最后,市政府减收了相关费用,还有一名官员因此辞职。通过众包,《新闻报》在推动事情解决和吸引读者关注两方面都获得了成功。[①]

2007年,《连线》杂志与纽约大学新闻系教授罗森共同成立一个名为Assignment Zero 的网站,探索新闻"众包"的可操作性和流程。网站鼓励大众提供消息来源并参与新闻内容生产。比如,网站编辑提供一个有新闻性的主题,用户可以申请参与某一环节的新闻调查,甚至可以在编辑的安排下采访关键人物,并在讨论组里公开自己的调查结果,最后由编辑整理成报道。众包新闻不仅极大地降低了人力成本,还增加了受众的参与度。

当然,众包新闻应发挥编辑"把关"与用户群的审查、核实作用。美国有线新闻网的"我报道"(CNN iReport)是向全球民众征集突发信息、照片、影像等新闻信息文本的一种报道形式,从而达到让全球居民都能参与新闻报道传播活动,实现公民新闻(Civic Journalism)或参与式新闻的目的,强化社会影响力。iReport,即"我报道"。其专业性与报道水准,早年曾在新闻学界与业界引起争议。报道的客观性与准确性是社会关注的焦点。2008年,CNN旗下网站iReport频道,发布假新闻"苹果CEO乔布斯心脏病突发",引发股民抛售苹果股票,苹果股价由105.27美元骤降至95.41美元。后来由于苹果出面否认,其股价才得以恢复到原来的水平。近年来,CNN iReport不断地进行新闻专业性的修正与调整,以提升其社会影响力:首先,设置一个"大数据"资料空间域,通过美国有线新闻网站接收传播、检索等信息;其次,通过组建一套测评、核实、把关程序,推荐或鉴评每日来稿信息资料;再次,通过编辑或律师顾问等把关程序,对资料空间域里通过第二步审核的各种信息,择其优者用之。[②] 在CNN iReport 的"大数据"资料空间域,已传播近20万件新闻信息文本资料,包括文字、配图、照

[①] 王晨郁.一次"众包"新闻实践带来的思考[J].中国记者,2012(7):78.
[②] 薛中军.迈向"借力"融合发展新途——"大数据"时代美国新闻传媒"裂变"效应的借鉴与启示[J].新闻爱好者,2013(5).

片、声音、影像等,其中又有近 2 万件左右经过测评、核实、把关程序后,被美国有线新闻网作为正式新闻发表。不仅如此,CNN 的一些有影响力的深度访谈、连续报道、社会调查,也是源于 CNN iReport。

作为世界娱乐巨鳄之一的福克斯娱乐集团公司(FOX Entertainment Group,Inc.),其下属传媒就注重"多频"联袂,满足受众的多元需求。FOXTV-RADIO(福克斯广电)下属的近 30 家电视台组成的电视网,通过跨越式联袂融合,组成实现电视、电影、网络、报纸、微博等多位一体的"大数据"化传媒传播态势,力图让受众实现更多个性选择接收。

(三)数据新闻促进新闻内容生产流程的变革

《卫报》的数据新闻编辑、数据博客 Datablog 负责人西蒙·罗格斯,展现了一个多线程、全方位的报道流程:一方面处理数据,另一方面不断检验、质询数据的信度与价值,最后通过多种手段与渠道发布完成的报道。伯明翰城市大学教授保罗·布拉德肖(Bradsha)以倒金字塔式来表示数据处理的过程,包括数据汇编、数据整理、了解数据和数据整合等四个部分。数据处理的最终目的是为了完成数据的可视化并实现有效传播。而数据新闻的传播则以"正金字塔结构"进行,包括了可视化、叙事化、社会化、人性化、个人订制化和使用等六个步骤。① 2010 年 8 月,著名记者、数据驱动型新闻项目负责人米尔科·洛伦兹(Lorenz)提出了进行此类新闻报道的四个步骤,即挖掘数据—过滤数据—数据可视化—新闻报道制作完成。由此可见,获取数据、处理数据、呈现数据都是数据新闻报道中不可或缺的三个阶段。

与传统新闻生产不同,数据新闻的工作流程主要是:通过反复抓取、筛选和重组来深度挖掘数据,聚焦专门信息以过滤数据,可视化地呈现数据并合成新闻故事。理解数据、分析数据和展示数据,是一个不断提炼信息并赋予数据以意义的过程。菲利普·梅耶(Philip Meyer)是精确新闻学理论的奠基人,他认为"信息处理过程包含两个层面:一个是通过分析不断变动的数据以找到其中的意义和结构,另一个则是通过展示让用户了解哪些信息对他们具有重要性和相关性。数据新闻要像科学一样严谨,它公开其

---

① 文卫华,李冰. 从美国总统大选看大数据时代的数据新闻报道[J]. 中国记者,2013(6):80.

方法,呈现其结果,经得起核实验证"①。

这一新闻生产流程,对媒体的人员组织架构提出新的要求。一旦适应大数据时代的新闻生产需求,数据新闻不仅彰显其新闻价值,还会创造数据信息自身的商业价值。

三、数据新闻的功能

(一)可视化呈现抽象事件或现象

数据新闻的独特之处在于能够通过对某个繁复难以描述的问题或现象进行数据化地呈现,通过数据直观反映所要描述的问题或现象,更具直观性和说服力。

2014年1月25日、26日,央视晚间新闻连续两天推出《据说春运》的专题节目,运用百度地图LBS定位的可视化大数据,播报国内春节人口迁徙情况,将过去仅停留在数字层面的迁徙过程通过数据直观呈现在屏幕上,反映出人口迁徙动态、线路、人流量,使得观众能够更直观地理解春运,同时也增加了新闻的趣味性和观赏性。

在2014年两会期间,央视再度推出《据说两会》系列专题节目,通过分析百度指数、新浪微博、360等相关数据,分析百姓两会期间关注的热门话题和诉求,这种新颖的呈现方式将民生问题直观呈现出来,在两会期间意义尤为重大。

(二)解释宏大新闻事件与个体的关联

数据新闻可以帮助记者解释宏大背景下的新闻事件和个人之间的关联,如一项公共政策的实施或修订对个人造成的影响。英国广播公司(BBC)和毕马威会计师事务所联合制作的《预算计算器:2012年的财政预算将如何影响你?》(*Budget calculator: How will the Budget 2012 affect you?*)能够帮助读者理解新的财政预算(税收计划)给个人生活带来的影响。用户只需要在界面上输入一些个人信息,预算计算器就能够自动计算出用户需要为新的政府财政预算增加支付多少税。

---

① 方洁,颜冬.全球视野下的"数据新闻":理念与实践[J].国际新闻界,2013(6):75.

第四节　新媒体电视剧

一、互动：电视剧的创新思维

随着广播电视传播观念的变革，开发节目的互动环节和寻求节目与受众的良性互动已经成为诸多节目的共同目标。但是，电视剧似乎距离互动概念最为遥远。引入互动概念并让受众决定故事情节的发展，引发社会的争议。

电视真人秀《老大哥》(*Big Brother*)和《流行偶像》(*Pop Idol*)表明，"影响比赛结果的机会"是吸引今天老练的观众的重要因素。2005年，英国广播电视公司Channel 4利用其时尚的都市亲和力，推出一个以黑人青年文化为背景的剧情激烈的6集电视剧 *Dubplate Drama*，由英国当红的说唱艺人主演。在每周一集的 *Dubplate Drama* 末尾，观众将可以通过向节目制作方发送短信来决定主人公 Dionne 的命运。如果说在电视真人秀《老大哥》《流行偶像》等节目中，电视台收取高额的话费，观众则通过廉价电话方式来投票决定互动剧的剧情。该节目运用新兴媒体吸引较少接触传统电视节目的都市年轻一代音乐爱好者，鼓励年轻人参与讨论毒品、枪支和暴力社会问题。互动不仅成为电视的娱乐元素，也成为年轻观众塑造自我认同的重要方式。

互动剧是一种用户能"玩"的交互式网络视频，是一种游戏化的视频或视频化的游戏。用户在观看互动剧时，每触发一个情节点，都需要通过点击视频播放器内的选项按钮，来"选择"剧情的走向。用户在"玩"互动剧的时候，就像玩一款游戏一样，从一开始就将扮演剧中的主角，并随着剧情的深入，遇到不同的分支剧情；选择不同的分支，则会进入不同的叙事段落，并遭遇不同的结局。如果判断错误，则会最终导致游戏结束；只有每一次选择都正确，才可以观看到完美结局。

2008年，最先在YouTube上上线的互动剧，是一种类游戏化的网剧类型，引起全球网民的追捧。2008年圣诞前夕，由香港林氏兄弟制作的真人视频《电车男追女记》被上传到 YouTube 上，吸引了大量网友点播参与。

2009年年底,第二部互动剧——《宅男最后的120小时》,更是引爆海外华语地区,网友们都在讨论如何破关或要求好心的网友提供攻略。2010年5月,视频门户激动网宣布旗下原创短视频品牌"趄客"率先推出互动剧,并推出高质量专业互动平台——"互动剧场"。

二、网络互动改变电视剧产业规则

(一)新媒体语境下电视剧的生存:"移植",还是"嫁接"?

新媒体语境下电视剧的存在方式主要有"移植"和"嫁接"两种模式。前者是单纯意义上的"移植"或平移,即"电视剧作为电视媒体的内容产品,在本体不发生变化的前提下,被原封不动地平移到新媒体平台上进行播出";后者是"根据新媒体的特质为其量身打造具有新媒体特质的电视剧,或者称之为新媒体电视剧,它是传统电视媒体内容形式与新媒体嫁接的产物"[①]。在"移植"模式下,随着传播媒介与播放平台的变化,电视剧的播放形式、营利模式、产业链条等也发生相应的调整与创新。这为电视剧制作方提供新的利润增长点,为观众提供了多元的选择空间,为互联网和手机电视运营商提供更大的生存空间。

(二)网络与电视剧制作、发行

网络视频给人们带来新的观看选择,也给众多电视剧制作单位及发行商提供新的产业运营思路,改写了当今电视剧产业规则。许多电视剧已经开始出现多版本、不同结局及互动征集的制作潮流。越来越多的电视热播剧将剧情评判的权杖交给观众和网民,网民的建议和反馈成为评价一部电视剧成功与否的关键性指标。

电视剧《情定爱琴海》制作方在拍摄该剧时,除了尊重原小说结局外,又加拍了两个不同版本的结局。观众最终收看到的结局,需要观众自己通过网络投票做出相应的选择。TVB出品的电视剧《女人唔易做》也拍摄了两个结局,由观众网络投票决定最终的播映权。

由英国电讯公司牵头联合开发完成的互动电视系统"Shape Shifter TV",融合电子游戏、互联网的互动性以及传统电视的观看体验。2007年

[①] 周宁.新媒体语境下的电视剧存在方式初探[J].当代电影,2007(5):63.

年初,芬兰一家广播公司在浪漫喜剧《浪漫爱人》(*Accidental Lovers*)中使用这种系统来影响电视剧情节的发展,即观众用短信发送对剧中恋爱事件的看法,系统对短信进行数据分析之后,对电视剧的旁白、字幕和场景做相应的改变。手机互动电视短剧具有"互动""数据库""体验"等新媒体技术特征,观众通过手机短信表达对电视剧内容生产的观点,系统对短信进行数据分析并通过调整剧情对手机用户进行互动与反馈,观众在编织故事情节的过程中感受"体验式"电视剧。① 因为要拍摄更多的画面来支撑不同的情节发展,所以这种手机互动剧的制作成本相对较高。但是,互动手机短剧可以反复播放且每次内容都不同,打破了传统电视剧的线性叙事特征,整个剧情可以经由观众的参与而产生一种非线性的结构。② 在手机互动短剧产制与传播中,用户直接参与电视内容创作并改变经典作品的单一结局这一模式,适应了后现代社会年轻受众的视听消费心理并激发了受众的参与热情。③

三、新媒体电视剧的视听语言与互文性

(一)新媒体电视剧的视听语言特征

新媒体电视剧与传统电视剧相比,由于媒体呈现特质不同会带来视听语言处理上的不同,尤其以手机媒体为甚。从播映平台来看,移动终端及手机屏幕要远小于普通电视屏幕,因此在拍摄该类电视剧时,对画面的处理应采用重调度轻运动、重色彩轻细节、重特写轻景深的方法。④

所谓"重调度"是指在叙述故事的时候多通过演员位置的变化来达到叙事以及感情抒发的目的。因为大的位移可以在小屏幕中得以完整的显现,导演所要表述的意图不会因屏幕大小的制约而带来巨大的损失;"轻运动"是指在拍摄时尽量减缓演员的动作,使人物动作尽量简洁,有尽量多的停留时间。同时,要少使用运动镜头,推拉摇移时要尽量缓慢,动作一定要慢要稳。

---

① 吴定勇,王积龙.有未来而无"钱图"的"互动电视"[J].视听界,2007(5):68.
② 周宁.新媒体语境下的电视剧存在方式初探[J].当代电影,2007(5):66.
③ 吴定勇,王积龙.有未来而无"钱图"的"互动电视"[J].视听界,2007(5):68.
④ 周宁.新媒体语境下的电视剧存在方式初探[J].当代电影,2007(5):66.

所谓"重色彩"是指在拍摄的过程中尽量拉开色彩反差,尽量使用明快的光线与色调来处理画面构图;"轻细节"是说在叙事以及组织画面内部调度时,要尽量避免"细节"的效用,不要把细节作为剧情发展的关键来贯穿整部剧的始终。

所谓"重特写"是指在拍摄人物时,应多采用近景或特写的景别来处理人物,只有这样处理,人物的表情才能得以完整的展示;"轻景深"是指在拍摄手机电视剧时尽量避免景深的使用,由于展示面积的原因,景深处的空间往往得不到充分的展示,相应的景深处的效果也就得不到最充分的发挥。

(二) 新媒体电视剧的"互文性"特征

罗兰·巴特(Roland Barthes)的"互文性"理论为媒介融合时代的手机电视内容生产提供了理论启示。在文学批评家看来,"文本"已经由一个封闭自足的实体走向不断开放延伸的互文的过程中。巴特将已经从作品中解放出来的文本定义为互文:"任何文本都是一种互文。在一个文本之中,不同程度地、以各种多少能够辨认的形式存在着其他的文本;譬如,先时文化的文本和周围文化的文本。任何文本都是过去的引文的重新组织。"[1]互文性(intertextuality,又译为"文本间性")概念由罗兰·巴特的学生克里斯蒂娃(Kristeva)在巴赫金"对话理论"启示下首先提出:"互文性意味着任何单独文本都是许多其他文本的重新组合;在一个特定的文本空间里,来自其他文本的许多声音互相交叉,互相中和。"[2]克里斯蒂娃将"互文性"理解为"两个或两个以上文本间发生的互文关系",包括"两个具体或特殊文本之间的关系"(transtexuality)与"某一文本通过记忆、重复、修正,向其他文本产生的扩散性影响"(intertexuality)。[3]

在罗兰·巴特的"互文性"原理启示下,视听新媒体的内容生产可以通过对传统电视节目的加工和处理来实现内涵和外延的拓展。美国ABC电视台出品的悬念剧《迷失》(Lost)风靡全球,讲述了一架815航班的客机坠落在一个孤岛上,48名乘客克服重重困难最终侥幸生还的故事。该剧选定

---

[1] 〔法〕罗兰·巴特.文本理论[J].张寅德,译.外国文学,1988(6):93.
[2] 赵一凡,等.西方文论关键词[M].北京:外语教学与研究出版社,2006:17.
[3] 赵一凡,等.西方文论关键词[M].北京:外语教学与研究出版社,2006:211.

了几位重要人物作为整个故事叙述的核心,而其他幸存者只是作为叙述故事的陪衬以及充实画面、拉开景深、增强现场真实感的"道具"出现。因此,部分观众对此产生质疑,经常会问:"那些在电视背景中走来走去的人都是什么人?他们有什么故事?"利用受众对传统电视剧剧情的了解或质疑,手机电视重新设计情节,使之符合手机观看的特征。2006年年初,《迷失》的制作人推出手机电视短剧《迷失影像日记》(Lost Video Diaries),一共22集,每集2分钟。《迷失影像日记》以《迷失》中出现的14位主演之外的34位非主角人物的命运展现为切入点,使这些人物的性格和命运在手机电视剧中得到精彩呈现。传统影像媒介中叙述的陪衬体或道具,成为手机电视中的叙述主体,是一种对传统电视的"补偿性"创作,属于节目产品的"二次开发"与内容生产的创新。同样,2005年,美国福克斯电视台(FOX)也推出了手机版电视剧《24小时》(手机版名为《24:阴谋》),每集时长60秒,内容根据原始剧集的风格重新用电影胶片进行拍摄。该剧在美国Verizon无线通讯公司的付费手机电视项目中推出,收费为每月15美元。

电视版《24小时》每一季24集,每集1个小时左右,讲述一天内美国发生的一起精心策划的恐怖事件,描绘了美国洛杉矶反恐小组主管杰克·鲍尔如何在24小时内对国家、家庭、平民之间进行抉择,如何出生入死,最终消灭恐怖分子的故事。而在手机电视剧《24:阴谋》中,主人公由杰克·鲍尔换成了马丁,时间由一天的24个小时换成了24分钟,时间更加紧迫,情节更加跌宕。在短短的24分钟内讲述了一个陷入阴谋—识破阴谋—毁灭阴谋的故事。据统计,24分钟的电视剧,共设置了26个情节转折点和8场扣人心弦的打斗戏。[1]

---

[1] 周宁.新媒体语境下的电视剧存在方式初探[J].当代电影,2007(5):65.

第十章 "三网融合"与视听新媒体规制

"当前我们面对的,与其说是传播技术的融合带来传播的变革,倒不如说是新旧媒介运行背后的效率机制的融合催生了传媒规制的转向。"[①]新媒体发展必然会促使一个相适应的规制出台。新媒介迅猛发展,政府必须顺应发展潮流,转换其规制方式,建立起一种适应新型媒体发展的管理模式。

第一节 视听新媒体规制的必要性

一、视听新媒体规制的界定

(一)什么是规制?

"规制"一词来源于英文"Regulation"或"Regulatory Constraint",既指(行政)规章,又包含以规则治理、管理、管制的含义。追根溯源,政府规制起源于经济规制。在《新帕尔格雷夫经济学大辞典》中,规制(regulation)是政府为控制企业的价格、销售和生产决策而采取的各种行动,政府公开宣布这些行动是要努力制止不充分重视"社会利益"的私人决策。[②] 规制又称政府规制(government regulation),宽泛地讲,是指政府对经济的干预和控制。[③] 经济学上的"规制",是指政府根据相应的规则对微观经济主体行为实行的一种干预。规制的法律基础由允许政府授予或规定公司服务权利的各种法规组成。

在规制理论看来,"规制"是引导和控制的统一或平衡。政治学认为,

[①] 朱春阳.媒介融合规制研究的反思:中国面向与核心议题[J].国际新闻界,2009(6):26.
[②] 〔英〕约翰·伊特韦尔,等.新帕尔格雷夫经济学大辞典(第三卷)[M].陈岱孙,译.北京:经济科学出版社,1996:137.
[③] 马云泽.规制经济学[M].北京:经济管理出版社,2008:7.

要实现福利国家和自由法治(市场)国家之间的平衡,有时候需要用规制或政府规制给予市场更大的自由并且引导这种自由,有时又需要用规制对市场的自由进行控制和制约。因此,在实践层面,规制在发达国家与发展中国家分别呈现出不同含义。

规制的概念从提出到现在,经历了一个从特殊到一般、从较为泛化逐步走向专门化的演变过程。规制,一般指政府规制,意为政府从公共利益出发,通过法律、法规、政策、制度等来控制和规范社会经济主体和事业主体的行为,纠正在市场不健全或市场失灵情况下发生的资源配置的非效率性和分配的不公正性,目的在于促进产业结构合理、资源配置优化,维护社会秩序和稳定。

(二) 视听新媒体规制的概念

视听新媒体规制就是由政府和相关媒体管理机关对视听新媒体进行监管和控制,主要包括对新媒体机构准入及运作过程中的监管。[①] 媒体规制包括一整套对媒介运行进行宏观控制和具体指导的法规、政策和行业指导性文件等,它对整体媒介生态和媒介的运行方向具有决定性作用。媒介规制属于公共政策领域,既有明确的产业经济目标,又有公共利益目标。[②] 其规制的对象大致分两类:一是媒介内容规制,包括视听新媒体内容生产以及与此相关的传播行为;另一类是视听新媒体产业规制(媒介进入规制、融资规制、产权规制与媒介结构规制等)。媒体规制包括法律规制、行政规制、社会规制与行业规制四个基本方面。[③] 以政策融合促进技术融合与以规制变革保障新媒体有序发展,成为新媒体规制的基本目标。

1. 视听新媒体的法律规制

法律规制主要是指新闻法制,即通过一系列的新闻法规来规范新闻活动的行为。法律规制具有很强的约束力和控制力,它是西方国家进行新闻控制的最基本的手段。具体而言,法律规制又包括立法规制与司法规制。

从短期来看,可由国务院法制办制定新的行政法规或牵头各部门联合

[①] 简海燕.新闻自由与媒体规制[J].中国社会科学院研究生院学报,2008(3):91.
[②] 夏倩芳.公共利益与广播电视规制——以美国和英国为例[D].武汉:武汉大学博士学位论文,2004:1.
[③] 李衍玲.新闻伦理与规制[M].北京:社会科学文献出版社,2008:51.

制定规章,暂时处理一些部门之间的矛盾和利益平衡问题。从长期发展来看,可以结合《电信法》的起草与制定,报请全国人大常委会审议,以法律的形式规范视听新媒体。对于视听新媒体的法律规制,既要考虑立法技术的完善、制度配套与可操作性,还要妥善处理媒体改革与意识形态、文化传统保护的关系,而不能成为个别行政部门用以揽权的工具。

2. 视听新媒体的行政规制

行政规制是指政府通过一系列新闻政策和规章来规范新闻活动的行为,它具有类似于新闻法制的约束力。对媒体的行政管理是由政府机构运用各种行政手段,依法对大众传媒进行监管的一种干预途径。

我国视听新媒体规制涉及工信部、广电局、文化部、新闻等多个行政机构,多头管理与重复管理难以适应视听新媒体的迅猛发展趋势。与法律规制相配套,可以设立独立的视听新媒体监管机构,即在相关新法律出台时,明确一个专门的监管主体负责传播内容与产业发展的监管工作。这种机构或监管主体类似于美国的联邦通信委员会(FCC)、法国视听最高委员会(CSA)、日本的邮政省、英国的通信管理局(OFCOM)。机构的主席由全国人大及其常委会任命,来自各相关行政部门的委员共3~5人,设立相关机构分别对广播电视、电信及各新媒体的内容实施监管并有权制定内容监管的法规,设立涉及内容管制的许可制度。

"三网融合"与新媒体技术进步,促使视听媒体运营和服务方式发生变革,"媒介融合"不仅仅发生在新媒体的产业端,政府和行政机关的立法理念、法律体系的建立以及法律制度的实行也走向融合,突出表现在确立了网络与技术中立的原则、业务上允许双向进入的原则上。[1] 但是,我国新媒体的行政规制与法律规制必须适应中国的国情。

今后,我国广电和电信在许可证发放、监管法律体系、监管机构等方面都需要融合,从而构建协调有效的统一监管体制。比如,在三网融合初期,广电涉及通信网络部分由工信部管理;而原电信企业涉及节目内容需要广电总局发牌照。当三网融合有了一定基础后,要在机构也重组的基础上成立中间层面的监管机构。借鉴而不照搬西方的视听新媒体监管模式,修改

---

[1] 李隽.中国新媒体行政法律制度刍议[J].广播电视信息,2007(7).

《电信法》，跨越工信和广电部门之上成立融合监管部门。

3. 视听新媒体的社会规制

社会规制的手段主要是社会舆论和传统习惯，其中社会舆论是对新闻活动的最广泛、最及时的监督和规范，它经常会对其他规制形式产生影响。对媒体的社会规制，是通过多种渠道和方式，使公众能够对大众传媒的行为施加影响的一种干预途径，一般包括：派代表参与媒体管理，直接向媒体反映意见，直接向媒体投诉，直接向监管机构、司法机构投诉等。2009年，在工信部、广电总局、公安部联合治理互联网与手机视频的"黄祸"中，用户的举报与投诉成为视听新媒体社会规制的重要主体。

4. 视听新媒体的行业规制

行业规制是新闻界自身制定的新闻行为规范，其中新闻职业道德建设是有效实施新闻行业规制的基础。在西方，这种内部制约机制一方面是通过行业协会等非政府、非营利组织以及行业性规章来进行约束；另一方面通过媒体内部治理机制和内部监督机制来实现自我控制。

我国视频媒体的版权保护融合了法律规制、行政规制与行业规制的多重力量。2006年9月，《国家"十一五"时期文化发展规划纲要》就要求"进一步加强对新兴传播载体的规范管理，制定行业自律规范，坚持正确导向，保护知识产权，维护公平竞争的市场环境"。

二、视听新媒体规制的必要性

政府规制是所有媒介发展走向成熟必不可少的，只有通过政府规制规范产业发展、优化整个产业环境，视听新媒体的发展才会免于混乱无序的情况。而媒介本身所具有的特征，也决定了其属于政府规制的产业范畴。

（一）传媒产业属于政府规制的范畴

媒介作为公共物品，其具有明显的外部性。在经济学中，外部性就是指社会成员（包括组织和个人）从事经济活动时，其成本与后果不完全由该行为人承担，也即行为举动与行为后果的不一致性。外部性分为正外部性和负外部性两种。正外部性是个体的经济活动或行为给其他社会成员带来好处，但自己却不能得到相应的补偿；负外部性是个体的经济活动或行为使其他社会成员受损，但自己却没有承担相应的成本。媒介产品具有典型的外部性特征,媒介内容生产主体在新闻或信息传播过程中,对媒介以外的政治、经济、伦理道德与文化等会造成外部影响。它产生的外部性决定了政府必须对其进行规制,避免带来负外部性。

除了外部性,媒介融合形态内在的发展逻辑是要形成自然垄断,但是市场多样性的需求又需要完全竞争;技术标准化的发展逻辑是要形成垄断,而产品差异化的发展逻辑是要分化垄断。如何运用这两种思路来制定适合的新媒体产业政策与法律,是"媒介融合"背景下政府的重要课题。公共利益标准被用来平衡私营垄断与公共需要之间的矛盾,是防止媒介产业垄断的重要的法律要素之一。"公共利益是政府规制广电媒介的正当性所在,规制的目的是为了调和产业利益与公共利益之矛盾"[1]。公共利益是政府规制的基本理念,涉及公众的政治利益和文化利益表达机会的公平性。媒介的公共性赋予传媒的公共服务(Public Service)职能。甘迪(Gandy,2002)认为,随着网络媒体的日渐普及,受众积极参与公众活动的"市民"这一概念已经被取而代之为网络新媒体环境中的"消费者",而获得信息不再是满足人类作为公民的基本需要的重要前提;相反,消费者的利益已经成为衡量社会体系运作好坏的基本标准。[2] 政府必须通过相应的行政或者法律规制对视听新媒体的发展作出规范,使得其在保证公共利益的基础上,给社会带来正外部性。

(二)视听新媒体产业发展还不够成熟

视听新媒体作为媒体技术与信息技术结合发展的产物,它随着技术的发展而在不断地发展和完善,但是它毕竟是一种比较新的媒介形态,相比较传统媒体,它的整个产业发展还是很不成熟的。

首先,视听新媒体的侵权现象十分严重,很多网站为了以最小的经济投入获得最大的经济收益,未经购买版权便将作品私自上传互联网供大家观看。2009年12月16日,搜狐起诉优酷侵权,法院判定优酷播出的视频《气喘吁吁》《麦兜响当当》《麦兜故事》《麦兜菠萝油王子》等侵犯版权。BTChina、伊甸园、悠悠鸟、BT之家等一批BT网站也相继被关闭。

---

[1] 夏倩芳.公共利益界定与广播电视规制——以美国为例[J].新闻与传播研究,2005(1):54.
[2] 〔美〕詹姆斯·E.凯茨,罗纳德·E.莱斯.互联网使用的社会影响[M].郝芳,刘长江,译.北京:商务印书馆,2007:39.

"视听新媒体特有的互联互通特性使视频内容能够快速地传播,尤其在 P2P 技术和视频分享技术广泛应用后,无中心传播和用户生成模式的确立使侵权主体更加分散、侵权行为更加隐蔽、各主体之间的法律关系更加复杂,侵权态势更加严重。"[1]技术的发展给视听新媒体带来新的活力,但是由于发展时间较短,视听新媒体的整个产业链还是很不成熟的,其持久发展必须先要通过政府规制将行业进行规范整治。

除了盗版问题严重,视听新媒体的创新能力也不足,视听新媒体上的节目几乎都是传统的电视节目,这种缺乏个性化的节目单势必不能满足视听新媒体的发展。传统电视节目时间较长,不能够利用起现代人碎片化的时间,而网络自制剧在增加网站竞争性的情况下,它一般时长缩短到传统电视节目的一半,便于手机、平板电脑等客户端收看及分享。现在各大视频网站都开始推出了网站的自制剧,但是由于现在网站的自制剧普遍水平不是很高,形态比较单一,社会反应不大,整个自制剧的产业发展还不是很成熟。随着视听新媒体产业发展完善,必然会带动一大批的具有原创性的作品的诞生,在发展初期,还是需要靠政府规制规范产业环境、鼓励创新性作品的创作,促使更多优秀原创作品诞生。

第二节 三网融合下视听新媒体的规制

一、三网融合下西方规制的经验

(一) 三网融合的内涵与监管

1. 三网融合的界定

随着互联网、通信、音视频传输技术的发展,数字技术将音频、视频、数据和语音通信服务融合,模糊了三网的界限并改变了受众的文化消费习惯。[2] "三网融合"是指通过对电信网、计算机网和有线电视网三大网络进行技术改造,实现网络的互联互通和业务的相互融合,提供包括文字、语音、数据、视频等综合多媒体的通信业务。在现阶段,三网融合并不意味着

---

[1] 庞井君.中国视听新媒体发展报告(2011)[M].北京:社会科学文献出版社,2011:48.
[2] 郭小平.论视听新媒体传播的社会影响[J].中国电视,2009(3).

三大网络的物理合一,而主要是指高层业务应用的融合,即提供"三重"(固定语音、数据和电视)乃至"四重"(固定语音、移动业务、数据和电视)服务。"三网融合"有广义与狭义之分,狭义的三网融合是指电信网、有线电视网、计算机网在技术、业务和网络上的融合与趋同;广义的三网融合是指电信、媒体与信息技术等三种产业的融合。① 广义的三网融合不仅包括原有意义上的传媒产业,还包括以原有传媒产业为中心而参与到融合中的电信业、IT业和电子产业等。

2. 三网融合的业务类型

三网融合的典型业务有三类:一是有线电视公司基于双向网络改造所提供的宽带业务和互动电视;二是电信企业基于自身的宽带网络(包括移动宽带)提供IPTV和手机视频(流媒体)业务;三是公众互联网的音视频业务。②

3. 国外三网融合的主要监管模式:融合监管和独立监管

在三网融合的实践中,即使那些已实现广电与电信双向进入的国家和地区,对融合业务的监管也不尽相同,但整体而言,国外对于广电与电信的双向进入逐渐从严格管制到相互开放业务经营范围的方向发展。

国外"三网融合"主要有融合监管和独立监管两种模式。融合监管模式是指原有电信监管机构和原有广电监管机构融合为一个大的监管机构,对电信和广电业务进行统一监管,典型的如英国、加拿大、日本、美国和新加坡。在融合监管机构设置上,英国与日本不再区分行业,而是采用网络和内容的垂直划分方式分部门监管;美国、新加坡则是采用水平方式分行业来监管。与融合监管模式不同,独立监管模式将内容和网络分开监管(垂直监管)或者将电信与广电分开监管(水平监管),并在法律和体制框架内进行协调处理,典型的如法国与德国的垂直监管、韩国和印度的水平监管。③

---

① 郭小平,石寒.论三网融合下广播电视的主导优势[J].现代视听,2010(9):6.
② 徐玉.国外三网融合业务的发展策略分析[J].电信技术,2010(10):10.
③ 张文阁,等.从三网分立到三网融合 国外监管模式可资借鉴[J].世界电信,2010(5):17-19.

(二) 西方国家的规制经验

1. 欧盟对三网融合的跨国推动

欧盟规定:手机电视和网络电视,与传统电视一样适用相同的监管规则。在媒介融合发展过程中,欧洲媒体面临美国媒介资本和新媒体产业的竞争。早在1997年,欧洲委员会发布《通信、媒介与信息技术融合以及规制执行绿皮书》。2005年6月,欧洲启动"i2010战略计划"(The i2010 Strategy),以适应数字技术融合环境下信息传播的"政策融合"。该战略制定欧盟信息社会和视听媒体发展政策,鼓励开放、竞争的数字经济,强调ICT(Information Communication Technology)是提高包容度和生活品质的推动力。

2005年12月,欧盟委员会提议修改《电视无国界指令》(*Television without Frontiers Directive*)的草案建议,将网站和其他在线流媒体视听业务纳入适用范围。按内容划分,视听媒体业务分为"线性"(linear)和"非线性"(non-linear)两种。"线性"业务与目前的《电视无国界指令》规定类似,包括常规电视、互联网和移动电话,也包括新闻网站的视频剪辑、动画内容、博客、视频播客、互联网图片电话及其他非商业性内容,不在管制范围内。"非线性"业务包括点播节目、电影、连续剧、体育节目和新闻报道和广告,属于监管之列。2007年5月24日,欧盟各国就更名后的《无国界视听媒体服务指令》(*Audiovisual Media Services without Frontiers Directive*)达成一致意见。新指令包括的管辖范围将覆盖所有的媒体内容领域,包括广播电视、互联网、VOD等,而不受传播方式的限制。

为了适应数字化与网络化的传播技术环境,2010年经过再次修订更名为《视听媒体服务指令》(*Audiovisual Media Services Directive*,简称为AVMSD),新《指令》对线性与非线性媒体服务在内容配额与广告、维护公序良俗方面提出了不同的规制义务,但同时对所有形式的视听媒体服务提出了一些应共同遵守的基本要求,包括保证广告品质,尊重电影版权,禁止激起种族、性别、宗教与国家之间的仇恨等,深刻体现了欧盟在新的传播技术条件下对复杂多样的视听媒体服务进行合理、有序规制的理念与方法。

欧盟既要弥合新媒体发展的地区差异,又要通过普遍化的规制融合来推动技术融合。当然,新媒体在欧洲内部发展并不均衡,"势必带来国家间的不平等、商业利益的垄断和公共服务的丧失"[①]。

2. 英国融合监管的彻底改革

1984年4月,英国议会通过了《电信法》并据此成立电信监管机构OFTEL。OFTEL主要负责电信业监管工作,同时负责英国广播业的监管。1991年,英国政府发布《竞争与选择:20世纪90年代的电信政策》白皮书,全面开放了英国的国内长途和本地电信业务,即广电运营商可以自由进入电信市场,电信公司不得经营电视业务。到1995年,在有独立经营权的86家有线电视区域网中,有75家开展了电话业务。随着英国电信业务和广电业务不断融合,英国政府于2000年12月公布了《通信新未来》白皮书。从2002年1月1日起,电信公司有权在全国范围内经营广播电视业务。[②]

2003年7月17日,英国议会批准《通信法草案》并合并原来5家监管机构(电信监管局OFTEL、独立电视委员会ITC、广播标准委员会、无线监管局和无线通信局),融合成立独立、统一的监管机构——通信管理局(Office of Communication,OFCOM),全面负责电信、电视和无线电的监管,促进广播、电视和电信业的融合发展并形成了健康、合理的市场结构。[③] 目前,英国电信、电视和广播业总值比基本稳定为30:10:1。[④] 英国的跨产业融合主要表现为"固定通信+移动通信""固定通信+数字广播""卫星直播+固定通信"与"地面数字电视+固定宽带"四种形式。英国的三网提供的服务是多元的、跨行业的,即自由竞争市场而非寡头或垄断市场。但作为英国最为重要的媒体,BBC不受OFCOM的监管,而由英国新闻部门主管其制作的内容。整体而言,英国对三网融合监管,较美国更为彻底。

3. 德国分开管理内容和网络

德国的改革不及英国彻底,而是采用内容和网络分开管理模式,对传统广播电视内容和新媒体进行分业监管。根据欧盟和德国的法律对传统广播电视进行严格监管,包括公营媒体的董事会自我监管、私营媒体的许可证控制与内容监管。同时,出于保护新兴产业的需要,对新媒体的监管

[①] 柯妍,唐晓芬.欧洲新媒体产业发展和规制变化[J].中国记者,2008(5):69.
[②] 景行.国外三网融合的情况和发展趋势[J].邮电企业管理,2002(2):65.
[③] 常颖,黄理俊,万明.英国"三网融合"发展分析与思考[J].广播与电视技术,2009(10):36.
[④] 常颖.英国"三网融合"市场研究[J].广播电视信息,2010(6):18.

相对宽松。德国的内容制作和传输(有线运营商和电信运营商)是分开的,所以对内容与网络进行分开监管。不同地区的有线运营商由属地的监管机构负责,但电信运营商由全国统一进行监管。

此外,法国广播电视监管机构 CSA 也批准法国电信公司拥有自己的电视频道。2008 年,法国电信创建了自己的收费 TV 频道、Orange Sport 和 Orange Cinema,为 PC、TV 和手机"三屏"提供电视内容服务。

4. FCC 主导下的美国式融合监管

美国"三网融合"的监管机构是联邦通信委员会(FCC),它负责对商业广播电视、电信进行独立管理,其法律框架主要是《1934 年电信法》和《1996 年电信法》。[①] 如果说《1934 年电信法》的颁布和联邦通信委员会(FCC)的设立,为美国广播电视与电信业融合的雏形,那么,《1996 年电信法》则促成了美国"三网融合"的现实发展。美国《1996 年电信法》准许电信和广电行业相互进入,直接导致了 1999 年 AT&T 收购当时美国第二大有线电视公司 TCI(美国远程传播有线电视公司),导致今日美国有线老大康卡斯特(Comcast)全面开展 Triple Play(三重播放:电视、电话和互联网)和 Quadruple Play(四重播放:电视、电话、互联网和移动通讯)业务。2006 年 12 月,FCC 通过了一项新规则,规定地方特许机构需在 90 天内对传统电信公司视频服务申请进行答复,禁止特许机构不合理地拒绝竞争性视频特许的申请。此后,电信公司从 IPTV 切入广电,有线电视公司则凭借 Cable Modem 宽带业务进入电信市场。近年来,由业务融合带动的网络融合,尤其是 IPTV 和 VoIP 为美国三网融合注入强大生命力。"宽带+IPTV+VoIP"的发展模式加速了美国三网融合。美国对三网融合秉持普遍服务、技术中立、网络中立、市场本位以及提升全球竞争力的融合监管原则。电信与广电监管机构同属于联邦通信委员会,但内部仍按照不同网络和服务分别设立监管部门,且不同部门之间的协调较为便利、灵活。[②]

美国的三网融合是在政策规定的竞争环境下,业务的融合主要以公司的兼并和联盟来实现,而网络的融合则以新技术来推动。2010 年 3 月 16

[①] 〔美〕罗伯特·W. 克兰德尔. 竞争与混沌——1996 年电信法出台以来的美国电信业[M]. 匡斌,译. 北京:北京邮电大学出版社,2006:28.

[②] 范洁. 美国"三网融合"发展现状及监管政策分析[J]. 广播与电视技术,2010(10):41-42.

日,FCC 向国会提交了一份长达 376 页的《国家宽带计划》(Connecting America: The National Broadband Plan),毫不掩饰其国家战略意图:"一个高性能的美国不可能等待其他国家主宰数字时代;在 Internet 诞生的国度,我们不能眼睁睁地看着其他国家在宽带应用上领先而无所作为。"宽带基础设施是美国三网融合的物理基础。广电与电信的多种宽带接入技术入户,纷纷推出多重"捆绑业务",为用户解决新一代媒体服务和通信载体使用问题。

(三) 国外三网融合规制的主要特征

1. 以政策融合推动技术融合

融合媒介产业兼具传媒业的文化与产业的双重属性。因此,三网融合的规制既要延续传统媒体的一些基本传播原则,又要在数字传播技术背景下进行变革。在传媒的法律规制保持延续性的前提下,政府规制或政策主导倾向以"政策融合"的方式推动媒介的"技术融合",最终推进"三网融合"。[①]

2. 政治经济学与公共利益的双重模式

政府对电信业和传媒业存在两种相辅相成的规制思维方式:一是规制的政治经济学方式,强调对利益集团(产业参与者、供应商、客户等)的影响;二是规制的公共利益方式,重视市场失败导致的政府干预。[②] 媒介产业的自然垄断与市场竞争多样性需求、技术标准化与产品差异化的内在张力,是西方三网融合规制的重要课题。

3. 维护信息传播安全

为了减少融合媒介中的消极文化倾向带来的负面影响,传承民族文化、保持适度竞争与维护国际信息传播秩序的需要,各国政府与媒体部门不得不重新思考融合媒介市场的制度壁垒、全球化浪潮下的多元文化保护、新媒体的"无疆界传播"等问题。针对这些问题,除了从社会文化批判角度保持一定的清醒和反思外,利用政府规制进行管理也是非常必要的。

[①] 郭小平.欧洲视听媒体规制变革对我国"三网融合"的启示[J].现代传播,2010(5):57-58.
[②] [法]让·雅克·拉丰,让·泰勒尔.电信竞争[M].胡汉辉,等译.北京:人民邮电出版社,2001:15.

4. 融合监管的渐进式变革

世界各国融合监管机构大体经历了三个阶段的发展变化,即从彼此独立的机构监管、融合监管下的分治到以用户为中心的彻底融合监管变革。[①] 世界融合监管的三个阶段如图 10-1 所示。

图 10-1　世界融合监管的三个阶段

二、我国视听新媒体规制的回顾与现状

我国视听新媒体的诞生是以 1996 年中央电视台国际互联网站成立为标志的,随后我国开始了视听新媒体的发展历程,经历了萌芽、快速发展的时期,现如今我国视听新媒体的发展已初具规模,技术成熟,业务普及,政府的相应规制也开始完善。

(一) 我国视听新媒体规制的发展历程

2004 年 10 月,《互联网等信息网络传播视听节目管理办法》中,国家广电总局明确规定了从事信息网络传播视听节目业务,应取得《信息网络传播视听节目许可证》,这是我国首次对互联网视听节目进行的行政规制,对网络视听节目的准入作出了相关规定。同时,这一规制也明确表示了互联网视听节目属于广播电视的管理范围。

2005 年的《国家"十一五"时期文化发展规划纲要》提到要"大力发展新兴传播媒体",国家对视听新媒体的发展表示了足够的重视,在其之后的五年,我国加大力度促进 IP 电视、移动数字电视、网络广播、网络电视等新兴视听传播载体的发展。

2008 年,北京奥运会的转播中视听新媒体发挥了很大的作用,视听新媒体进入了快速发展的时期。这一时期,不仅网络电视台开始出现,基于

---

① 史琳.国外三网融合监管现状及发展趋势[J].通信管理与技术,2010(4):2.

手机终端的IP电视和基于电视终端的互联网电视业务也开始兴起。视听新媒体的快速发展也催生了相应的政府规制。

2008年,国家广电总局和信息产业部联合发布了《互联网视听节目服务管理规定》,这一规定中明确提出"从事互联网视听节目服务,应当依照本规定取得广电主管部门颁发的《信息网络传播视听节目许可证》或履行备案手续"。截至2013年3月,我国共有六百多家机构获批开展互联网视听节目服务,有19家省级以上广电播出机构准许开办网络广播电视台。

2009年,国家广电总局发布了《关于加强互联网视听节目内容管理的通知》,这一规定对网络视听节目的内容进行了限制,拒绝低俗的视听内容的传播,并且这一通知明确提出"从事互联网视听节目服务的单位要完善节目版权保护制度",对网络视听节目的侵权问题有了足够的重视。

为推动我国视听新媒体的健康发展、加强行业自律,2011年8月,中国网络视听节目服务协会成立,并审议通过了《中国网络视听节目服务协会章程》,这标志着中国网络视听节目服务发展步入新阶段。

近年来,我国网络视听节目的低俗化问题愈加泛滥。2012年7月,国家广电总局和国家互联网信息办公室联合发布《进一步加强网络剧、微电影等网络视听节目管理的通知》,加强了网络剧以及微电影等网络视听节目的管理。这一规定明确了互联网视听节目服务单位按照"谁办网、谁负责"的原则,对网络剧、微电影等网络视听节目一律实行自审自播、先审后播。

在我国整个视听新媒体发展的历程中,相应的规制也在逐渐完善成熟,它对视听新媒体的准入、内容进行严格的规定,保护了网络视听节目的版权,这些都是视听新媒体继续发展过程中必须解决的问题。

(二) 国外三网融合对我国视听新媒体发展启示

1. 依法建立统一的融合监管机构

在三网融合的萌芽期,政府鼓励电信与广电尝试双向进入。在三网融合实践中,"政府通过监管机构融合、解除双向进入障碍、出台维持公平竞争的政策等多种手段,不断调整自身去适应三网融合发展的需要"[①]。在三

---

① 徐玉.国外三网融合业务的发展策略分析[J].电信技术,2010(10):9.

网融合初期,广电涉及通信网络部分由工信部管理;而原电信企业涉及节目内容需要广电总局发牌照。当三网融合有了一定基础后,要在机构也重组的基础上成立中间层面的监管机构。借鉴而不照搬西方的三网融合监管模式,坚持法律规制与行政规制并重,修改《电信法》,跨越工信和广电部门之上成立融合监管部门。

2. 行业利益与公共利益的平衡

我国"三网融合"从利益壁垒中的口号变为现实推动,离不开政府的媒体规制。监管体制已经成为三网融合的最大障碍,而政府规制所隐含的国家利益与行业利益构成某种潜在的社会张力。[①] "要三网融合,但不要被融合":"三网融合"一直被视为电信与广电的博弈。我国电信与广播电视业并未实现真正的双向准入和开放,宽带业务呈现垄断发展格局,广电的全业务运营落后于电信。目前,关于"三网融合"的技术、行业利益讨论多,对保障公共利益讨论少,从而脱离了"三网融合"的政治哲学本意。"三网融合"实际上是围绕"限制或开放"管制的重新界定问题,其核心应该是如何保障公共利益。

3. 维护国家安全

我国政府自2003年以来不断完善文化体制改革方案,第一次明确把国有媒体划分为公益性、经营性两类,并按照其类型推进传媒管理体制和运行机制的改革。"当前我们面对的,与其说是传播技术的融合带来传播的变革,倒不如说是新旧媒介运行背后的效率机制的融合催生了传媒规制的转向。"[②] 有效的新闻规制是维护国家文化市场的稳定有序、保障民族文化主体的自主性、促进对外文化交流以及主流意识形态地位的安全性的基本手段。

4. "先电信,后广电"式的开放

由于技术发展原因,各国的电信网、广电网一般而言都是各自分立的系统。在三网融合的过程中必然面对网间交叉进入问题。由于广电网络的意识形态属性,各国对广电业的监管要严于电信业。因此,三网融合的改革最常用的方法是由单向准入逐步过渡到双向准入。

---

① 郭小平. 欧洲视听媒体规制变革对我国"三网融合"的启示[J]. 现代传播,2010(5):58.
② 朱春阳. 媒介融合规制研究的反思:中国面向与核心议题[J]. 国际新闻界,2009(6):26.

欧美各国在三网融合过程中都将促进市场的充分竞争作为规制的目标,而先立法,再依据法律建立独立的功能型分工的融合监管机构,由独立机构推动三网从单向进入逐步过渡到双向进入。我国"三网融合"的规制仍需走法律规制与行政规制并重的道路。目前,我国的三网融合遵从了国际社会单向进入的起点,但是立法及独立的融合监管机构还差得很远。没有法律的规约,广电总局、工信部及其他相关部门只靠较低效力的行政法规、部门规章等对广电网、电信网和计算机网络进行监管,如何制定具有较高效力的融合性法律,并据此建立或者改组现有监管部门,我们的三网融合的改革还有很长的路要走。

第三节 大数据、隐私与视听新媒体的伦理困境

视听新媒体改变了我们传统的视听接收方式,传播渠道更加宽广,传播内容也更为丰富,发展极为迅速。在其迅猛发展的过程中,它也给我们带来了很多问题,视听新媒体的发展在不断吞噬公民的隐私权,媒体发展陷入了伦理困境。

一、大数据时代的视听新媒体与隐私监控

在视听新媒体时代,收视率、视频点击量是各个电视机构、视频网站运营商所关注的重点,它成为评判节目质量好坏、网站运营是否正确、广告主是否会投入广告最有说服力的数据。

说到收视率调查,第一个出现在我们脑海中的可能仍然是央视索福瑞。但在视听新媒体市场份额不断扩大,数字电视、IP电视、手机电视已经普及的今天,我们已经不需要像原来那样费心建立庞大的电视观众收视调查系统,对收视观众进行抽样统计数据。数字电视必备的机顶盒能够自动追踪受众的收视习惯,汇总海量数据,直接分析受众的收视偏好。在机顶盒追踪得出的数据基础上,电视机构进行点对点的、有效的广告推销;在视频网站,后台也会记录下用户的收视偏好,并且进行数据分析,最终将用户分类,进行相应的内容和广告推送。音视频网站的数据中心能够对手机电视用户收听收看的内容进行跟踪记录。这些新的视听媒介在技术支持下,

使得收视率调查更加灵活可靠,凸显出视听新媒体的独特优势。

在信息社会中,每秒都会产生海量的信息数据。将这些数据进行有效的、高质量的搜集、存储、处理和分析,能够为企业发展提供及时的、有价值的资讯信息。机顶盒数据追踪和视频网站、客户端后台数据追踪都是大数据时代下的数据监控,将数据转换成具有经济价值的信息。

(一) 大数据时代下的收视监测

维克托·迈尔·舍恩伯格(Viktor Mayer-Schnberger)在《大数据时代:生活、工作与思维的大变革》一书中前瞻性地指出,大数据正在变革我们的日常生活、工作,带来一场巨大的信息风暴,它为我们的生活带来了可量化的维度。谷歌搜索、Facebook 等众多企业对用户使用进行数据追踪和分析,将用户的行为习惯进行量化,根据量化结果得出用户使用偏好,以此对公司产品进行调整。大数据的应用帮助公司更好地把握用户心理,为公司市场份额提供保障。

视听新媒体迅猛发展,具有交互性的互联网电视、IP 电视等视听新媒体逐渐覆盖最初的有线电视,数字机顶盒也开始落地生根。以机顶盒的收视监控为例,机顶盒又称数字视频变换盒,是一个联系电视机与外部信号源的设备,它可以将压缩的数字信号转为电视内容,通过网络进行交互式的数字化娱乐、教育活动。另一方面,机顶盒能够对用户的使用信息进行追踪,机顶盒的迅猛普及也为收视率调查提供了一个新的调查路径。

北京歌华有线大数据中心是目前国内做得比较好的通过跟踪机顶盒监测收视率的机构,它通过"大数据"计算模式对电视节目的每一时段的收视率进行监控分析,突破了北京地区原有的 500 个调查样本。从歌华有线 330 多万的交互数字电视用户中,随机抽取 3 万的样本进行统计,样本数量变大,更加保证了收视调查的准确性。

1. 及时性

视听新媒体的收视调查与央视索福瑞的收视调查具有不同的特点。索福瑞的收视调查需要一个周期,第一阶段索福瑞先对收视数据进行统计,第二阶段才能进行数据的计算与分析。相比之下,视听新媒体的收视调查几乎不存在周期。机顶盒或者 IP 电视的观众收视反馈则非常及时,它每时每刻都在对观众收看的节目进行监测和反馈。视听新媒体的收视调查依托于强大的数据处理中心,节目的收视率、观众的收看习惯几乎可以在节目播出时同步分析得出。这样高效的收视率反馈,帮助电视台尽快对节目的播出时长、类型等进行调整,广告主也可以更有效地决定广告投放平台和时段,而视频网站和手机客户端可以推送最合观众胃口的节目。

2. 准确性

视听新媒体的收视监控不再受样本数据局限,它的数据来源是十分庞大的。例如,数字型交互电视已在千家万户普及,它对于收视率的反馈基于一个非常大的样本基数。北京歌华有线有着330多万户的数字电视用户,样本容量大,但索福瑞仅取500户的样本数来统计收视率,相比较而言,歌华有线"大数据"分析的收视率结果更具代表性,也更加准确。

另外,收视率是影响广告主决定是否投放广告的最大因素,这也是各大电视机构分外看重收视率的原因。近年来,一直有电视机构收买收视率的消息传出,而基于视听新媒体"大数据"分析可以解决这一困扰,收视率样本数据是通过机顶盒直接跟踪观众收看信息,再通过"大数据中心"对数据进行分析,这一信息的采集以及分析过程中不存在外界的介入,从而也就避免了对收视率数据准确性的影响。

(二)收视监测中的隐私担忧

基于视听新媒体的收视监控的确突破了传统收视调查的时间以及空间局限性,保证所得到的数据是及时而准确的,但是随时随地被监控着的收视观众又会不会心里一凉,觉得自己毫无隐私可言,自己所有收看的内容都被一个设备默默地记录下来。

视频网站、手机视频客户端在用户毫不知情的情况下对用户的收看行为进行监控,对其个人信息进行收集。信息技术的飞速发展,大数据在商业竞争中的作用越来越大,信息搜集在我们生活的每一个角落扩散,我们所做的任何一种行为都有可能被记录下来,我们所有的个人信息都被记录在案,公民的隐私被技术牢牢监控。

视听新媒体的发展拓宽了原有媒体的载体,从电视、广告的载体拓宽到了手机、电脑等多样化的载体,这些媒体占据了人们的生活,人们在家、出行都离不开这些媒体。视听平台的拓宽一方面改变了我们的生活状况,我们可以随时随地收看新闻等节目,但另一方面它所产生的海量信息可能使涉及"隐私"的数据变得具有商业价值。在这个信息技术主导的时代,个人隐私已经不再是个人的事情,它还代表了巨大的商业利润。个人数据变成了巨大的财富,倘若能够很好地分析利用个人数据,它可以转变为巨大的商机。

巨大的经济价值必然会吸引人们注意到个人数据这一块宝藏,而电视的收视率一向是各大电视机构竞争最直观的评比数据,而利用机顶盒或者视频软件对人们的收视进行监控是一个十分便捷的方法,在便捷之下,观众的收看行为作为私人活动的一部分被别人记录在档。隐私权是指自然人享有的私人生活安宁与私人信息秘密依法受到保护,不被他人非法侵扰、知悉、收集、利用和公开的一种人格权,而且权利主体对他人在何种程度上可以介入自己的私生活,对自己是否向他人公开隐私以及公开的范围和程度等具有决定权。而收视监控却在潜移默化中对私人活动进行了监控,并在没有经过个人同意的情况下,对其私人信息进行了收集以及利用。

现代社会由于技术的发展,技术渗透到我们生活的每一个角落,私人领域开始向公众领域转化,一些个人隐私的界限还是模糊,技术发展带来的海量信息裹挟着隐私而去。如果公民对个人隐私被侵犯的行为不加以重视,个人隐私的范围也就会越来越小。

二、监视器新闻的传播伦理

随着监视器(摄像头)在人们生活中被广泛应用,在如今的很多生活场所,监视器几乎无处不在。监视器能够记录下事情发生的经过,在很多时候,监视器的内容能够成为突发新闻事件的重要素材。作为最直观的影像资料,监视器内容在一定程度上满足了观众收看新闻时最直接的视听要求。视听新媒体技术的发展不仅拓宽了媒介信息的载体,也使得媒介信息内容的来源更趋于多样化。监视器内容越来越多地被搬上新闻媒体,成为重要的新闻素材。

2011年佛山小悦悦事件就是一件非常典型的监视器新闻,各大媒体通过播放事发现场一家劳保店的监视器内容,对小悦悦被碾压和18个路人的反应的全过程进行了场景再现,以最直接、最客观的画面语言,给观众以最震撼的视听效果,直接对人的心理产生冲击。

毫无疑问,如果没有监视器的记录,小悦悦事件可能只是众多社会新闻中一个简单的女童被碾事件,人们不能了解这其中发生的原委经过,新闻媒体也难以借报道小悦悦事件掀起一股全民反思的热潮。

监视器新闻在给新闻报道带来巨大便利的同时,也引起了一些人的质疑。监视器记录下人们私下的活动,新闻报道将这些画面搬上荧幕,很少回去征求画面中每一个主体是否愿意出现在荧幕上。这样一来,监视器新闻是否侵犯了公民的隐私权,又是否违背了新闻报道的伦理?

(一) 公共场所中监视器的正当性

虽然监视器已经成了现代生活的一部分,但是有很多人还是心怀疑问:监视器的正当性到底是否存在?一方面,监视器确实在维护社会治安方面取得了良好的效果,帮助减少了街头暴力、降低了犯罪率。但是另一方面,监视器的无处不在,让人们感觉自己时时刻刻处于被监视的状态,一些不愿意让人知道的行为其实早已被人知道。人们的隐私权受到了严重侵犯。到底监视器在现代生活中扮演了一个怎样的角色,是社会安全的保卫者还是公民隐私的窥探者?

从公民隐私权的层面上来讲,在公共领域安置监视器与公民的隐私权是有一定的冲突的,公民在公共场所中的活动并非都可以被监控、被记录。隐私权最早在"Olmstead v. United States"一案中被界定为"独处而不被外界干扰的权利",该案认定只有物理上入侵才构成对公民隐私权的侵犯。而在1967年美国"Katz v. United States"一案中,联邦政府对隐私权进行了修订,认为第四修正案应该保护所有公众欲以维系的隐私包括非物理入侵。[①] 当事人Katz使用公用电话发送非法赌博的赌注,联邦调查局通过电子设备监听他的谈话,这对Katz的隐私权构成了非物理性的侵入。

监视器对一般民众来说,也是构成了一种非物理性侵入的威胁,如若民众在主观上对自己在公共场所的行为仍然有隐私期待,他们并不认为自己在公共场所的举动是应该被监视器记录,仍然将自己的个人行为视为个人隐私的一部分,又或者监视器确实是对公民的隐私权造成了现实意义上

---

① 张友好.守护神抑或是偷窥者——公共场所安装监视器的法律分析[J].法治论坛,2008(4):214.

的威胁。如果满足这两个条件,监视器在公民隐私权的意义上,就不是一个正当性的记录,它的监控是违背了公众的隐私权的。

(二) 监视器新闻与资讯自决权

从新闻的角度来看,监视器新闻是真实客观的新闻内容的叙述,也凸显了视听媒体新闻的画面语言的生动形象性。从监视器新闻的来源来看,它是来自于公共场所或者私人场合的一些监听设备的记录。

在初步探讨监视器与公民隐私之间的关系之后,我们将分析监视器记录内容与公民的资讯自主权之间的关系。

资讯自主权,也就是资讯自决权,是指公民个人有权决定,是否将其个人资料交付和供他人使用,自己决定何时于何种范围内公开个人生活事实的权利。这是一种在网络时代、新媒体时代公民隐私权的进一步阐释。公共场所监视器行为包括三个层次:一为摄影机—显示器原则,单纯之影像观看行为;二为通过音视设备,对于监视过程予以保存之行为;三是对于监视内容的利用。[①] 一旦监视器的监控内容变成了新闻的素材,它已经脱离了前两个层次,不再只是简单的观看以及保存行为,而是对监视器内容的利用。没有经过当事人的同意,私自将监视器内容在公众平台上进行播放,监视器新闻就构成了对公民资讯自主权的侵犯。

个人的隐私权已经从消极的"隐私不被打扰"转变成了积极的"自己掌控自己的私人信息"。因此,在隐私权的意义上,监视器新闻有时并没有征询视频中当事人的意见,公开了一些他们本不愿意公开的私人信息,违背了公民个人的资讯自主权。

在视听新媒体时代,监视器新闻并不是个别的新闻现象,新闻媒体通过监视器监控内容重现事发经过,监视器的监控内容在电视、互联网上反复播放的现象屡见不鲜。新闻媒介在获得便捷信息来源的同时,应该加强尊重公民的隐私权的意识。

[①] 程明修.国家透过公共场所的监视器对人民基本权利之干预[J].法学讲座,2002(3).

结语　科学 VS 人文，私密 VS 公共

进入新媒体时代，视听内容生产从单一的组织化、专业化生产到组织生产、草根生产并存，从单一的"自上而下"生产到"自上而下""自下而上"并存。除了视听内容生产的变化之外，观众的媒介接触与使用习惯的变化，传播媒介自身的技术变革以及由此带来文化消费习惯的变迁，引发业界与学界对传播的科技化与人性化的深刻反思。

西方将当下的信息媒体革命称为"数字化文艺复兴"（digital Renascence）。以强调个性化、宽容精神为特征的人文主义的兴起，是文艺复兴的文化标志。今天的"数字化文艺复兴"将意味着一种新的人文主义的兴起，即"数字化人文主义"。开放的、去中心化的网络将导致开放的社会与开放的文化，导致真正独立的个人。但在个性化、分众化成为大势所趋的时候，还必须有人类共性的平台，鼓励人类向上、向善的共性，让人类的灵魂在网络世界中提升与复兴。

美国传播学者保罗·莱文森认为，任何一种后继的媒介，都是对过去某一种媒介先天功能的不足所做的一种补偿，媒介技术发展的趋势是越来越人性化。对别人已经创造出的内容与媒介技术，人们拥有空前、自主的选择能力。电影《手机》与《窃听风云》提醒人们对新媒体传播的"双刃剑"效应保持足够的警惕。人类选择和发展媒介技术是为了自我的认知和改造，新媒介应凸显人的主观能动性。人是积极驾驭媒介的主人，不是在媒介中被发送出去，而是创造媒介的内容。

除了科技与人文的反思，传播的私密性与公共化也是一个不容忽视的命题。视听新媒体为用户提供了一个自我展示的平台，但也将"后台"的内容大量推送到"前台"，打破了公共空间与私人空间的界限，引发了观众的担忧。在城市里，摄像头的普遍安装涉及后现代社会的"监控"问题。技术进步不仅仅为人类带来便利和自由，也会对整个社会生活产生负面影响。

法国社会思想家米歇尔·福柯（Michel Foucault）在《疯癫与文明》(1961)、《临床医学的诞生》(1963)、《规训与惩罚：监狱的诞生》(1975)中，涉及"凝视"与"观看"领域，探究"监控"问题，并以边沁在18世纪末期时所设计的建筑"环形监狱"作为现代社会监视的原型的隐喻，提出"全景敞视主义"（panopticism）的概念。吉登斯认为福柯的监控主要是类似于"老大哥在看着你"那种无所不在的监视。摄像头的广泛应用在维护公共安全的同时，也不断引发着各种隐私侵权事件。随着越来越多的摄像头进入人们的生活，公共安全和个人隐私界限正在成为人们关注的焦点。同样，"监视器新闻"与个人隐私保护的争议，也引发传播伦理的讨论。如果对技术手段不加限制地使用，一个技术化的社会发展下去，就很可能变成"监控社会"（surveillance society）或"风险社会"（risk society）。新兴的传播媒介如何营造私人空间？新媒体又该如何建构社会公共议题？新媒体的"人性化"发展趋势如何体现？传播媒介如何促进人类社会的沟通？这些都成为探讨新媒体时代新闻传播无法忽略的话题。

后 记

本书写作历时4年。其间,视听新媒体的持续变革,丰富了广播电视新媒体的教学内容,也不断地冲击着本书既有的写作规划。

本书的初稿早在3年前就已完成,但在新媒体的冲击下不断地被"否定之否定"。"新媒体"是一个相对的概念。在媒介演变谱系的不同时间节点,广播之于报纸,电视之于广播,互联网之于广播电视和报纸,智能手机之于传统媒体,都可以被视为新媒体。新媒体的叠加式发展,无形中加大了教材写作的难度。仅在本人主讲的本科课程"视听新媒体导论"与硕士研究生课程《视听新媒体研究前沿》的几年间,视听新媒体的媒介形态就从早期的网络视频、播客,到后来的视频恶搞、微电影、手机电视、IPTV、公交移动电视、楼宇电视,最后发展到今天的互联网电视(OTT TV)、社交电视。学界的关注点,也从早期的"媒介融合""媒介互动"与"视频营销",发展到今天的"大数据"与视听内容生产、营销。

相对我那些年轻的研究生而言,我能更真切地感受到"数字鸿沟"与"后喻文化"的存在。但是,正是与他们的学术讨论,丰富了我的教学内容与学术思考,更鞭策着我尽快地完成石长顺教授交代的写作任务。

目前,华中科技大学新闻与信息传播学院广播电视学系拥有广播电视学、播音与主持艺术两个本科专业,同时还有"广播电视与数字媒体"二级学科硕士点、博士点。在本科阶段,广播电视学专业在传统广播电视新闻专业的基础上,凝练出"视听新媒体"与"出镜记者"两个特色方向,以适应广播电视媒体发展与人才培养的双重需要。广播电视新闻学专业(2012年被教育部更名为广播电视学专业)属于国家级特色专业,"视听新媒体导论"就是"视听新媒体"特色方向的核心专业基础课。本书尝试在视听新媒体的形态与业态的介绍中,融汇笔者的些许学术思考,在实践与理论之间做些勾连与探讨,以期本教材不至于过快"速朽"。当然,这还得我的同行与学生们做出最后的评判。

  本书的写作，首先要感谢石长顺教授与北京大学出版社的李淑方老师、于娜老师大力支持，感谢华中科技大学"教学质量工程"第五批精品教材项目的资助。其次，要感谢华南师范大学教育信息技术学院的周菁博士对数字化音频传播、手机电视的内容贡献。再次，我要感谢华中科技大学新闻学院的研究生彭理云、方甜、唐诗卉、朱梦甜、曹吴玮、吕露、夏小青、陈茜、宋晓雷、何雨蒙、孙愉、柯善永、徐媛媛等，他们参与了部分章节的资料搜集与研究工作。最后，还要感谢那些无法一一列举的、对于本书写作有着思想启迪的专家学者们。

郭小平

2014 年 3 月 30 日

于喻家山下